# cathédrales et trésors gothiques de france

**MARCEL AUBERT**
MEMBRE DE L'INSTITUT

*avec la collaboration de*
**SIMONE GOUBET**

# cathédrales
# et
# trésors
# gothiques
# de
# france

**ARTHAUD**

« Toute la France est dans les cathédrales, s'écrie Rodin, comme toute la Grèce est en raccourci dans le Parthénon. » Les cathédrales gothiques dominent l'art du Moyen Age et restent le témoin le plus grandiose de sa pensée, de sa foi, de son idéal.

Qui n'a conservé le souvenir de l'émotion ressentie à contempler au loin, à travers les arbres de la forêt qui l'enveloppent, la cathédrale de Senlis et sa flèche élancée, ou, dominant la plaine, la silhouette de la cathédrale de Laon dressée comme la carène d'un vaisseau fantastique échoué sur la colline ; à admirer la solide et puissante façade de Notre-Dame de Paris, la décoration de dentelles de celle de Reims, ou la masse superbe du chevet d'Albi, la nef d'Amiens, parfaite de logique et de mesure, d'une élégance suprême qui en fait le « Parthénon français », la large et lumineuse nef de Bourges prolongée par ses doubles collatéraux, celle de Chartres, la plus attirante de toutes par la noblesse de sa construction, la beauté de ses verrières et de ses sculptures, plus encore par ses proportions humaines qui en font la cathédrale par excellence de la prière ?

« Les cathédrales françaises, ajoute Rodin, sont nées de la nature française. C'est l'air à la fois si léger et si doux de notre ciel qui a donné à nos artistes leur grâce et affiné leur goût. » Elles sont le signe de notre race. Les pierres dont elles sont bâties les attachent fortement au sol qui les portent : calcaires brillants de l'Ile-de-France, blocs rocheux de la Beauce, calcaires tendres de Champagne, au grain serré de Bourgogne, liais de l'Oise, marbres des Pyrénées et du Midi, grès rose à Strasbourg, granit en Bretagne, Limousin et Forez, arkose puis volvic en Auvergne, briques en Flandre et en Languedoc.

A la façade le Christ lui-même entouré de sa mère, de ses apôtres et de ses saints, accueille le visiteur, et l'introduit dans son église aux belles lignes élancées, où des vitraux brillants de couleur comme des pierres précieuses, créent une atmosphère chaude et lumineuse,

7

vivante et joyeuse, coupée de masses d'ombre et de lumière qui donnent le rythme à l'édifice tout entier. Jamais matière n'a été spiritualisée à ce point ; jamais l'âme d'un monument n'a été aussi sensible à travers les artifices de pierre qui la voilent. « Hommes grossiers qui croyez que ces pierres sont des pierres, écrit Michelet, qui n'y sentez pas circuler la sève, chrétiens ou non, révérez, baisez le signe qu'elles portent. Il y a ici quelque chose de grand, d'éternel.»

La cathédrale qui, jusqu'à l'époque romane, n'était souvent qu'un édifice modeste à côté des immenses églises abbatiales fières de leur puissance et de leur richesse, prend au XII<sup>e</sup> siècle et surtout à partir du milieu du siècle, une place de premier plan, en même temps que la ville qui se groupe autour d'elle, se développe aux dépens de la campagne et devient le centre politique et religieux, voire le marché permanent, le lieu du commerce et de l'industrie.

Avec son grand vaisseau renforcé par ses collatéraux, par sa membrure élancée de contreforts et d'arcs-boutants, la cathédrale gothique apparaît comme une puissante nef en partance pour un long voyage : « Toute la cité peut s'y embarquer sans crainte, dans ses robustes flancs. » (EMILE MÂLE.) L'architecture gothique, destinée à la foule des fidèles, leur parle le grand langage simple des chefs-d'œuvre. Le temple antique était fait pour le dieu seul ; la cathédrale est faite pour tous. Vaste, haute, protégée par ses voûtes, largement éclairée, elle abrite tous ses enfants qui viennent s'y blottir, s'y rassurer et s'y informer ; elle abrite les magnifiques cérémonies liturgiques, les somptueuses processions, les drames religieux, les assemblées, les confréries et les corporations, les fêtes populaires, tandis que les jeux d'orgue qui résonnent longuement et les chants grégoriens qui « modulent le silence comme l'art gothique modèle l'ombre » (RODIN), s'élancent et montent au faîte en spirales lumineuses. Elle abrite aussi les morts dont les restes s'entassent sous ses dalles en lits superposés.

La cathédrale est le témoin de la vie du passé, de ses deuils et de ses joies. Elle est l'âme de la Cité sur laquelle son ombre s'étend comme une bénédiction. Elle voit passer les siècles, les hommes, les révolutions ; elle demeure.

8

# CHAPITRE PREMIER

GÉNÉRALITÉS

## LE ROYAUME
## DE FRANCE

C'est au cœur de la France, dans le domaine royal où naît et s'épanouit, dans la deuxième moitié du XIIᵉ siècle, l'art gothique qui rapidement s'étendra à tout le pays et couvrira bientôt le monde chrétien, que se dressent les premières cathédrales gothiques.

Le royaume de France ne comprenait alors que l'Ile-de-France et une partie du Valois et de l'Orléanais, et des repaires de brigands dressés le long des routes rendaient tout déplacement précaire. Mais le roi avait été élu par ses pairs ; il recevait à Reims l'onction du sacre, et le royaume de France va prendre son essor. Robert le Pieux et Henri Iᵉʳ annexent les comtés de Melun et de Sens ; Philippe Iᵉʳ la vicomté de Bourges. Louis VI (1108-1137) s'emploie à établir l'ordre et l'unité sur ses terres. Bien plus, par son attitude énergique et sa promptitude à réunir à Reims une immense armée composée des barons et des milices de tout le pays conduits par leurs ducs et leurs comtes, il barre la route à l'empereur Henri V qui s'apprêtait à envahir la France protectrice de la Papauté (août 1124), il impose son autorité de chef de l'armée nationale, de défenseur du territoire, il s'affirme le protecteur des faibles et des clercs, l'arbitre auquel on fera appel de tous les coins de France.

Le duché de Guyenne acquis par Louis VII par son mariage avec Aliénor, la riche héritière de Guillaume VIII duc d'Aquitaine, ne tarde pas à lui échapper pour passer aux mains d'Henri Plantagenet devenu, en 1152, roi d'Angleterre. Ce sera le point de départ de guerres interminables. Philippe Auguste réussit à conquérir le Vexin, puis la Normandie (1204), l'Anjou, la Touraine, le Maine et le Poitou (1205). Le roi d'Angleterre suscite alors une vaste coalition que Philippe écrase à Bouvines, grâce au courage des milices et des bourgeois des villes du Nord, du Perche et du Ponthieu, ordonnés en bataille par frère Guérin. Bouvines est, après Reims, le prélude de cette unité morale et matérielle que le XIIIᵉ siècle réalisera.

Le royaume de France s'agrandit ainsi peu à peu, et, à l'avènement des Valois, il ne restera plus, à côté du domaine royal, que le comté de Flandre et les duchés de Bretagne, de Bourgogne et de Guyenne. L'équité, la bonté, la charité du roi Louis IX, l'éclat de sa sainteté et de ses vertus avaient donné à la royauté française un lustre incomparable : il était le « roi des rois de la terre » ; les autres le prenaient pour arbitre dans leurs conflits. Le centre du royaume est alors Paris, où, depuis Philippe Auguste, les Capétiens ont leur résidence habituelle. Après les sombres journées d'Azincourt et du traité de Troyes, et l'abandon de la royauté, le royaume est sauvé par l'héroïsme d'une jeune fille, Jeanne d'Arc, qui redonne à tous, par son patriotisme, le courage et la volonté de chasser l'envahisseur, et il ne tardera pas à s'étendre jusqu'aux limites de la France.

Dès le temps de Philippe Auguste et de saint Louis, la France s'imposait par la prééminence de sa pensée et l'éclat brillant de sa civilisation. « La France est le four où cuit le pain intellectuel de l'Humanité », proclame, au milieu du XIIIe siècle, un ancien cistercien devenu cardinal et légat du pape, Eudes de Châteauroux.

Au milieu du XIIe siècle, Paris est déjà la capitale du royaume de France, et ses écoles dominent toutes les autres, même celles de Chartres et de Laon, si fameuses dès le XIe siècle, surtout en ce qui concerne l'enseignement de la dialectique et de la théologie. Abélard, grand remueur d'idées, enseigne dans la Cité puis sur la montagne Sainte-Geneviève, et connaît un succès considérable dont témoigne la lettre de consolation que lui envoie, après sa mutilation, son ami Foulques de Deuil : « Il y a peu de temps encore, la gloire de ce monde te comblait de ses faveurs et l'on ne pouvait penser que tu fusses exposé aux revers de la fortune. Rome t'envoyait ses enfants à instruire, et elle qui jadis inculquait à ses auditeurs la connaissance de toutes les sciences, montrait, en t'envoyant ses écoliers, que ta sagesse l'emportait sur la sienne. Ni la distance, ni la hauteur des montagnes, ni la profondeur des vallées, ni les chemins hérissés de périls et infestés de brigands, ne les empêchaient de se hâter vers toi. La foule des jeunes Anglais ne craignait ni la traversée de la mer ni ses terribles tempêtes. Au mépris de tout péril, dès qu'elle entendait prononcer ton nom, elle accourait vers toi. La lointaine Bretagne t'adressait ses enfants ; les Angevins te faisaient hommage des leurs. Les Poitevins, les Gascons, les Espagnols, la Normandie, la Flandre, l'Allemand, la Souabe, ne cessaient de proclamer et de louer la puissance de ton esprit.»

Vers la fin du XIIe siècle, la supériorité des écoles de Paris est partout reconnue. Tout annonce la prochaine constitution du grand centre d'études que sera l'Université : science profonde des maîtres de la dialectique, de la grammaire et de la rhétorique ; charme des écrits latins en prose et en vers qui marque la renaissance de la forme et de la pensée antiques ; combinaison de foi chrétienne et de philosophie hellénique qui engendre une conception de l'univers qu'a très bien notée Étienne Gilson : « Le point par où les hommes de cette époque sont le plus différents de nous est leur ignorance à peu près totale de ce que peuvent être les sciences de la nature. A vrai dire, ils n'ont pas de nature ... Pour un penseur du temps, connaître et expliquer une chose consiste toujours à montrer qu'elle n'est pas ce qu'elle paraît être, qu'elle est le symbole et le signe d'une réalité plus profonde, qu'elle annonce ou qu'elle signifie autre chose ... Ce qui manque au XIIe siècle pour poser une réalité complète sous ce monde de symboles, c'est la conception d'une nature ayant une réalité en soi et une valeur pour soi, si faible soit-elle. »

Cette conception, appuyée sur la *Physique* d'Aristote, se forme à Paris, au XIIIe siècle. En 1200, maîtres et étudiants des écoles de Paris se réunissent en un corps unique reconnu par Philippe Auguste et par Innocent III, et dont Robert de Courçon, légat du pape, sanctionne les statuts en 1215, sous le titre d'Université de Paris, « Universitas magistrorum et scholarium Parisiis studentium ». C'est là que furent envoyées de Tolède, grand centre culturel d'Espagne, trait d'union entre l'Orient et l'Occident, les traductions d'Aristote et leurs commentaires arabes.

Le rayonnement de l'Université de Paris fut tel qu'elle éclipsa complètement Bologne son aînée et Oxford sa cadette. Les rois de France et les papes la chérissaient et la protégeaient. Les étudiants y venaient de toutes parts, d'Italie, d'Allemagne, d'Angleterre surtout, attirés par des maîtres éminents et aussi par l'urbanité des mœurs, la douceur de vivre et l'abondance des biens temporels et spirituels dont on jouissait alors en France, ainsi qu'en témoignent Jean de Salisbury et d'autres maîtres étrangers venus eux-mêmes enseigner en France. De nombreux collèges sont fondés pour abriter les étudiants. La pensée et la langue françaises se répandent partout, et par l'enseignement de l'Université, et par les genres littéraires qui, créés ici, connurent le plus grand succès dans toute l'Europe.

La deuxième moitié du XIIe siècle se présente à nous comme une véritable renaissance, par le goût des lettres classiques, par un souci d'élégance dans la forme, par l'apparition de la grâce et du charme dans la littérature, comme dans la vie d'une société moins rude, où le rôle de la femme prend une importance de plus en plus grande. Sa toute-puissance s'affirme au XIIIe siècle dans l'« amour courtois » né dans la poésie lyrique provençale dès la première moitié du XIIe siècle, et qui par le Languedoc, l'Aquitaine et le Poitou, est passé sous forme de roman dans le Nord. L'influence de la poésie et du roman courtois se fait rapidement sentir en Angleterre, en Flandre, en Allemagne, en Espagne et en Italie : elle inspire Dante dans sa *Divine Comédie*. L'amour courtois est une invention de la France qui la portera à sa sublimité dans le culte de la Vierge.

« Paris, écrit Innocent IV en 1245, est le creuset où l'or vient se fondre, où s'est construite la tour de David munie de ses remparts et de laquelle viennent non seulement mille boucliers, mais l'armure presque entière des forts qui vont parcourir toute la terre.»

11

On reconnaît ainsi la place prépondérante de la France, et singulièrement du royaume de France et de sa capitale Paris, dans le monde chrétien d'alors, tant du point de vue poétique que du point de vue intellectuel.

## ILE-DE-FRANCE ET ART GOTHIQUE

Il ne pouvait en être autrement des arts, et l'on a maintes fois noté que la formation et le développement de l'art gothique correspondaient non seulement à l'affermissement et à l'agrandissement du royaume de France, aux enrichissements de la connaissance et au triomphe des écoles puis des universités, mais aussi à l'évolution de la pensée religieuse, aux débuts de la scholastique au XII^e siècle, au triomphe des *Sommes* appuyées sur le raisonnement logique et inéluctable d'un saint Thomas d'Aquin et d'un Albert le Grand au XIII^e, et plus tard aux subtilités d'un Duns Scot.

Naturellement fertile, arrosée par des eaux abondantes, couverte de riches moissons, de verts pâturages, de vignes et de forêts, l'Ile-de-France, pays de la belle pierre facile à travailler et en même temps résistante, du calcaire royal que les siècles ont vêtu d'une chaude patine dorée, des liais forts et brillants qui permettent les audaces de construction, devait, par sa position aux confluents de la Marne et de l'Oise avec la Seine, devenir un centre de commerce important. Mais elle était, à la fin du X^e siècle, dévastée, ravagée par les invasions, pillée par les brigands, petits et grands. Les premiers Capétiens, avant de songer à agrandir leurs possessions, avaient dû organiser la police sur leur propre domaine, détruire les repaires des bandits qui les enserraient de toutes parts, dégager les villes et les abbayes, rétablir les communications, assurer ainsi la liberté du paysan, du moine et du marchand. Dans la première moitié du XII^e siècle, la paix du roi s'étendait sur l'Ile-de-France, et avec elle, apparurent la prospérité et la richesse, mère des arts.

D'autre part, l'union intime de la royauté capétienne, pieuse par nature et par politique, et du clergé régénéré, permettait au puissant mouvement religieux qui s'esquissait et prenait son essor pour s'épanouir au temps de saint Louis, de se manifester dans la construction des immenses cathédrales élevées en l'honneur de Dieu et de Notre-Dame, grâce à l'appui politique et économique de la protection royale. Au début du XIII^e siècle, les principales cathédrales du royaume sont construites ou en cours de construction, et l'on a déjà remarqué qu'au fur et à mesure que s'étendra la domination du roi, et avec elle l'influence bienfaisante de son autorité, s'ouvriront de nouveaux chantiers autour de cette terre privilégiée qui donnait à la France entière « non seulement sa loi et son unité politique, mais les deux instruments de sa civilisation et de sa prépondérance en Europe : une langue littéraire d'une incomparable clarté et une formule d'art originale » (LUCHAIRE).

**LES RESSOURCES**  L'enthousiasme des foules pour la maison de Dieu qui est aussi la maison de tous les fidèles, où ils se réunissent aux jours de fêtes pour rêver au Paradis, dans le décor merveilleux des portails et des vitraux, apporte à l'œuvre des ressources importantes : des troncs sont placés dans l'église en construction et chez les principaux commerçants de la ville ; des quêtes sont organisées dans la cité et dans le diocèse, souvent même dans les diocèses voisins, où l'on fait vénérer les reliques ; des sommes sont prélevées sur les revenus de l'évêché et du chapitre ; des offrandes sont faites par les clercs, le roi et les seigneurs, les riches marchands et les bourgeois groupés en « confrérie de l'œuvre » ; au besoin, des emprunts sont contractés. « C'est avec les oboles des vieilles femmes qu'a été en grande partie construite la cathédrale de Paris », rappelle le légat Eudes de Châteauroux. On connaît la touchante histoire de ce jeune Anglais quittant la France où il était venu faire ses études pour s'en retourner dans son pays, et assistant à Soissons au sermon d'un prédicateur quêtant pour la reconstruction de la cathédrale de Chartres qui venait d'être incendiée (1194) ; il ne possédait que le collier d'or qu'il rapportait à sa mie qui l'attendait à Londres ; il en fit don à la Mère de Dieu qui lui apparut, la nuit suivante, parée de son collier. Un sermon de l'évêque d'Amiens pour l'aide à l'œuvre de sa cathédrale signale les dons d'argent, d'or et de pierres précieuses des religieux et des clercs, des princes et des bourgeois, des artisans et de tout le peuple, jusqu'aux plus malheureux et aux plus indignes. Les vitraux de Chartres et de Bourges sont donnés par les chanoines, les barons et les seigneurs, à Chartres par Henry Clément, le maréchal de Philippe Auguste, Pierre de Courtenay, Pierre Mauclerc et Alix de Bretagne, Blanche de Castille —, et par les membres des corporations qui se sont fait représenter dans l'exercice de leur métier. A Amiens, les waidiers, enrichis par la culture de la waide qui fournit une belle teinture bleue, construisent une chapelle de la cathédrale, sur le mur de laquelle ils se sont fait représenter en relief.

Non seulement les fidèles apportent leurs offrandes, mais ils viennent eux-mêmes servir sur le chantier. Hommes et femmes, riches et pauvres, seigneurs et manants, accourent approvisionner les ouvriers en nourriture et en matériaux. Ils s'organisent en confréries, s'attellent aux chariots chargés de pierres, de sable, de chaux, de bois, de tout ce qui est nécessaire aux travaux : à Saint-Denis en 1140 ; à Rouen en 1145 ; en 1144 et 1194 à Chartres où se rejoignent les populations de la Beauce, de la Normandie et des pays voisins ; les Bretons viennent nombreux, affirme Robert de Torigny, abbé du Mont Saint-Michel, qui nous rapporte ces faits.

Mais les fidèles ne pouvaient qu'aider les ouvriers : ils étaient incapables de tailler la pierre et le bois, de monter les murs, les voûtes et les charpentes. Il fallait un architecte pour concevoir et exécuter, et pour diriger le chantier ; il fallait des maîtres maçons et charpentiers, des forgerons et des serruriers, des couvreurs, des sculpteurs, des peintres et des peintres-verriers.

Le maître de l'œuvre est l'âme de la construction; il l'a imaginée telle qu'elle sera une fois achevée. Tailleur de pierre et choisi parmi les meilleurs d'entre eux, il connaît tous les secrets de son métier; il connaît aussi les autres métiers du corps de bâtiment qu'il devra diriger. Il sera d'ailleurs aidé sur le chantier par un maître maçon et un maître charpentier, un maître forgeron, un maître plombier, un maître sculpteur, un maître verrier, formés, comme lui-même, par un apprentissage de six ans chez un maître, et par des voyages à travers le monde où il aura pu observer et noter les progrès de son art de chantier en chantier. Comme l'a fait l'architecte Villard de Honnecourt, au XIII$^e$ siècle, dans son album qui nous a été heureusement conservé, où, au fur et à mesure de ses déplacements, de Cambrai à Saint-Quentin, de Chartres à Meaux, à Laon, à Reims, à Lausanne et jusqu'en Hongrie, il note des procédés nouveaux et des recettes de toutes sortes, dessine des machines et des engins destinés à faciliter le travail, et aussi des plans, des profils de moulures, des sculptures qui ont retenu particulièrement son attention.

Le maître de l'œuvre présente à l'évêque et au chapitre le plan et un modèle de la nouvelle cathédrale que ceux-ci adoptent non sans de longues discussions; on lui adjoint un clerc de la fabrique qui réglera toutes les questions d'argent, tiendra les comptes, conclura les marchés, et le paiera, lui, ses aides et les ouvriers. Il recevra généralement un fixe annuel, plus une somme d'argent par jour de travail effectif soit à dessiner plans et détails, à tracer les épures à grandeur dont nous possédons quelques-unes à Clermont, Limoges, Narbonne, Saint-Quentin, Strasbourg et Reims, à donner le dessin des modénatures, des moulures, les esquisses des statues et des bas-reliefs des portails, et aussi des scènes des verrières, dont il fixera l'iconographie d'accord avec le clerc de la fabrique, soit à déterminer la taille de l'appareil, à exécuter les coupes difficiles. Il recevra en outre des gants, une robe, et souvent une maison et des rations de vivres pour lui, son valet et son cheval. On lui assurera une pension en cas de maladie, ou lorsqu'il sera arrêté par l'âge, mais il devra consacrer toute son activité au chantier qui lui est confié, et ne pourra s'absenter sans une autorisation formelle du chapitre ou de l'évêque.

Le plan et les grandes lignes de l'édifice arrêtés, il en dessine les détails dans une maison réservée sur le chantier appelée la «chambre aux traits» où il est assisté par un apprenti — il ne peut en avoir qu'un à la fois, d'après les règlements du Livre des Métiers — et par des aides. Puis il choisit les matériaux, les pierres de la carrière, les bois de la forêt voisine, et organise son chantier. Il recrute aides, artisans et ouvriers. Les tailleurs de pierre sont installés dans une loge couverte où sont également conservés les outils, et auprès est la forge pour l'entretien de ceux-ci. C'est là aussi que travailleront les sculpteurs, ainsi qu'on le voit, en une scène infiniment précieuse, au bas d'une verrière de la cathédrale de Chartres.

Le maître de l'œuvre marque les lignes de fondation sur le terrain, encore embarrassé de bâtisses diverses, dont l'ancienne église, conservée en tout ou en partie pour abriter les reliques et le culte qui ne doit pas être interrompu, jusqu'au moment où le nouvel édifice sera assez avancé pour recevoir autel et corps saints. On pourra alors détruire l'ancienne église et commencer une nouvelle campagne de construction où seront remployés dans la fondation les matériaux anciens qui, ayant été consacrés à Dieu lors de la dédicace, ne pourront être utilisés pour des ouvrages vulgaires, ainsi que le rappelle la Somme de Pierre le Chantre à la fin du XIIe siècle.

On creuse les fondations, généralement très profondes (elles peuvent aller jusqu'à 8 ou 9 mètres de creux pour atteindre la roche ou un bon sol), où s'engloutit, outre les matériaux anciens, un cube de libages considérable, et c'est là déjà le travail de plusieurs mois et parfois de plusieurs années. La pose de la première pierre est l'objet d'une cérémonie importante et souvent fort émouvante. Les murs s'élèvent sous la direction du maître de l'œuvre toujours présent, surveillant, conseillant, vérifiant, achevant lui-même la taille d'une pierre de coupe difficile, creusant une moulure, mettant la dernière main à une statue ou à un bas-relief. Puis on couvre l'édifice qui devient une vaste loge où les ouvriers pourront travailler à l'abri, on lance les voûtes, clôt les baies par des vitraux, on termine la sculpture et met en place statues et bas-reliefs, à l'extérieur et à l'intérieur, sur lesquels on applique la peinture qui les protège contre les intempéries et en rehausse l'éclat. Il faut se représenter la façade de Notre-Dame de Paris tout enrichie d'or et de couleurs brillantes, sur les statues et les sculptures, les colonnes et les colonnettes des portails, de la galerie des rois, de l'étage de la rose, de la galerie haute et des tours, comme la vit au XIVe siècle l'évêque Martyr qui nous en a laissé une description enthousiaste.

Le maître de l'œuvre est un grand personnage protégé par les évêques, les abbés, les seigneurs, et parfois même ami du roi, comme Eudes de Montreuil ou Raymond du Temple, et dont le nom, surtout à partir du XIIIe siècle, est souvent parvenu jusqu'à nous, gravé dans des inscriptions solennelles, comme Jean de Chelles, au croisillon sud de Notre-Dame de Paris, Pierre de Chelles, Jean le Bouteiller et Jean Ravy, sur la clôture du chœur de la même cathédrale ; dans le labyrinthe encastré dans le dallage des premières travées de la nef, comme Robert de Luzarche, Pierre et Renaud de Cormont à Amiens, Jean d'Orbais, Jean le Loup, Gaucher de Reims et Bernard de Soissons à Reims ; sur les pierres tombales, comme Pierre de Montreuil, « prince des maîtres tailleurs de pierre », enterré ainsi que sa femme Anne dans la chapelle de la Vierge à Saint-Germain-des-Prés, qu'il avait construite; Jean des Champs à la cathédrale de Clermont, Hugues Libergier à Saint-Nicaise de Reims, Jean Vast à la cathédrale de Beauvais.

Ces grands maîtres ont souvent tant de travail dans la chambre des traits qu'ils délaissent peu à peu leur laye et la taille des pierres dans la loge, et certain moraliste, Nicolas de Biard, le leur reproche dans un de ses sermons daté de 1261 : «Les maîtres de l'œuvre, ayant à la main la règle et les gants, disent aux autres : « Par ci le me taille », mais ils ne taillent pas eux-mêmes, et cependant, ils reçoivent des honoraires plus élevés. Ainsi les évêques... » — car c'est surtout à eux qu'il en veut.

Pour animer un tel chantier, pour payer le maître de l'œuvre, les autres maîtres, les aides et les ouvriers, pour acheter les matériaux nécessaires, pour tirer de la carrière, préparer, dresser, appareiller ces cubes énormes de pierre, assembler ces grandes charpentes que leur importance fait souvent désigner sous le nom de « la forêt », et les couvrir de belles lames de plomb, pour tailler toutes ces sculptures, découper et monter toutes ces verrières, il fallait beaucoup d'argent.

Nous connaissons les chiffres fixés par Suger pour la construction du chœur de son abbatiale, encore en place aujourd'hui, malgré les transformations apportées par le XIII<sup>e</sup> siècle. Le jour de la pose de la première pierre, le 14 juillet 1140, en présence du roi et des évêques, Suger constitue un fonds annuel pour les travaux : 150 livres sur les oblations de l'autel et des reliques, plus 50 livres sur les revenus de la terre de Vilaine en Beauce qu'il avait considérablement relevés, outre ce que la piété des fidèles apporterait dans le tronc spécial de l'œuvre. Ces sommes importantes permirent d'élever le chœur de Saint-Denis en trois ans et quelques mois. Mais il n'en allait généralement pas ainsi. Malgré la foi ardente et l'enthousiasme de tous, les sommes recueillies n'étaient pas suffisantes, et les travaux ne pouvaient avancer que très lentement, travée par travée, ce qui d'ailleurs donne tant de vie à ces grandes constructions, où l'on suit les progrès de la technique, l'évolution des formes, des moulures, du décor sculpté et peint, au fur et à mesure de l'avancement des travaux. C'est parce que l'on ne disposait pas des sommes suffisantes et parce que l'on devait fermer les chantiers jusqu'à ce que l'on eût trouvé de nouvelles ressources que les cathédrales ont été si longues à construire : cinquante ans pour Chartres, soixante pour Amiens, quatre-vingts pour Paris, quatre-vingt-dix pour Reims, cent pour Bourges ; Beauvais n'a jamais été terminé.

Ces arrêts de construction, les accidents du terrain, la présence de rues et de bâtiments que l'on ne pouvait déplacer, la proximité de l'enceinte de la cité suffisent pour expliquer des déviations d'axe. Tout cela, non plus que les variations de plan, les différences de largeur des travées, de hauteur des supports, ne gênaient en rien les constructeurs du Moyen Age que ne retenaient pas les principes de symétrie et de parallélisme qui seront une règle absolue pour leurs successeurs. Ce qui les guide avant tout, ce sont les proportions humaines : l'appareil, les ouvertures, les arcatures, les balustrades, tous les détails de la construction et de la décoration sont traités à l'échelle de l'homme.

La science du maître de l'œuvre s'appuie sur des formules géométriques ou algébriques jalousement conservées, que l'on se repassait de maître à apprenti, surtout de père en fils, et qui donnaient les proportions de l'édifice, la courbure des arcs, l'épaisseur des voûtes et des supports, le tracé du système d'équilibre, le dessin du plan, de l'élévation intérieure et des façades et peut-être les lignes directrices de la composition du décor peint et sculpté, formules vérifiées par l'usage et l'expérience. Je ne saurais oublier ce qu'un illustre ingénieur moderne, un des plus grands constructeurs de ponts et de viaducs, qui voulait bien s'intéresser à nos recherches sur la construction au Moyen Age, nous dit de ses propres travaux : c'est l'expérience qui le conduisait à monter les tabliers de plus en plus haut sur des arcs d'ouverture de plus en plus grande, appuyés sur des supports de plus en plus légers. Ainsi procédaient les maîtres du Moyen Age. Cette connaissance fondée sur l'expérience et vérifiée par des formules scientifiques, déjà utile à l'époque romane où l'épaisseur des murs percés seulement d'étroites baies suffisait pour assurer l'équilibre des voûtes — dans beaucoup de cas, il n'y avait pas de voûtes mais une simple charpente, et le maître de l'œuvre était alors un charpentier et non un maçon —, était devenue indispensable avec la nouvelle formule d'art, l'art gothique.

## L'ART GOTHIQUE.
### LA VOUTE
### D'OGIVES

L'art gothique est caractérisé par l'emploi de voûtes sur croisée d'ogives contrebutées par des murs-boutants puis par des arcs-boutants, par l'emploi systématique de l'arc brisé, et aussi par un esprit nouveau qui répond aux aspirations nouvelles de la deuxième moitié du XIIe et du XIIIe siècle et qui se traduit par l'élancement des lignes vers le haut, par l'abondance de la lumière, lumière d'essence divine affirment Suger et les symbolistes, par la légèreté de la construction qui entraîne une économie de matériaux. Cette construction plus savante oblige les architectes à un apprentissage plus poussé, à des connaissances plus approfondies.

La voûte sur croisée d'ogives est une voûte de plan carré ou rectangulaire, de blocage ou d'appareil, composée généralement de quatre compartiments rappelant ceux de la voûte d'arêtes, renforcés, sous les arêtes, par deux nervures en diagonale qui se coupent à la clef, encadrés par deux arcs doubleaux lancés en travers du vaisseau à couvrir et par deux arcs formerets disposés le long des murs gouttereaux. Chacune des nervures en diagonale s'appelle ogive ; leur réunion est la croisée d'ogives. Dans une telle voûte, les lits de pierre de chaque compartiment sont parallèles à la ligne de faîte, et tout le poids de la voûte retombe sur les quatre angles où se localisent les poussées. On pourra donc réduire les supports des angles de la voûte à une section très faible, et ouvrir entre eux d'immenses jours ; il suffira que ces supports soient convenablement étrésillonnés, pour résister aux poussées.

La voûte d'arêtes présentait déjà ces avantages, mais la difficulté de sa construction et son poids forcément considérable par suite de l'épaisseur indispensable à sa solidité en rendaient l'usage fort difficile sur une grande surface. La croisée d'ogives facilite cette construction : on monte les murs gouttereaux, on établit la charpente et la couverture pour abriter le chantier et charger les murs, puis on lance sur cintre la croisée d'ogives et les arcs-doubleaux et on laisse prendre le mortier ; enfin, à l'aide d'échafaudages légers, on construit les compartiments de la voûte. La croisée d'ogives s'applique à toutes les surfaces à couvrir quelle qu'en soit la forme, tandis que la voûte d'arêtes était fort difficile à construire sur un plan autre que le carré. Elle supprime la taille malaisée des claveaux des arêtes de cette voûte, et permet de monter des voûtes de faible épaisseur (0,25 à 0,35, même dans les plus grandes), beaucoup plus légères que la voûte d'arêtes. Dans plusieurs églises de Bourgogne, on couvre de voûtes d'ogives la nef où il était si difficile d'établir des voûtes d'arêtes, et on conserve ces dernières sur les collatéraux où l'on avait l'habitude d'en construire.

La croisée d'ogives agit donc comme un double cintre permanent de pierre sur lequel on monte les voûtes : elle facilite le cintrage, et renforce la voûte sur ses points faibles, le long des arêtes et dans la région des sommets. Elle limite les déformations et les accidents de la voûte mal contrebutée, la défend contre l'usure du temps et de la pluie, la désagrégation des matériaux, et la soulage des poids imprévus qui viendraient la menacer. A l'origine, elle n'est qu'un renfort plus ou moins bien placé, mais dans les grandes cathédrales du XIIIᵉ siècle, elle joue aussi un rôle décoratif, suivant la belle tradition du Moyen Age qui fait de tout élément constructif un élément de beauté : elle concourt à l'élan vers le haut en prolongeant jusqu'au sommet de la voûte les lignes ascendantes des fines colonnettes montant du sol le long des supports et des murs.

Dans bien des pays, à la fin du XIᵉ et au début du XIIᵉ siècle, on cherche à établir des nervures de renforcement, sous les voûtes : voûtes d'arêtes en Lombardie et dans quelques églises du Sud-Est de la France, à l'imitation des voûtes nervées romaines ; coupoles au Maghreb, en Espagne, et dans des églises du Sud-Ouest et de l'Ouest de la France ; voûtes presque plates en Arménie.

Sans doute ces divers courants ont-ils joué, chacun dans leur sens, un rôle plus ou moins grand à l'origine des divers types de voûtes que l'on trouve en Occident au début du XIIᵉ siècle, dans cette période de tâtonnements qui prélude à la formation de l'art gothique, et influencé en quelque manière les constructeurs dans l'élaboration d'une voûte compartimentée et renforcée de nervures, jusqu'au moment où, dans le deuxième quart du XIIᵉ siècle, les maîtres maçons, guidés par leurs habitudes de métier, par leur connaissance approfondie de la technique, par leur sens des possibilités, par leur désir de monter dans les meilleures conditions des voûtes légères, très haut sur des vaisseaux très éclairés, s'arrêtèrent aux deux types de voûtes qui triompheront dans la deuxième moitié du XIIᵉ et au XIIIᵉ siècle : la voûte sur croisée d'ogives de l'Ile-de-France, dont le rôle est primordial dans la formation et l'évolution de l'art gothique, et la voûte angevine à nervures, qui va se répandre largement, non seulement dans l'Ouest de la France, mais dans maints pays d'Europe.

L'art anglo-normand connut de bonne heure, à Durham, Peterborough, Winchester, et dans quelques églises de la région de Rouen et de celle de Caen, la voûte sur croisée d'ogives, mais faute de se libérer de l'arc en plein cintre, les architectes normands ne surent pas en tirer des conséquences logiques. En Ile-de-France, dès le second quart du XIIᵉ siècle, les architectes montent des ogives en plein cintre, poussant moins que les ogives surbaissées anglo-normandes, et même, dès le milieu du XIIᵉ siècle, brisées à la clef, ce qui abaissera encore la courbe des pressions, appareillées autour d'une clef logiquement taillée à quatre branches, et grâce à l'emploi de l'arc brisé, ils relèveront suffisamment la clef des arcs qui encadrent la voûte pour que les lignes de faîte de ses compartiments se trouvent dans un plan horizontal : la voûte sur croisée d'ogives est alors parfaite ; toutes les poussées sont ramenées aux quatre points de retombée.

Dans toute cette région dont l'Ile-de-France forme le centre, et que limite un cercle passant par Reims, Provins, Sens, Etampes, Mantes, Gournay, Saint-Quentin et Laon, on peut voir apparaître dans le second quart du XIIᵉ siècle la voûte sur croisée d'ogives, et en suivre le développement rapide et logique. Dans quelques-uns des édifices les plus anciens, à Morienval, à Saint-Etienne de Beauvais, vers 1125, les claveaux des ogives pénètrent dans la voûte, et subissent les mêmes accidents qu'elle. Les constructeurs s'en aperçurent rapidement et ne montèrent plus leurs voûtes que sur des ogives indépendantes qui portent les compartiments, mais ne pénètrent pas dans la maçonnerie. L'arc brisé était déjà utilisé à l'époque romane dès la première moitié du XIIᵉ siècle, en Bourgogne, en Provence et dans l'Ouest, où les voûtes en berceau montées sur la nef des églises sont brisées, et poussent beaucoup moins que des voûtes en plein cintre, d'où sécurité plus grande dans l'équilibre de l'édifice. Pour les mêmes raisons, les grandes arcades sont souvent brisées.

Sous l'influence de la Bourgogne, sans doute, les maîtres maçons de l'Ile-de-France adopteront l'arc brisé et l'emploieront logiquement à relever la tête des compartiments de la voûte d'ogives. L'acuité des arcs doubleaux et des formerets ira en augmentant à la fin du XIIᵉ et au XIIIᵉ siècle, et leur clef sera suffisamment relevée pour que l'on puisse briser également les ogives : les poussées s'en trouveront abaissées d'autant. Cette brisure des ogives s'accentuera au point que, pour éviter que les clefs ne se relèvent, on devra les charger de motifs sculptés de plus en plus considérables qui, au XVᵉ siècle, pendront sous la voûte.

L'arc brisé employé logiquement et régulièrement pour les nervures des voûtes et les grandes arcades, se répandra peu à peu dans tout l'édifice : arcades des tribunes et des triforiums, baies des clochers, portails, fenêtres, arcs d'encadrement des roses, arcatures décoratives.

Tout le poids et toutes les poussées de la voûte d'ogives étant ramenés aux points de retombée, des supports légers, piles ou colonnes, suffiront pour la porter, mais il faudra l'épauler par des contreforts très saillants qui, lorsqu'il s'agira des voûtes de la nef, risqueront de déformer les doubleaux des collatéraux sur lesquels ils reposent. Dans bien des cas, on établit sous les combles des collatéraux ou des tribunes qui les surmontaient, des murs-boutants, sortes d'éperons de pierre destinés à épauler les murs gouttereaux. Les tribunes, d'un usage courant dans les cathédrales et les grandes églises de la seconde moitié du XIIᵉ siècle, jouaient également un rôle actif dans le système d'équilibre de l'édifice : leurs voûtes solides et puissantes formaient comme une ceinture tout autour du vaisseau central.

Mais tous ces étais étaient placés trop bas, car on voulait réserver au-dessus des fenêtres suffisamment grandes. Ce parti n'était pas dangereux dans l'abside arrondie et dans le chœur calé par les tours montées à l'angle du transept, mais il se révélait insuffisant pour la nef droite et longue : les poussées hautes disloquaient les maçonneries au-dessus des murs-boutants montés sur les collatéraux ou les tribunes.

C'est vers la fin du XIIᵉ siècle, à Notre-Dame de Paris après 1180, à Chartres après l'incendie de 1194, qu'apparaissent les véritables arcs-boutants, grands bras de pierre tendus au-dessus des combles des collatéraux, à hauteur des retombées des ogives et des doubleaux du vaisseau central, qui s'appuient sur des culées, contreforts étroits et longs montant de pied, et contrebutent par leur propre poussée une partie des poussées hautes, déjà redressées par le poids des maçonneries supérieures, de la charpente et de la couverture. On en ajoute alors, par mesure de sécurité, dans un certain nombre d'édifices, même munis de tribunes, et, dès 1194, à Chartres, on supprime les tribunes devenues inutiles depuis que, grâce aux arcs-boutants, on possédait un moyen beaucoup plus efficace d'assurer l'équilibre des voûtes hautes. La suppression des tribunes permettait en outre d'agrandir considérablement les fenêtres hautes, but que poursuivaient sans relâche les architectes du Moyen Age, ainsi que nous le verrons plus loin.

Les premiers arcs-boutants, en quart de cercle, appuyés contre les murs gouttereaux, étaient placés trop haut ou, plus souvent, trop bas, et l'on dut souvent en monter deux superposés, et même trois, comme à Chartres, pour contrebuter efficacement les poussées des maîtresses voûtes.

## PLAN

L'ancien plan roman à nef et collatéraux, large transept, chœur à déambulatoire et chapelles rayonnantes, sera celui des cathédrales et des grandes églises gothiques, mais plus aéré, plus dégagé, débarrassé de l'encombrement des supports épais et massifs. Au chœur

20

primitif de Laon, et à Notre-Dame de Paris, il n'y a pas de chapelles rayonnantes ; au Mans, elles sont séparées par d'étroites fenêtres comme à l'époque romane ; en général, elles sont contiguës entre elles ; celle d'axe, consacrée à la Vierge, est souvent, à partir du XIIIᵉ siècle, plus grande que les autres. Les cathédrales de Laon et de Poitiers ont un chevet plat. Dans l'Ouest, à Angers, et surtout dans le Midi, à Albi, à Perpignan, se conserve l'habitude de la nef unique avec des contreforts intérieurs entre lesquels sont prises des chapelles. Dans les églises à collatéraux, à partir du milieu du XIIIᵉ siècle à Notre-Dame de Paris, à la fin de ce siècle dans les autres cathédrales, des chapelles ouvrant sur les collatéraux sont montées entre les culées extérieures des arcs-boutants ; elles sont affectées aux confréries, aux corporations, aux grandes familles, consacrées aux saints particulièrement vénérés. Deux tours se dressent généralement de chaque côté de la façade principale, quelquefois également de chaque côté des façades du transept, à Laon, Chartres et Reims, par exemple.

## ÉLÉVATION

La construction en matériaux bien choisis, d'un très bel appareil recouvert, à l'intérieur, d'un enduit sur lequel sont dessinés de faux-joints — on en a retrouvé des traces même dans les édifices les plus soignés, comme la cathédrale de Reims — est d'une grande précision de trait et de taille. Elle a été parfois chaînée pour renforcer la stabilité de l'édifice.

Au-dessus des grandes arcades où l'alternance d'une pile et d'une colonne n'existe plus qu'à Senlis, Noyon, et dans les deux dernières travées de la cathédrale de Laon, les tribunes des cathédrales du XIIᵉ siècle (Senlis, Noyon, Laon, Paris) sont remplacées au XIIIᵉ par un triforium, galerie prise dans l'épaisseur du mur et ouvrant sur la nef par une arcature continue (Chartres, Reims) ou par des arcades prises sous un arc de décharge surmonté d'un gâble (Amiens). Dans le deuxième quart du XIIIᵉ siècle, le mur de fond de la galerie s'ajoure, et le triforium se transforme en claire-voie : une haute fenêtre occupe tout l'espace entre les grandes arcades et les voûtes portées par de minces piliers flanqués de colonnettes montant d'un seul jet du sol à la retombée des nervures dans lesquelles elles se prolongent, et contrebutées, à l'extérieur, par des arcs-boutants. Cet élancement des lignes vers le haut, caractéristique de l'art gothique, est un élément de beauté, en même temps qu'il répond à un attrait profond du mysticisme médiéval.

Plus remarquable encore est cette quête de la lumière qui nous apparaît comme la cause fondamentale des progrès de l'architecture gothique. J'ai montré autrefois, dans une thèse sur Notre-Dame de Paris, que le but poursuivi par les architectes du Moyen Age n'était pas seulement de couvrir l'édifice de voûtes stables et solides le mettant à l'abri des intempéries et des incendies, mais aussi de l'éclairer par des fenêtres de plus en plus grandes. Les épais murs gouttereaux des monuments romans, chargés de lourdes voûtes en berceau, ne pouvaient être percés de baies qui eussent diminué leur force de résistance au poids et aux poussées. Il en allait de même des voûtes en coupoles que l'on n'osait monter que sur des nefs uniques aux puissants supports. La voûte d'arêtes qui ramène poids et poussées aux quatre angles eût facilité l'ouverture de fenêtres, mais elle était si difficile à lancer sur un vaisseau large et élevé que peu de constructeurs du Moyen Age s'y hasardèrent, et sans doute avec raison : les malheurs de l'église de Vézelay en sont la preuve. Grâce à la croisée d'ogives contrebutée par les arcs-boutants, les constructeurs pourront monter de plus en plus haut des voûtes de plus en plus légères sur des vaisseaux de plus en plus larges et de plus en plus éclairés. La hauteur du grand vaisseau s'élèvera de 30 m à Sens, 32 m 50 à Paris, 34 m 65 à Chartres, 37 mètres à Bourges, 38 mètres à Reims, jusqu'à 42 mètres à Amiens et 48 mètres à Beauvais, et une grande partie de cette hauteur sera occupée par des fenêtres ; l'élévation de la cathédrale de Chartres, à trois étages, peut être divisée en sept parties égales de quinze pieds chacune, trois pour les grandes arcades, une pour le triforium et trois pour les fenêtres, soit en tout cent cinq pieds de 0 m 33. Lorsque la claire-voie aura remplacé le triforium, comme à Troyes, aux chœurs d'Amiens et de Beauvais, on en arrivera à la châsse de verre à laquelle rêvaient les architectes du Moyen Age.

D'abord assez modestes, comme à Notre-Dame de Paris, par exemple, les fenêtres s'agrandissent tout à coup à Chartres où, grâce aux arcs-boutants, on a pu supprimer les tribunes, jusqu'à occuper près de la moitié de la hauteur du vaisseau central. A Paris, on les allongera dans le deuxième quart du XIIIe siècle, en abaissant leur appui aux dépens des roses qui ouvraient sur les combles des tribunes.

## SPLENDEUR DE LA LUMIÈRE

Cette splendeur de la lumière vers laquelle tendent les efforts de tous les architectes du Moyen Age, ne répond pas seulement au désir d'éclairer les fidèles assemblés dans la nef et les collatéraux, mais aussi à la volonté de les instruire, en leur montrant dans les verrières des hautes fenêtres les vérités de leur foi. On sait quel fut l'amour des gens du Moyen Age pour le vitrail où, dans l'azur du ciel, se déroulent les scènes de l'Ancien et du Nouveau Testament et les histoires des saints de la légende dorée. Comme les mosaïques des basiliques chrétiennes et les peintures murales des églises romanes, les vitraux des cathédrales gothiques montrent « aux simples gens qui ne savent pas l'escripture ce qu'ils doivent croire », suivant l'expression de Gerson qui ne fait que répéter l'enseignement des Pères, des synodes et des conciles, de Suger et d'Albert le Grand, que reprendront les catéchismes des XVIIe, XVIIIe et XIXe siècles.

Ces vitraux, véritable mosaïque translucide, faits de petits morceaux de verre de couleur teints dans la masse par des oxydes métalliques mélangés à la pâte de verre en fusion, rehaussés de traits de grisaille et réunis par des plombs, créent à l'intérieur de nos cathédrales une atmosphère chaude, dorée, lumineuse, mouvante avec les heures du jour et l'état du ciel, qui s'accorde avec les touches de couleur de l'architecture. Dans ses écrits, Suger rappelle avec une juste fierté le soin qu'il prit des vitraux du chœur de sa nouvelle église, avec quel amour il en dicta les sujets, dirigea la composition, surveilla l'exécution, n'épargnant aucune dépense pour leur beauté.

Il faut ajouter à ces raisons d'agrandir les fenêtres jusqu'à occuper tout l'espace libre entre les grandes arcades et les voûtes d'une part, les sections de mur et les colonnettes montant de fond jusque sous les retombées de ces dernières d'autre part, une pensée mystique dont on n'a peut-être pas montré toute l'importance, mais qui ressort nettement des textes anciens, et singulièrement de ceux que Suger a composés pour son église abbatiale de Saint-Denis.

La cathédrale est la figure de la Cité de Dieu, de la Jérusalem céleste — la liturgie de la dédicace des églises l'affirme — ; les murs latéraux sont l'image de l'Ancien et du Nouveau Testament, les piles et les colonnes sont les prophètes et les apôtres qui portent la voûte dont le Christ est la clef ; le portail est l'entrée du Paradis qu'embellissent les statues et les bas-reliefs peints et dorés, et les somptueux vantaux de bronze. La maison de Dieu doit être illuminée par les rayons du soleil, éblouissante de clarté comme le Paradis lui-même — Gilbert de la Porée, Hugues de Saint-Victor, Robert Grosseteste comme Suger l'enseignent : c'est, à la fin du XIIᵉ et au XIIIᵉ siècle, la renaissance de la mystique néoplatonicienne de la lumière qu'avait déjà annoncée le pseudo-Denis l'Aréopagite traduit par Jean Scot Erigène, que Dante reprendra dans la *Divine Comédie* et dont il fera le motif principal du *Paradis:* Dieu est lumière, et la lumière donne la beauté aux choses ; on doit identifier la beauté essentielle avec la clarté qui, avec l'harmonie et le rythme, reflète l'image de Dieu. Aussi faut-il augmenter l'éclairage intérieur de la cathédrale en ouvrant des fenêtres aussi grandes que possible.

Sans vouloir suivre certains commentateurs du Moyen Age dans leur exposition par trop subtile du symbolisme architectural, il nous faut reconnaître la valeur des inscriptions dictées par Suger lors de la dédicace du nouveau chœur de son église le 11 juin 1144, où il explique que la beauté de l'œuvre doit illuminer l'âme de celui qui la contemple, que l'esprit, incapable d'atteindre à la vérité sans le moyen des représentations figurées, parvient ainsi à connaître le Christ qui est la vraie lumière qui illumine le monde. Le mot « clarté » répété à chaque ligne du texte exprime la beauté de la lumière qui déferle par toutes les fenêtres du nouvel édifice qu'elle illumine du feu des verrières qui scintillent comme des gemmes, en même temps que les splendeurs émanant du Père de la lumière.

Certes, nous sommes loin de l'esprit d'un saint Bernard, mais l'abbé de Clairvaux, si sévère pour ses moines, admet que, dans les cathédrales et les églises destinées aux fidèles, les évêques multiplient « les représentations matérielles par lesquelles notre esprit borné peut seulement saisir la vérité », et il y autorise les sculptures, les peintures et les vitraux historiés qu'il proscrit de ses couvents.

Magnifique est ce programme iconographique. Au portail central le Christ entouré des apôtres, de la Vierge et des saints accueille les fidèles et les bénit, tandis qu'au-dessus de sa tête, le Fils de l'Homme préside au Jugement dernier ; aux portails latéraux sont sculptées les scènes de l'Enfance du Christ, du Triomphe de Marie, et de l'histoire des saints. C'est là un enseignement complet pour les illettrés qui peuvent répéter la ballade que François Villon met sur les lèvres de sa mère :

> *Femme je suis, povrette et ancienne,*
> *Qui rien ne sçay ; oncques lettre ne lus ;*
> *Au moustier vois, dont je suis paroisienne,*
> *Paradis peint, où sont harpes et luths,*
> *Et un enfer où damnés sont boullus.*
> *L'un me fait peur, l'autre joie et liesse.*

Pour répondre à ce programme merveilleux qui lui est dévolu, la sculpture se transforme. C'est encore en Ile-de-France que nous trouvons les premiers essais de cette nouvelle sculpture, la sculpture gothique.

Dans le même temps où, grâce à la croisée d'ogives, grâce à ses conséquences logiques, les architectes s'affranchissent des voûtes pesantes qui limitaient l'essor de l'architecture romane, et élèvent des églises élancées, spacieuses, pleines d'air et de lumière, couvertes de voûtes légères et stables, les sculpteurs se libèrent des anciennes traditions décoratives. Un air nouveau circule dans la société ; les communes s'affranchissent, les corporations s'organisent ; les universités jettent les fondements des connaissances humaines ; les logiciens raisonnent sur les principes révélés ; une langue nouvelle, la française, s'impose peu à peu.

Les artistes ne se contentent plus de répéter des formules d'atelier ; ils apprennent à aimer la nature, les fleurs des champs et les feuilles des bois que chantera bientôt saint François d'Assise ; ils les regardent avec curiosité, les étudient, en tirent la base d'une grammaire ornementale nouvelle. Il leur faudra près d'un demi-siècle pour se déshabituer de la feuille d'acanthe desséchée par une longue répétition et de la feuille plate, dérivé bâtard de la palmette, pour vivifier la décoration par ces motifs nouveaux pris à l'églantier, au fraisier, à la vigne, au cresson, à la fougère, au chêne et à l'érable, qui s'épanouiront au début du XIIIe siècle à la façade de Notre-Dame de Paris : la découverte de la nature enchante les artistes qui couvrent les chapiteaux et les cordons, le mur de fond des portails,

24

de fleurs et de fruits. On imite d'abord les bourgeons et les feuilles naissantes du premier printemps ; au XIII<sup>e</sup> siècle les bourgeons enflent, éclatent, et les feuilles se développent ; au XIV<sup>e</sup> siècle, ce sont de véritables bouquets, des rameaux feuillus, des branchettes chargées de fleurs et de fruits ; au XV<sup>e</sup> siècle, les feuillages découpés et épineux de l'automne qui ont résisté aux brûlures de l'été. Le corps humain n'est plus traité en fonction du rôle qu'il joue dans le cadre qui l'enveloppe, simple motif de décoration, mais pour soi, dans ses proportions naturelles, ses attitudes vraies, ses gestes réels. Il acquiert un volume et se détache peu à peu du mur dans lequel il se silhouettait en relief.

La composition plus nette exprime avec harmonie une pensée plus simple. La sculpture iconographique, rejetée de l'intérieur de l'église — les chapiteaux ne doivent plus retenir l'attention, briser l'élan des lignes verticales : leur importance et leur volume iront en diminuant au cours des XIII<sup>e</sup> et XIV<sup>e</sup> siècles, et ils disparaîtront au XV<sup>e</sup> —, est réservée au portail, dont elle accuse le dessin. Les tympans sont ornés de grands bas-reliefs comme à l'époque romane en Languedoc et en Bourgogne, les voussures de statuettes, comme dans l'Ouest. Aux trumeaux, aux ébrasements articulés à ressauts successifs sont adossées de grandes statues, suivant une disposition nouvelle et fort originale : appuyées à la colonne, taillées dans la même pierre qu'elle, elles s'allongent comme elle en une raideur voulue, ce sont des statues-colonnes. La statuaire n'est plus un placage décoratif, elle prend corps dans le parti même de la construction.

A l'agitation de la sculpture romane s'oppose l'apaisement de la statuaire gothique, la détente dans les gestes et les attitudes. Ces statues trop longues, trop raides, s'assoupliront vite et ne conserveront plus que cette noblesse idéale, ce calme, cette sorte de réserve que doit garder la statuaire monumentale.

Les motifs iconographiques se simplifient, se classent, se définissent. La voix de saint Bernard s'est fait entendre, les monstres barbares et le bestiaire oriental disparaissent. L'iconographie est réglée comme le dogme, car elle est un enseignement, les Conciles et les Pères l'affirment. Les thèmes se fixent : l'Apparition du Fils de l'Homme en majesté entre les symboles des Evangélistes cède la place au Jugement dernier qui s'ordonne en registres superposés : Réveil des morts, Pèsement des âmes, Séparation des bons et des mauvais, le Christ-juge entre la Vierge et saint Jean, entourés des anges portant les instruments de la Passion ; l'Ascension, les scènes de l'Enfance du Christ ; la Vierge en majesté portant l'Enfant ou le présentant à l'adoration des mages et, à la fin du XII<sup>e</sup> siècle, à Senlis, en témoignage du développement toujours plus grand du culte de Marie, la Mort, la Résurrection et le Triomphe de la Vierge. L'iconographie du XIII<sup>e</sup> siècle est un enseignement ; elle expose les hauts faits de l'Ancien et du Nouveau Testament, le Triomphe des Vertus sur les Vices, les Occupations des Mois et les Signes du Zodiaque ; les sciences humaines, le Trivium et le Quadrivium, et au-dessus la philosophie et la théologie, tout ce que peut atteindre l'intelligence, tout ce qu'il faut savoir.

La représentation des Occupations des mois nous fournit un exemple caractéristique des leçons données par ces petits bas-reliefs sculptés à la façade de nos principales cathédrales.

Le mois de janvier est le mois du repos et des festins : à Senlis, un homme est à table, assis sur une chaise basse à dossier rond ; il saisit à pleines mains une cruche dont il s'apprête à verser le contenu dans un bol. Voici le mois de février, froid et humide : le pauvre hère qui vient de ramasser du bois sous l'averse, comme le représente un des bas-reliefs du calendrier de Notre-Dame de Paris, à peine rentré chez lui, s'est accroupi devant le feu dont les flammes s'élèvent vives et serrées dans la cheminée. A Amiens, notre homme s'est déchaussé et fait cuire au feu une saucisse. Avec le mois de mars reprennent les travaux des champs : à Senlis, le paysan a retroussé sa cotte et bêche courageusement la terre ; à côté, un arbre commence à bourgeonner. A Chartres, le vigneron est à sa vigne. Le soleil d'avril a fait éclore partout les jeunes pousses : à Senlis, le paysan, tête et bras nus, un court manteau jeté sur les épaules, à califourchon sur une branche, taille un arbre ; à Reims, c'est la vigne qu'il soigne ; à Paris et à Chartres, il tient dans ses bras des épis pour signifier qu'alors sort de terre la future moisson. Au mois de mai, la scène change ; tout est gai, tout est joie : à Senlis, un jeune homme, le faucon sur le poing et tenant les rênes d'un cheval richement harnaché, part pour la chasse ; à Chartres il est déjà à cheval ; à Paris, il est à pied, le faucon et le leurre au poing et à son bras pend une branche d'églantier fleuri ; à Amiens, l'homme est assis sous un berceau de verdure. En juin, le paysan se remet au travail et fauche les foins, les bras tendus et lançant énergiquement la faux. En juillet, c'est la moisson, le paysan coupe les blés à la faucille. En août, la moisson se prolonge à Chartres et à Reims ; à Paris, le paysan a relevé sa faux et l'aiguise ; à Senlis comme à Amiens, il est nu jusqu'à la ceinture et bat le grain sur l'aire. En septembre, le vendangeur cueille le raisin dont les lourdes grappes font plier le cep. En octobre, dans les pays des grands vins, comme à Reims, c'est encore la vendange ; à Paris et à Chartres, le paysan sème le grain d'un beau geste large et tranquille ; à Senlis, il paraît occupé à rentrer la moisson. Au mois de novembre, à Senlis comme à Chartres, le paysan tue le porc, ce qu'il ne fera qu'en décembre, après l'avoir engraissé à la glandée, à Paris et à Reims. En décembre, à Senlis nos gens enfournent les gâteaux : le cycle est terminé et l'année s'achève comme elle a commencé, dans la joie.

L'art s'appuie alors sur la certitude de la connaissance, exposée dans les *Sommes* et les *Miroirs*, dans une atmosphère calme et idéale, d'où tout excès de souffrance comme toute passion sont bannis, où tout semble défini pour l'éternité. C'est un art monumental et universel s'adressant plus à la raison qu'au cœur, et à la foule fervente des fidèles qu'à chacun en particulier. Au XIVe siècle et plus encore au

26

XVe, sous l'influence de saint François et de ses disciples qui lisent et vivent l'Evangile, qui s'imprègnent des détails les plus petits et les plus touchants ou les plus douloureux de la vie du Christ, de la Vierge et des saints, on en viendra à ce mysticisme pittoresque ou dramatique qui n'a jamais été dépassé. Les Mystères représenteront les mêmes thèmes, et la sensibilité franciscaine se traduira ainsi dans la poésie et dans l'art.

Le sculpteur est un artisan, un ancien tailleur de pierre — dans le *Livre des métiers* dressé par Etienne Boileau en 1258, il est confondu avec eux. Le précieux panneau d'un vitrail de la cathédrale de Chartres nous montre les sculpteurs au travail ; ils sont dans la loge, à côté des maçons et des tailleurs de pierre. Les blocs de pierre, rectangulaires, de médiocre épaisseur sont de la meilleure pierre de la région : calcaire à milioles et liais au grain serré à Chartres et à Paris ; pierre de Tonnerre dure et résistante, qui se patine comme le marbre, en Bourgogne ; pierre de Vernon, plus molle, à Rouen ; calcaire de Champagne, facile à tailler et qui permet toutes les finesses à Reims. Le bloc est dégrossi par épannelages successifs à la laye et au ciseau, et peu à peu se dégage de la pierre la figure d'un roi ; un des sculpteurs creuse au ciseau, à grands coups de maillet, les plis profonds ; un deuxième, à côté, polit une statue de roi presque achevée, deux autres appuyés sur leur laye, marteau terminé à une de ses extrémités par un tranchant brettelé, sans doute les maîtres, se reposent : l'un se rafraîchit à une coupe ; l'autre contemple son œuvre presque terminée. Au mur, une équerre d'appareilleur. Pas de modèle, pas de maquette que l'on agrandit à l'aide de points de repère, mais la taille directe d'après l'image dessinée par l'artiste sur les indications du maître de l'œuvre et conformément au programme général dicté par les clercs. D'où cette rigidité qui marque les œuvres de la deuxième moitié du XIIe siècle, et jusqu'à la fin du XIIIe ; ces attitudes calmes et simples, ces gestes rares et lents, limités par le sens et la forme du bloc, et qui répondent admirablement aux grandes lignes de l'architecture, à la fonction même de la statuaire monumentale. La statue conserve du bloc de pierre dont elle est tirée, sa ligne générale, et quelque chose de sa masse, de sa rigidité. Plus tard, à la fin du XIIIe, aux XIVe et XVe siècles, la statue sortira de la colonne, du mur contre lesquels elle s'appuie, et prendra possession de l'espace qui l'enveloppe, mais, peu à peu, envahie par la vie, elle se détachera de l'édifice pour lequel elle a été créée, et perdra son caractère monumental.

La statue est rehaussée de peinture, comme les colonnes, les nervures, les chapiteaux, les feuillages décoratifs : le portail constituait une grande page peinte et dorée. La figure, les mains, les chairs étaient peints au naturel, les yeux, la bouche, le nez, les oreilles plus accentués, les cheveux dorés tirant sur le blond ou le châtain, les vêtements tachetés de fleurettes ou teints de couleurs vives ; les bijoux, la boucle de la ceinture, les broderies du manteau relevés de tons brillants ou même de cabochons de pierre ou de verre de couleur.

27

Les sculpteurs, gens de métier, se sont formés sur le chantier où ils taillent aussi bien le crochet d'un chapiteau ou les rinceaux d'un piédroit que la statue de la Vierge ou d'un saint. Ils connaissent les œuvres des chantiers voisins ; peut-être y ont-ils travaillé, et cela explique certaines ressemblances, mais chacun garde son caractère propre : l'art, dans cette période d'activité brillante, est en évolution rapide, et on ne saurait confondre une œuvre de la seconde moitié avec une œuvre du début du XIII^e siècle. Nous pouvons suivre sur les chantiers de Chartres, de Paris, d'Amiens ou de Reims, le progrès de la statuaire de lustre en lustre. Certes toutes ces statues ne sont pas des chefs-d'œuvre, mais toutes sont exécutées avec la même conscience, qu'elles occupent la place d'honneur au portail principal ou qu'elles soient montées hors de vue dans les sommets de l'édifice.

Aucune de ces œuvres n'est signée et les textes ne nous ont pas laissé de noms de sculpteurs. L'exécution d'ensemble a été dirigée par Robert de Luzarches à Amiens, Bernard de Soissons à Reims, Jean de Chelles au transept de Notre-Dame de Paris, mais nous ne savons comment s'appelait l'auteur du Beau Dieu ou du Saint Firmin d'Amiens, de l'Ange de saint Nicaise ou de la Vierge de la Visitation de Reims, du tympan de saint Etienne à Notre-Dame de Paris. C'étaient des artisans, imagiers et décorateurs tour à tour, sculptant avec le même cœur et dans un égal désir de perfection statue, gargouille et feuillage. Ils étaient nombreux sur le même chantier, travaillant dans la même loge, sans cependant rien perdre de leur personnalité. Des artistes de caractère opposé parfois, d'esprit plus ou moins avancé, installés à côté les uns des autres, à Reims par exemple, exécutent des statues d'un style nettement différent, sans cependant que l'unité de l'ensemble soit rompue. Le fait est encore plus sensible d'un chantier à l'autre; même pour des œuvres de même date, chacun possède une tradition qui lui est propre : la sculpture nous apparaît enveloppée dans une lumière plus douce à Chartres, d'une exécution plus élégante, plus distinguée, plus noble à Paris, d'un art plus puissant et plus près de la vie à Amiens, d'une grâce plus recherchée, d'un esprit plus aigu à Reims. Le traitement des draperies, si habile, et si soigné par les maîtres gothiques, accentue encore ces différences dans le temps et dans l'espace.

Telles sont les conditions historiques, morales et techniques qui président à la formation et à l'épanouissement de l'art gothique. Nous en suivrons l'évolution de cathédrale en cathédrale. Au vrai, le premier monument construit dans le nouveau style, celui où aboutissent les efforts de tous les maîtres maçons des vallées de la Seine, de la Marne, de l'Aisne et de l'Oise, où se réalise pour la première fois en grand la formule gothique, n'est pas une cathédrale, mais l'église abbatiale de Saint-Denis qu'affectionnèrent toujours particulièrement les rois de France, qu'ils enrichirent sans cesse, et où, après leur mort, reposaient leurs restes.

28

2

3

4

VOÛTES

8

ARCS-BOUTANTS ET PINACLES

8. - Paris                                        9. - Evreux

12

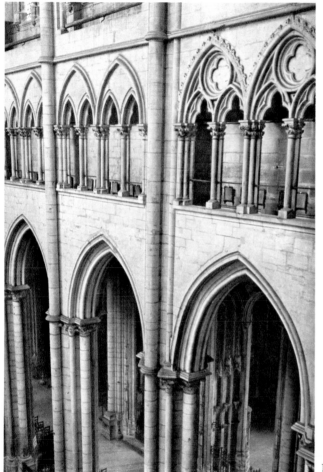

13

14

TRIFORIUMS ET CLAIRES-VOIES

12. - Nevers    14. - Châlons-sur-Marne

13. - Lyon      15. - Sées

16

17

18

FENÊTRES

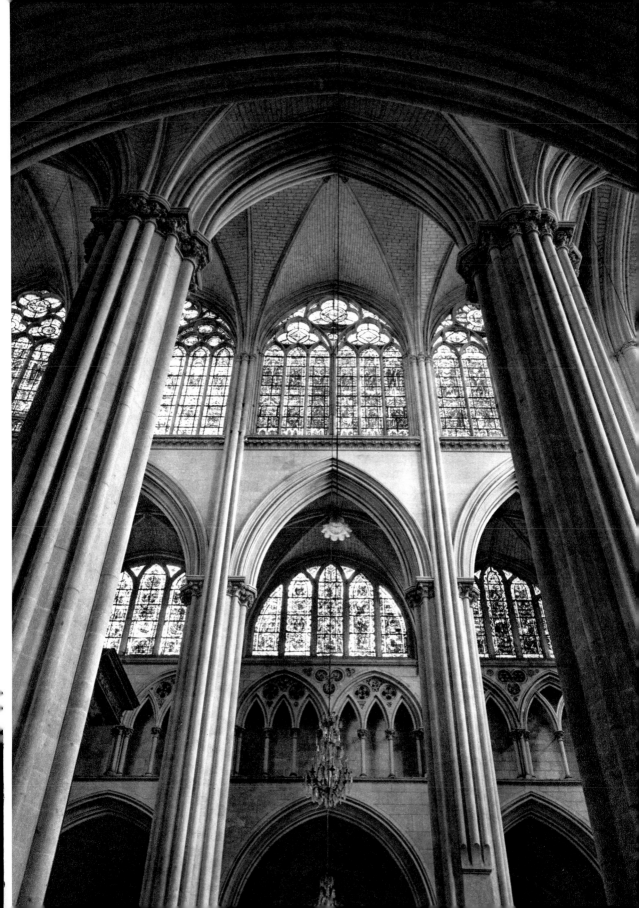

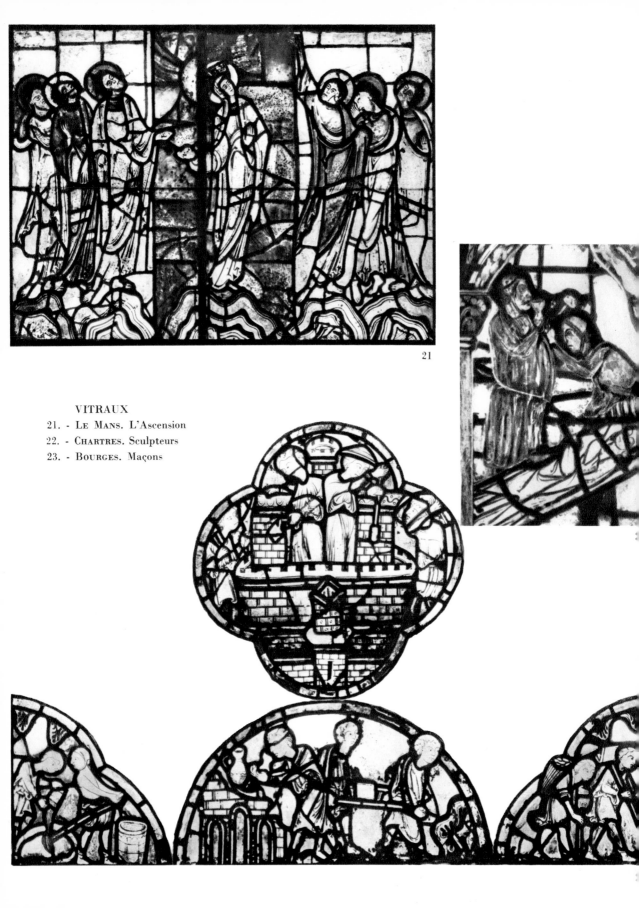

21

VITRAUX
21. - LE MANS. L'Ascension
22. - CHARTRES. Sculpteurs
23. - BOURGES. Maçons

27

25

VITRAUX

24. - ROUEN
     Signature de Clément de Chartres
25. - TOURS. Adam et Ève
26. - MOULINS. Sainte Catherine
27. - BEAUVAIS. Saint François d'Assise

24

26

28

2●

## DÉCOR VÉGÉTAL ET ANIMAL

3●

31

32

35

33

36

37

34

CHRIST EN MAJESTÉ
42. - CHARTRES. Portail Royal

43

44

45

**ARTS LIBÉRAUX**

CHARTRES

46. - La Musique
47. - La Grammaire

PARIS

48. - La Grammaire
49. - La Musique

46

47

48    49

LYON

50. - La Grammaire

50

CHARTRES

51. - La Douceur
52. - La Force

51

52

53

55

56

LAON

55. - Un Prophète
56. - La Sibylle Erythrée

STRASBOURG

54. - Une Vertu

54

PARIS

53. - L'Humilité et la Sagesse
au-dessous, l'Orgueil et la Folie

58. - Février

59. - Janvier

60. - Févri[er]

57. - Janvier

64. - Janvier - Le Verseau - Fé[vrier]

61. - Janvier

62. - Février

65. - Mars

63. - Mars

67. - Avril

OCCUPATIONS DES MOIS
ET SIGNES DU ZODIAQUE

67-68. - SENLIS          70-71. - PARIS
69. - CHARTRES
      Portail nord     72-74. - AMIENS

72. - Avril

66. - CHARTRES. Portail Royal

De bas en haut : Avril, le Bélier.
Mai, le Taureau, Juillet, le Cancer,
Août, le Lion.

- Juin

69. - Avril

70.
Mai

71. - Le Lion
Juin

73. - Mai

74. - Juin

OCCUPATIONS DES MOIS
ET SIGNES DU ZODIAQUE
75. - Senlis    77. - Strasbourg
76. - Paris     78-79. - Amiens
80-81. - Chartres,  Portail nord

76. - Août

75. - Juillet

77. - Juillet - le Lion - Août

80. - Août

78. - Le Lion, la Vierge, la Balance, le Scorpion, le Sagittaire,
Juillet, Août, Septembre, Octobre, Novembre

81. - Novembre
Décembre

79. - Décembre

82

Reims

82. - L'Automne
83. - L'Hiver

83

*CHAPITRE II*

# PREMIÈRES CATHÉDRALES GOTHIQUES

Suger, grand administrateur et réalisateur, épris en même temps de la mystique la plus sublime, était devenu abbé de Saint-Denis en 1122 ; il entreprit aussitôt de reconstruire son église. Il appela des ouvriers de tous les coins de la France, du Midi, de l'Ouest, de Lorraine et aussi de Normandie dont l'influence est particulièrement sensible. Il voulut d'abord remplacer l'entrée trop étroite de l'édifice carolingien encore debout, par une grande façade à trois portes par où pourraient entrer et sortir facilement les nombreux pèlerins qui venaient vénérer les reliques de saint Denis, le patron de la monarchie française, et de ses compagnons martyrs, Rustique et Eleuthère. Les travaux commencèrent vers 1132, et le 9 juin 1140 avait lieu la consécration du nouveau portail et des travées voisines de l'avant-nef couvertes de voûtes d'ogives. Aussitôt après, il agrandit le chœur, commencé le 14 juillet de cette même année, et terminé quatre ans plus tard. Le 19 janvier 1143, un ouragan terrible qui renversait tout sur son passage, menaça la construction encore inachevée, sans réussir à ébranler les arcs doubleaux et les croisées d'ogives, en place mais non encore soudés par les voûtains. Cette épreuve de force resta comme le témoignage de la solidité et de la valeur de l'armature de la voûte gothique qui allait permettre de monter de plus en plus haut les voûtes de nos cathédrales, de Senlis et Noyon à Laon et à Notre-Dame de Paris, jusqu'à Chartres, Bourges, Reims, Amiens et Beauvais. Le 11 juin 1144, la consécration solennelle du nouveau chœur réunissait à Saint-Denis outre le roi Louis VII, la reine et les seigneurs, un grand nombre d'archevêques, d'évêques et d'abbés qui purent admirer cette construction légère et puissante, élancée et forte, aux voûtes solides et bien équilibrées, aux dégagements spacieux et commodes, aux grandes fenêtres garnies de vitraux répandant partout une abondante lumière chaude et colorée. Beaucoup d'entre eux s'efforceront de reconstruire leur église sur le modèle du bel édifice que venait d'achever Suger. Cette date marque le triomphe du nouvel art, l'art gothique. Suger n'eut pas le temps de monter la nef qu'il avait conçue large et à doubles collatéraux. Les parties hautes du chœur, le transept et la nef furent reconstruits au XIII<sup>e</sup> siècle par le fameux architecte Pierre de Montreuil, mais on conserva la façade occidentale et les deux travées voisines, le déambulatoire, les chapelles de l'abside et la crypte, qui remontent encore à la construction de Suger, comme une partie des vitraux à scènes et à personnages dont Suger avait donné les thèmes et les inscriptions qui en soulignaient le sens, et dont il avait dirigé et surveillé l'exécution avec un soin jaloux. Les statues-colonnes qui ornaient la façade et que nous ne connaissons plus que par les dessins de Bernard de Montfaucon, et par trois têtes malheureusement mutilées conservées à la Walter's Art Gallery de Baltimore et au Fogg Art Museum de l'Université Harvard, ont été détruites en 1771, lors des transformations de la façade du XII<sup>e</sup> siècle. Nous en retrouverons le type au Portail royal de Chartres.

L'évêque de Senlis et l'évêque de Noyon étaient parmi les prélats consécrateurs des autels de Saint-Denis, le 11 juin 1144. Dès leur retour, ils songèrent à reconstruire leur cathédrale. Le roi les y aida : Senlis et Noyon étaient lieux chers aux Capétiens où leur aïeul avait été élu et couronné roi en 987.

## SENLIS

A Senlis, sur la colline où sommeillait, en plein cœur de l'Ile-de-France, la vieille cité gallo-romaine «taciturne et charmante», le château royal se dressait le long de l'enceinte, dominant au loin les forêts profondes où les Capétiens, comme leurs prédécesseurs, aimaient tant à chasser. En face du château royal était la vieille cathédrale carolingienne en partie reconstruite à la fin du X<sup>e</sup> siècle. En 1153, l'évêque Thibault obtient du roi Louis VII des lettres de protection pour des quêteurs qu'il envoie à travers la France recueillir les ressources nécessaires à la construction de sa cathédrale. Le chœur, très avancé en 1168, était achevé dès avant 1180 où trois lampes brûlaient jour et nuit à l'entrée du sanctuaire devant l'autel de la Vierge. C'est dans l'église presque terminée que vint se réfugier en 1184 la malheureuse reine Isabelle de Hainaut, abandonnée par Philippe Auguste et menacée de répudiation. Le 16 juin 1191 eut lieu la dédicace solennelle. Les travaux, faute de ressources, n'étaient pas complètement finis, et l'archevêque de Reims, qui présidait la cérémonie, recommandait aux fidèles l'œuvre de la cathédrale dédiée à la Madone. Au milieu du XIII<sup>e</sup> siècle, on y ajouta un transept et on couronna la tour sud d'une flèche d'une composition élégante et d'une audacieuse construction, légère et joyeuse comme un cantique à la Vierge. Après l'incendie de juin 1504, on dut reconstruire les fenêtres hautes et les grandes voûtes de l'église ainsi que les façades du transept en style flamboyant.

Des chapelles ont été ajoutées au sud du chœur en 1465, au nord en 1671 ; la chapelle d'axe a été agrandie au XIX<sup>e</sup> siècle. Le collatéral nord de la nef, doublé au XVIᵉ siècle, conduit à la salle capitulaire de la fin du XIVᵉ siècle, dont les voûtes retombent sur une colonne centrale au chapiteau décoré d'une curieuse danse de fous au son d'un orgue qu'actionnent deux chanoines.

Charmante église, à nef et collatéraux, coupée depuis le XIIIᵉ siècle par un transept, elle a un chœur à déambulatoire qu'enveloppe une couronne de chapelles rayonnantes quelque peu écrasées du côté nord où passe le mur de l'enceinte gallo-romaine, qui obligea le constructeur à dévier l'axe du chœur légèrement vers le sud. On reconnaît çà et là les hésitations du maître de l'œuvre qui a couvert le vaisseau central de voûtes sexpartites — il y en avait deux de plus avant le percement du transept — portées par des piliers puissants alternant avec des colonnes. Ces voûtes étaient autrefois à un niveau plus bas que celles qui ont été relancées au XVIᵉ siècle. Les collatéraux sont également voûtés d'ogives comme les tribunes qui les surmontent, et qui contrebutaient puissamment les poussées de la voûte haute. Dans l'édifice primitif, les fenêtres hautes étaient encore de dimensions assez médiocres, et il n'y avait pas d'arcs-boutants ; ceux que l'on voit aujourd'hui, comme les fenêtres hautes, datent du XVIᵉ siècle. Quelques chapiteaux ont encore leur décor de feuilles plates ou d'acanthe plus ou moins stylisées.

Au portail occidental, terminé, semble-t-il, lors de la dédicace de 1191, la pensée conçue à Chartres et à Saint-Denis prend sa forme définitive en même temps que s'épanouit le culte de la Vierge. Le XIIIᵉ siècle, le siècle de la Vierge, commence à Senlis à la fin du XIIᵉ. Pour la première fois apparaît au tympan d'un portail — ici, le seul portail à personnages de l'église — le thème de la Mort, de la Résurrection et du Triomphe de Marie qui sera si souvent répété dans les cathédrales du XIIIᵉ siècle. Sur le linteau sont sculptées la Mort et la Résurrection de la Vierge, cette dernière scène charmante de fraîcheur et de grâce : les petits anges viennent de s'abattre, comme un vol d'hirondelles, auprès de la Vierge ; ils voltigent autour d'elle, s'empressent, se bousculent pour la voir, la saisir, l'emporter au Paradis ; l'un, derrière, la pousse par les épaules, l'autre la soutient, un troisième prend les pieds, un quatrième apporte la couronne qu'il va poser sur sa tête, un dernier, en retard, écarte les autres pour apercevoir lui aussi sa reine. Au-dessus, le Christ assis à côté de la Vierge couronnée, se penche vers elle et la bénit ; à Chartres, à Paris, le Christ se redressera et la Vierge s'inclinera devant son Fils en un geste d'humilité et de prière. Dans les voussures, les saints du Paradis, les patriarches et les prophètes, et les rois ancêtres de la Vierge, assis dans les branches de l'arbre de Jessé. Les huit grandes statues dressées aux ébrasements ont été restaurées — et mal restaurées — en 1846 ; c'étaient Jean-Baptiste, Samuel, Moïse et Abraham d'un côté, David, Isaïe, Jérémie et le vieillard Siméon de l'autre, c'est-à-dire les préfigures du Christ dans l'Ancien Testament, et les prophètes qui ont annoncé sa Passion. Ce sont encore comme à Saint-Denis et à Chartres, et aussi à Bourges, au

64

Mans et à Angers et dans tant d'églises de l'Ile-de-France et de la Champagne, des statues-colonnes, mais d'un style plus libre. On a retrouvé récemment deux têtes qui, malgré leurs mutilations, témoignent encore de l'habileté du sculpteur. Au-dessous sont sculptées les douze scènes du Calendrier, les Occupations des Mois, d'une exécution encore maladroite, mais dont chacune forme un petit tableau plein de vie et de mouvement, d'une justesse d'observation remarquable. L'artiste n'a eu qu'à regarder autour de lui, tout l'inspirait : au pied des murailles qui entouraient la ville, la Nonette coulait au milieu des prés où l'on fauchait les foins ; sur les coteaux les vignes grimpaient à l'assaut de la petite ville jusqu'aux fossés du vieux château ; dans la plaine, sur le plateau, c'étaient les terres labourées, les blés, la moisson, et au-delà, de tous côtés, la forêt.

La cathédrale de Senlis est la plus ancienne, et sans doute, malgré les transformations qu'elle a subies à travers les siècles, la plus caractéristique de nos cathédrales du domaine royal élevées dans la deuxième moitié du XIIe siècle, alors que le constructeur, n'ayant pas encore à sa disposition l'arc-boutant, qui n'apparaîtra qu'à la fin du siècle, n'ose pas supprimer les tribunes, ni monter trop haut les voûtes du vaisseau central, ni l'éclairer par de hautes et larges baies. L'élévation est alors à quatre étages : grandes arcades, tribunes, triforium, fenêtres hautes.

## NOYON

C'est le parti de la cathédrale de Noyon, encore bien conservée, sinon qu'après l'incendie du 19 juillet 1293, les voûtes sexpartites de la nef ont été remplacées par des voûtes barlongues, c'est-à-dire rectangulaires. Aux époques mérovingienne et carolingienne, plusieurs cathédrales s'étaient succédé sur le même emplacement ; la quatrième dont le chevet touchait le mur de l'enceinte gallo-romaine de la cité fut ravagée par un incendie en 1131 ; elle fut aussitôt réparée, mais elle était en mauvais état, et sans doute trop petite. On décida de la reconstruire. On réunit les sommes d'argent nécessaires, et, vers 1150, on commença le nouveau chœur à déambulatoire et chapelles rayonnantes au-delà du mur d'enceinte, sans par conséquent toucher à la vieille église, où se fit en 1157 l'ostension des reliques de saint Eloi qui attira une immense foule d'évêques, de clercs et de fidèles, dont la générosité facilita la construction du nouveau chœur. Le pape Innocent II, alors à Crépy-en-Valois, envoie des lettres aux archevêques de Sens et de Rouen, leur recommandant les clercs qui quêtent pour le nouvel œuvre. Vers 1160-1165, on détruit le mur de l'enceinte gallo-romaine et plante le transept et la dernière travée de la nef sur un axe un peu différent de celui du chœur — celui-ci est incliné vers le sud, comme à Senlis. Le transept se termine par deux bras arrondis en demi-cercle. On construit d'abord l'hémicycle, les travées droites et les voûtes du croisillon nord, ensuite la dernière travée de la nef puis le croisillon sud, en même temps que la chapelle de l'évêché qui lui est contiguë, et qui fut terminée en 1183. En 1185 le culte est célébré dans le nouveau chœur, le transept et la dernière travée de la nef, et le chapitre rédige les charges et les devoirs des marguilliers, où nous relevons qu'ils doivent notamment nettoyer les murs, les voûtes, les sculptures, les vitraux. De 1185 à 1200, on construit et voûte la nef ; les textes nous rapportent la peine qu'eut le chapitre — comme autrefois Suger à Saint-Denis — à trouver des bois assez longs et en quantité suffisante pour monter la charpente. Le pseudo-transept occidental, la façade et le porche commencés aussitôt étaient terminés en 1221 et le clocher sud assez élevé pour que des cloches aient pu être montées dans le beffroi ; il était achevé en 1231, et le clocher nord seulement au début du XIVe siècle, après l'incendie de 1293, qui entraîna la reconstruction des voûtes de la nef. Des chapelles furent ajoutées au nord de la nef au XIVe siècle, au sud, du XIVe siècle à 1647. Au cours du XVIIIe siècle, on refit les parties hautes du chevet, fenêtres, voûtes, arcs-boutants (1722-1723), et plus tard, on supprima le jubé et renouvela entièrement le mobilier du chœur ; le maître-autel, dessiné par Godot de Compiègne, est circulaire et surmonté d'un dôme sur colonnettes (1757-1779). La cathédrale, mutilée par les bombardements de la guerre de 1914-1918, a été restaurée avec un soin pieux par l'inspecteur général Collin. Notons encore, au nord de la cathédrale, le cloître du XIIIe siècle et sa belle salle capitulaire aux colonnes élancées portant très haut une élégante voûte sur croisée d'ogives ; il est bordé à l'est par la sacristie du XIVe siècle et un logis du XIIIe siècle sur lequel est venue s'appuyer en 1507 la pittoresque bibliothèque du chapitre, grand bâtiment à pans de bois décorés d'écussons et de sculptures.

La cathédrale de Noyon a le plan cruciforme, mais avec cette particularité que les bras du transept s'arrondissent en hémicycle, comme à la cathédrale de Tournai, au croisillon sud de la cathédrale de Soissons, et dans quelques églises aujourd'hui disparues, comme la cathédrale de Cambrai et Saint-Lucien de Beauvais. L'alternance des supports — piles fortes et colonnes — correspondait à l'existence de voûtes sexpartites, comme à Senlis, à Laon et à Notre-Dame de Paris, plus faciles à équilibrer sans arc-boutant, remplacées dans la nef, après l'incendie de 1293, par des voûtes barlongues, contre-butées par des arcs-boutants en partie refaits au XVe siècle. Bas-côtés, déambulatoire, tribunes et chapelles rayonnantes sont voûtés d'o-gives. L'élévation à quatre étages du chœur et de la nef — grandes arcades, tribunes, triforium, fenêtres hautes — se prolonge dans les hémicycles du transept — fenêtres basses, triforium, et deux rangs de fenêtres hautes. Les baies des tribunes sont géminées dans la nef, et prises sous un arc de décharge ; le triforium est fait d'une arcature en plein cintre dans la nef, tréflée dans le chœur ; au-dessus, les fenêtres jumelles — elles l'étaient autrefois également dans le chœur — sont en plein cintre dans la nef, brisées dans le chœur. Les tribunes larges, bien éclairées, fortement voûtées contrebutaient les voûtes hautes, en même temps qu'elles permettaient de recevoir la foule des fidèles. Les chapiteaux sont ornés de feuilles d'acanthe et de feuilles plates aux pointes recourbées ; les clefs de voûte, surtout celles du déambulatoire et des tribunes du chœur, sont enrichies de têtes et de motifs sculptés. Le portail ouest a beaucoup souffert des guerres et des révolutions ; statues, statuettes et bas-reliefs ont disparu. On voyait à la porte centrale le Jugement dernier, à celle de droite, la Mort, la Résurrection et le Triomphe de la Vierge. Une arcature en plein cintre portée sur de longues colonnettes traverse la façade au-dessus des fenêtres du premier étage ; nous la retrouverons à Laon sur la façade dont elle suit tous les ressauts ; un architecte de génie la prendra, l'étirera, l'allégera et la lancera en plein ciel entre les tours comme un diadème couronnant la masse imposante de la façade de Notre-Dame de Paris.

La cathédrale de Noyon qui montre les progrès réalisés depuis l'ouverture du chantier de Senlis — elle mesure 103 mètres de long au lieu de 67, et le vaisseau central, large de 9 mètres au lieu de 8 m 20, est couvert de voûtes d'ogives dont la clef est à 22 m 70 de haut au lieu de 18 mètres (avant 1504) — tient une place importante dans l'évolution de l'art gothique dans la deuxième moitié du XIIe siècle. Le parti de Noyon, qui a été repris au croisillon sud de la cathédrale de Soissons, se retrouve au chœur de Saint-Remi de Reims, à Notre-Dame-en-Vaux à Châlons-sur-Marne, et s'épanouit à Laon, où les proportions sont plus vastes, la construction plus sûre, la décoration plus riche, et à Notre-Dame de Paris.

Le parti de Noyon se voyait également à la cathédrale de Cambrai détruite en 1796, et que nous ne connaissons plus que par des gravures anciennes et par le beau dessin de Van der Meulen pour une des tapisseries de l'*Histoire du roi*. Commencée peu après l'incendie de 1148, la nef aux collatéraux surmontés de tribunes, était déjà très avancée en 1167, lorsqu'un nouvel incendie suspendit momentanément les travaux. Son transept aux croisillons arrondis avait des collatéraux et des tribunes comme la nef, et à l'est une chapelle à deux étages, le tout de la fin du XIIe siècle. Le chœur, construit de 1230 à 1252, avec déambulatoire et chapelles rayonnantes, reproduisait celui de la métropole, la cathédrale de Reims. Cette vaste église, longue de 130 mètres, large au transept de 65 mètres, entièrement couverte de voûtes d'ogives, haute de 36 mètres dans la nef et 41 mètres dans le chœur, surmontée d'une tour-lanterne à la croisée et précédée d'un clocher dont la flèche montait à 101 mètres, était une des plus grandes et des plus belles de nos églises de la France du Nord : il n'en reste plus une pierre en place.

*LAON*

La cathédrale de Laon nous est heureusement parvenue à peu près intacte.

Du haut de la colline où elle se dresse comme une carène de

vaisseau, elle regarde au loin la plaine et les carrières d'où les bœufs ont monté, pendant près d'un siècle, les pierres qui ont servi à la construire. Elle fut commencée vers 1150-1155, et sa construction alla d'est en ouest précédant toujours de quelques années celle de Notre-Dame de Paris qu'elle inspira sur bien des points. Gaultier de Mortagne, doyen du chapitre depuis 1145, puis évêque de 1155 à 1174, présida à la direction des travaux qu'il aida largement de ses deniers : il donna à sa mort cent livres au nouvel œuvre, outre les vingt livres qu'il donnait depuis l'ouverture du chantier. La nef était achevée à la fin du XIIe siècle, et la façade montée autour de 1200. Tout était terminé en 1205, où l'on décida de défoncer l'ancienne abside à déambulatoire sans chapelle rayonnante, et de la remplacer par un grand chœur à chevet plat qui prolonge la nef en un long vaisseau coupé seulement par un large transept que domine une grandiose tour-lanterne, comme à Saint-Ayoul de Provins, dans les églises de Normandie, et aussi dans les cathédrales de Cambrai et d'Arras, toutes deux disparues. Le nouveau chœur fut construit en pierre de Chermizy tirée des carrières proches de Craonne données précisément en 1205 par Jean de Chermizy. Des chapelles ont été ajoutées au XIVe siècle entre les contreforts, devant lesquelles les chanoines ont fait monter, dans le dernier tiers du XVIe siècle, d'élégantes clôtures de pierre portant un charmant décor d'armoiries, de cariatides, de figurines et d'arabesques Renaissance.

Le vaisseau central, long de 90 mètres et large de 10 m 80, est couvert de voûtes d'ogives sexpartites lancées à 24 mètres de haut. Les grandes arcades sont portées par des colonnes ; l'alternance qui régnait à Senlis et à Noyon, n'existe plus ici que dans les deux dernières travées doubles de la nef proches du transept, où une colonne entourée de cinq colonnettes succède à une colonne simple. L'élévation à quatre étages, comme à Noyon — grandes arcades, tribunes, triforium, fenêtres hautes — se poursuit depuis le chevet jusqu'à la façade ouest, sauf au fond des bras du transept où les tribunes sont remplacées par une simple galerie portant sur deux arcades, pour dégager les fenêtres et la grande rose encore à peine évidée de la façade nord, la grande baie au riche réseau de la première moitié du XIVe siècle de la façade sud. A l'est des travées extrêmes de chacun des croisillons se dresse une profonde chapelle à deux étages.

Aux angles des façades du transept s'érigent de hautes tours. Au XIIIe siècle, on a ajouté tout autour de l'édifice des arcs-boutants, en même temps que l'on élevait le nouveau chœur. A la façade ouest, les trois portes s'ouvrent au fond de trois porches profonds surmontés de gâbles, qui annoncent ceux des croisillons de Chartres. Au-dessus, une grande rose entre deux fenêtres, une galerie à arcature d'où sortira celle de Notre-Dame de Paris, enfin les deux tours carrées portant un haut étage octogone à clochetons, qui serviront de modèle aux tours de la façade de la cathédrale de Reims. C'est au haut des tours que veillent les bœufs de pierre, ainsi mis à l'honneur pour les services qu'ils ont rendus si longtemps à la cathédrale, en hissant les pierres depuis les carrières de la plaine jusqu'au sommet de la colline.

Les trois hautes fenêtres du chevet sont garnies de verrières à médaillons circulaires d'une intensité de couleur et d'un style qui les apparentent à celles de Chartres ou de Bourges. Elles représentent, à droite, les scènes de l'Enfance du Christ et les symboles de la Maternité virginale de Marie ; au centre, l'histoire de la Passion du Christ, de sa Résurrection et de son Ascension ; à gauche, les scènes de l'arrestation et du martyre de saint Etienne et l'histoire du diacre Théophile. La grande rose, au-dessus, est consacrée à la glorification de la Vierge. Dans la rose du croisillon nord sont figurés les Arts libéraux, le trivium et le quadrivium, en souvenir du célèbre saint Anselme, dont le prestige fit de l'Ecole de Laon, au commencement du XIIe siècle, la plus florissante de son temps ; nous les retrouverons sculptés à la façade ouest.

Les chapiteaux sont ornés de feuilles d'eau, de feuilles d'acanthe simplifiées, de palmettes, de rinceaux entrelacés avec une variété et un goût rarement dépassés ; des animaux fantastiques et des petites figurines s'y mêlent encore parfois, dans les travées les plus anciennes du chœur et au transept. Dans la nef, certains feuillages s'enroulent en volutes qui annoncent les crochets du XIIIe siècle.

Au bas de la façade ouest s'ouvrent les trois portes dont le décor a été sculpté entre 1190 et 1205. Toute la grande statuaire est malheureusement détruite, et toutes les têtes des figures des tympans et des voussures ont été brisées à la Révolution. Le linteau de la porte centrale supprimé au XVIIIe siècle, a été reconstitué sous la direction de Bœswillwald lors de la restauration entreprise à partir de 1853. A la porte de droite, le maître de l'œuvre a utilisé un tympan sculpté vers 1160 où se voit le Jugement dernier et il y a ajouté un linteau où est sculptée la Séparation des bons et des mauvais dans un style noble et ferme. La porte centrale est consacrée au Triomphe de la Vierge, comme à Senlis ; seul le Couronnement de la Vierge, restauré, est ancien ; dans les cinq voussures sont disposés des anges avec les attributs symboliques des vertus de la Vierge, les rois ancêtres de Marie assis dans un arbre de Jessé, et quatorze prophètes. Le décor de cette porte, issu de Senlis, conduit directement au portail nord du transept de Chartres. Le portail de gauche est également consacré à la Vierge, mais à la Vierge Mère, et ce sont, comme au Portail royal de Chartres, à Bourges ou à la porte Sainte-Anne à Notre-Dame de Paris, les scènes de l'Enfance du Christ qui sont sculptées au linteau : Annonciation, Nativité, Annonce aux bergers. Au tympan est figurée l'Adoration des mages. Les moulages pris avant la restauration et conservés au Musée des Monuments français nous montrent l'harmonie de la composition, la délicatesse du modelé, la noblesse des attitudes, et la beauté des étoffes et des draperies. Les scènes sculptées dans les voussures sont particulièrement intéressantes du point de vue iconographique. Dans les deux premières voussures, six anges portent des encensoirs, des calices et des couronnes et huit figures de femmes représentent les Vertus — Sobriété, Chasteté, Patience, Charité, Foi, Humilité, Douceur, Libéralité — terrassant les Vices, souvenir d'un thème qui connut un grand succès dans les églises du Poitou et de l'Angoumois, mais qui disparaîtra presque partout au XIII<sup>e</sup> siècle, pour être remplacé par de petits tableaux représentant les Vertus avec leurs symboles et les Vices en action. Les deux voussures extérieures sont ornées de personnages de l'Ancien Testament préfigurant la Maternité virginale de Marie enseignée depuis longtemps dans les écoles de Laon, et qu'énumère un sermon du solitaire Honorius conservé dans le *Speculum ecclesiæ:* Daniel dans la fosse aux lions nourri par le prophète Habacuc qui y pénètre sans briser le sceau qui retenait la dalle de fermeture ; Gédéon implorant le Seigneur qui fait tomber du ciel une rosée sur la toison étendue sur le sol sans que la terre soit mouillée ; le buisson ardent de Moïse que la flamme ne peut consumer ; l'arche d'alliance où Aaron dépose une branche qui, bien que desséchée, fleurit et produit un fruit ; la porte du temple de Jérusalem par où passe le Roi des Rois et qui reste close après son passage, suivant la vision d'Ezéchiel ; la Vierge et la licorne ; Isaac aveugle envoyant son fils en Mésopotamie ; Balaam annonçant au peuple d'Israël qu'une étoile naîtra de Jacob ; le songe de Nabuchodonosor ; les trois Hébreux protégés par le Seigneur qui est descendu au milieu d'eux dans la fournaise ; un prophète et la sibylle d'Erythrée, dans des vêtements d'un admirable drapé.

L'iconographie de ces portails, trop riche, se prolonge dans les voussures des deux fenêtres qui flanquent la grande rose : à gauche entre deux rangs de dragons d'un beau style, dernier écho des monstres venus d'Orient, neuf figurines de femmes assises symbolisent, comme au Portail royal de Chartres, les sept Arts libéraux, et aussi la Médecine et la Philosophie ; une dixième représente un homme traçant un dessin sur une planchette, l'Architecture ; à droite, dix scènes de la Création du Monde. Ainsi se complète sur la façade de la cathédrale de Laon, en un art remarquable de plénitude, de noblesse et de grâce, la somme des connaissances du Moyen Age, miroir de la Nature, miroir de la Science, miroir historique et miroir moral.

L'influence de la cathédrale de Laon a été considérable dans le Nord et l'Est de la France, comme en Normandie — à la cathédrale de Lisieux par exemple — et en Angleterre, et aussi en Rhénanie et en Allemagne, et jusqu'en Espagne.

La cathédrale d'Arras s'y rattachait étroitement avec son chœur à déambulatoire sans chapelle rayonnante, ses tribunes, son grand transept à collatéraux surmonté d'une tour-lanterne sur la croisée, ses tours de chaque côté des façades des croisillons et de la façade occidentale, son portail orné des représentations de la Mort, des Funérailles, de l'Assomption et du Couronnement de la Vierge, et des grandes statues de saint Jean-Baptiste, Abraham, Moïse, la

Vierge, Daniel et Jonas. Le chœur commencé dans l'été de 1160 était terminé en 1182 et la nef au début du XIII<sup>e</sup> siècle où l'on sculptait le portail. Vendue en 1793, la cathédrale d'Arras fut alors démolie, et il n'en reste plus rien aujourd'hui.

NOTRE-DAME DE PARIS

Notre-Dame de Paris se rattache à cette magnifique couronne de cathédrales à tribunes de la deuxième moitié du XII<sup>e</sup> siècle, dont elle est le dernier joyau. Commencée peu après la cathédrale de Laon, elle en subit fortement l'emprise, mais avec un parti simplifié et élargi : le maître de l'œuvre supprime la tour-lanterne que ne justifie plus l'étroitesse ou l'absence des fenêtres hautes et les chapelles à l'est du transept ; mais il reprend le chœur à déambulatoire, ici double, sans chapelles rayonnantes, — les autels étaient appuyés contre le mur du pourtour, — le grand transept, ici sans bas-côtés, la longue nef, ici à doubles collatéraux, appuyés sur les deux tours qui bordent la façade, les voûtes sexpartites, et l'élévation à quatre étages : grandes arcades retombant uniformément sur des colonnes, tribunes portant les murs-boutants qui épaulent la poussée des voûtes hautes, triforium dessinant des roses ouvrant sur les combles des tribunes que Viollet-le-Duc a reconstituées dans les travées proches du transept, et fenêtres hautes, relativement petites, telles que subsistent celles de la travée proche des tours. L'alternance qui n'existe plus dans le vaisseau central est reportée dans l'épine de colonnes qui séparent les doubles collatéraux de la nef, alternance d'une colonne et d'une colonne entourée de colonnettes en délit, celle-ci correspondant à la retombée du doubleau et des ogives principales de la voûte sexpartite du vaisseau central, ce qui nous a amené à conclure à la présence d'arcs-boutants contrebutant au-dessus des combles des tribunes les poussées hautes, qui sont les plus anciens, datés d'une manière précise du dernier quart du XII<sup>e</sup> siècle. Telle était la cathédrale de Paris, dont la première pierre fut posée en 1163 par l'évêque Maurice de Sully qui consacra toute son activité à l'œuvre de Notre-Dame. Elle s'élève sur l'emplacement de deux églises carolingiennes : Saint-Etienne la plus ancienne, en ruine dès le début du XII<sup>e</sup> siècle, qui avançait assez loin sur la place du Parvis, et Notre-Dame, reconstruite au IX<sup>e</sup> siècle, qui occupait les dernières travées de la nef et les deux premières du chœur de l'édifice actuel. L'évêque Maurice réunit les sommes nécessaires aux premiers travaux, aidé largement par le roi Louis VII, perça une rue, la rue Neuve-Notre-Dame, qui réunissait le nouveau chantier au petit pont par où arrivaient les pierres de Vaugirard et de Montrouge dont est construite la nouvelle cathédrale. Les travaux commencèrent par le chœur très avancé en 1177, et qui fut terminé le 19 mai 1182. On put alors transporter les reliques et le culte dans le nouveau chœur, détruire ce qui restait de la vieille église Notre-Dame et commencer la nef qui s'éleva de 1180 à 1200. L'évêque Maurice étant mort en 1196, son successeur Eudes de Sully commença vers 1200 la façade qui était achevée en 1245. Telle était la cathédrale de Maurice de Sully, avec son grand plan cruciforme — 122 m 50 de long et 12 m 50 de largeur de nef sur 33 mètres de haut — et ses doubles collatéraux enveloppant entièrement le vaisseau central. Vers 1230, pour augmenter l'éclairage intérieur du grand vaisseau, on agrandit les fenêtres hautes, on en abaissa l'appui aux dépens de la rose du triforium, sauf dans la travée proche de la façade, dont on n'osait pas affaiblir la résistance aux poussées des tours et aux tassements nettement visibles dans cette partie de la construction. On rehaussait les murs gouttereaux et établissait la belle charpente encore en place aujourd'hui, surmontée d'une flèche élégante au-dessus de la croisée. Dans le même temps on commençait la construction des chapelles de la nef entre les culées des arcs-boutants ; celles du chœur seront montées entre 1296 et 1320 par le maître de l'œuvre Pierre de Chelles et son successeur Jean Ravy qui lancèrent les grands arcs-boutants du chevet ; le travail avait été ordonné par l'évêque Simon Matiffas de Bucy qui fut enterré dans la chapelle d'axe le 23 juin 1304. Les croisillons étant alors en retrait sur les murs extérieurs des chapelles, on décida de les agrandir d'une travée. Le maître de l'œuvre Jean de Chelles fut chargé de l'exécution de ce travail, comme l'indique la belle inscription gravée à la base du croisillon sud dont la première pierre fut posée le mardi 12 février 1258. Jean de Chelles avait alors achevé la façade du croisillon nord ; il ne put terminer celle du croisillon sud ; ce sera l'œuvre de son successeur Pierre de Montreuil, l'architecte de la nef de Saint-Denis, de la chapelle de la Vierge et du réfectoire de Saint-Germain-des-Prés, et sans doute aussi de la Sainte-Chapelle de Paris, qui mourra le 17 mars 1267, après avoir construit les premières chapelles du chœur et décoré de charmantes sculptures la porte Rouge, du côté nord. Deux grandes roses portées par de hautes claires-voies occupent tout le mur de fond de chacun des croisillons, plus légères encore que celles des transepts de Saint-Denis et de Chartres qui les précédaient de quelques années à peine, et répandant à l'intérieur une abondante lumière colorée par les vitraux qui les garnissent, et où l'on voit, au nord, les scènes de l'Ancien Testament, au sud celles du Nouveau, ces dernières fortement remaniées au cours des siècles, et refaites par Alfred Gérente en 1861. La rose ouest, plus ancienne de quelques années, conserve encore quelques vitraux de la première moitié du XIIIe siècle, complétés au XVIe, en 1731, enfin au XIXe ; ils représentent la Vierge au centre, et autour les rois ses ancêtres, les Vertus, les Vices, et les Occupations des Mois.

À l'extérieur, la façade ouest majestueuse et puissante, au grand mur nu creusé à la base de trois portes, la porte du Jugement au centre et les portes de Sainte-Anne à droite et de la Vierge à gauche, est barrée par la Galerie des rois, rois de Juda et d'Israël considérés par le peuple dès le Moyen Age comme rois de France. Ces rois sont modernes, comme toutes les grandes statues de la façade, œuvres de Geoffroy Dechaume et de son atelier sous la direction de Viollet-le-Duc. Au centre est percée la grande rose de 9 m 60 de diamètre, au beau réseau, solide et léger, flanqué de baies géminées prises dans un arc de décharge. Déjà la masse un peu lourde à la base s'allège, couronnée par l'élégante arcature, légère, aérienne, qui réunit les deux hautes tours dont les beffrois de charpente portaient de nombreuses cloches, et sur laquelle sont venus se poser tous ces animaux fantastiques dessinés par Viollet-le-Duc et qui remplacent les anciens, disparus depuis longtemps, rongés par les rafales de vent et de pluie ou détruits par les architectes du XVIIIᵉ siècle parce qu'ils menaçaient ruine. Ces tours, par leurs dispositions et la puissance de leurs contreforts, laissent penser qu'elles étaient prévues pour recevoir des flèches, mais l'architecte a jugé qu'il devait s'arrêter à ce niveau et que des flèches n'ajouteraient rien à la noblesse et à la grandeur de sa façade. Si celle-ci semble s'enfoncer dans le sol, il ne faut pas en accuser la suppression d'un perron de plusieurs marches qui, en fait, n'a jamais existé, mais le dégagement intensif et malheureux du parvis, ici comme en tant d'autres endroits : le maître de l'œuvre avait prévu que sa façade ne serait vue qu'avec un faible recul, ou à travers l'étroite rue Neuve-Notre-Dame qui, à peu près dans l'axe de l'église, séparait les maisons de la cité des bâtiments de l'Hôtel-Dieu massés sur la rive droite du petit bras de la Seine. Aucune façade ne présente cette belle unité de composition et d'exécution, et ne donne cette même impression de force, de noblesse, de puissance calme et durable faite pour traverser les siècles.

Les façades latérales du transept témoignent d'une évolution profonde : le mur plein n'existe plus ; c'est, en bas, la grande ouverture de la porte surmontée d'un gâble élancé, et, au-dessus, la rose à rayons de treize mètres de diamètre que prolonge au-dessous la claire-voie, ce qui donne une immense fenêtre de 18 mètres de haut que couronne le pignon. L'élégance, l'élancement, la légèreté de ces façades, chefs-d'œuvre de Jean de Chelles terminés par Pierre de Montreuil, serviront de modèle à tous les architectes de la fin du XIIIᵉ, du XIVᵉ et du XVᵉ siècle.

L'évolution est peut-être plus sensible encore entre les sculptures qui décorent la façade ouest et celles des façades du transept, les premières exécutées entre 1210 et 1225, les deuxièmes entre 1250 et 1265.

A la façade ouest, les travaux commencèrent par la porte de la Vierge, au côté gauche de la façade. La sculpture en fut exécutée entre 1210 et 1220. C'est à juste titre la plus fameuse des portes de Notre-Dame et une des plus belles qu'ait conçues le Moyen Age. Consacrée à Marie et à son Triomphe au Paradis, elle est le plus magnifique chant de gloire à la Vierge qu'ait imaginé le XIIIᵉ siècle. Ce thème gracieux, né à Senlis dès 1185, reproduit de 1200 à 1215 à Laon et à Chartres et que nous retrouverons plus tard à la cathédrale d'Amiens, se présente ici sous un nouvel aspect. Les scènes traditionnelles de la Mort, de la Résurrection et du Couronnement de la Vierge, avec leurs détails pittoresques ou émouvants, leurs nombreux personnages, ne pouvaient convenir au maître de l'œuvre qui avait dessiné la façade de Notre-Dame, dont la pensée directrice est toute de noblesse, d'équilibre, de force calme et simple ; il se refusait à rompre la majesté des lignes de la façade par l'encombrement des portails, par l'agitation de nombreuses figures, dont l'échelle se fût trouvée trop petite par rapport à celle de l'édifice. Tout, à la porte de la Vierge, est à cette échelle grandiose, les six figures de rois et de prophètes assis au linteau, les deux scènes de la Mort et de la Résurrection, réunies ici en une seule — le Christ rend la vie à sa Mère que deux anges emportent au Paradis ; derrière, les douze apôtres méditent sur le mystère qui se déroule devant eux et que leurs yeux semblent ne pas voir —, et tout en haut le Couronnement : la Vierge, toute jeune fille, les cheveux sur le cou comme au jour de ses fiançailles, est assise à la droite de son Fils, les mains jointes, le corps tendu vers lui en un geste d'amour et de soumission ; le Christ, la tête et le corps droits, dans une attitude de souveraine autorité, la bénit, et lui présente le sceptre qui la fait Reine du ciel et de la terre, tandis qu'un ange pose la couronne sur sa tête. La beauté de la composition où circulent l'air et la lumière, la simplicité du parti, la noblesse des attitudes, le calme et la sobriété des gestes, l'élégance des draperies, le modelé large et puissant des têtes, l'expression chaste et grave des traits, font de ce morceau, autrefois peint et doré, un des plus grands chefs-d'œuvre de tous les temps. Dans les voussures, se voient les anges, les rois ancêtres de la Vierge, les patriarches et les prophètes qui annoncent sa venue. La statue de la Vierge au trumeau, celles des saints du diocèse aux ébrasements, sont modernes ; mais les petits bas-reliefs figurant des scènes de leur vie et de leur martyre sont anciens, et d'une grande beauté d'expression et d'exécution, comme les Occupations des Mois et les Signes du Zodiaque, aux piédroits, les Saisons et les Ages de la vie, de chaque côté du trumeau. Le sens du réalisme, de l'observation directe, l'amour de la nature, éclatent dans tout ce portail, non seulement dans les figures et les scènes à personnages, mais dans la flore, flore réelle, caractérisée, que l'artiste a répandue sur tout le portail. Mais ce réalisme est toujours tempéré par la soumission du sculpteur au parti architectural et par ce goût de la modération, de la distinction, qui est comme la marque de l'art de Notre-Dame de Paris.

La porte centrale, porte du Jugement, fut sculptée vers 1220. Ce portail a été mutilé par Soufflot qui, en 1771, entailla le tympan pour supprimer le trumeau, et par la Révolution qui, là comme sur toute la façade, supprima les grandes statues en 1793. Au milieu du XIXe siècle, Geoffroy Dechaume et son atelier restituaient le Christ et les apôtres du trumeau et des ébrasements, et au tympan la Résurrection des morts, et la Séparation des élus et des damnés. Le Christ juge entre les anges portant les instruments de la Pas-

74

sion, la Vierge et saint Jean, sont anciens. Dans les voussures, toute la cour céleste, patriarches et prophètes, docteurs et confesseurs, martyrs et vierges contemplent le Jugement dernier auquel assistent les charmants angelots appuyés à la barre du tribunal de Dieu. Les bons sont introduits au Paradis par un bel ange qui s'efface pour les laisser passer, et reçus dans le sein d'Abraham, d'Isaac et de Jacob, selon les termes mêmes de la prière des agonisants. Les méchants sont jetés dans la chaudière infernale et tourmentés par les démons, tandis que passent, dans un souffle d'épopée, les Cavaliers de l'Apocalypse, et la Mort, mégère décharnée, armée d'un coutelas et montée sur un coursier qui se cabre et hennit d'effroi. Sous les grandes statues sont sculptées dans des médaillons les Vertus, femmes portant un attribut sur un écu, et les Vices figurés en action.

La porte de droite est la porte de Sainte-Anne. Le maître de l'œuvre du XIIIe siècle a remployé le tympan et l'un des linteaux, les statues des ébrasements et du trumeau (restaurées) et une grande partie des statuettes des voussures d'un portail préparé vers 1165-1170 ; au linteau sont sculptées les scènes de l'Annonciation, la Visitation, la Nativité, l'Annonce aux bergers, l'Interrogatoire des mages par Hérode ; au-dessus, la Vierge portant l'Enfant assis dans son sein et bénissant, trône sous un dais — c'est la sœur, plus jeune, de celle du portail Royal de Chartres, la Vierge en majesté, mère du Fils de Dieu, telle que l'a définie le Concile de Nicée en 325. A ses côtés deux anges qui l'encensent, un roi agenouillé, Louis VII, et un évêque debout, Maurice de Sully ; et à l'extrémité un scribe assis, le doyen du chapitre Barbedor qui était en même temps secrétaire du roi. La présence des fondateurs de la cathédrale a amené le maître de l'œuvre à remployer ce tympan dans la nouvelle façade. Il ajouta un deuxième linteau, sculpté vers 1225, représentant l'histoire des parents de la Vierge, Anne et Joachim, qui se prolonge dans les voussures, et le mariage de Joseph et de la Vierge, figuré en une scène charmante. Le mouvement des personnages et des draperies plus souples, les proportions plus trapues, tranchent avec la raideur des figures du linteau supérieur, longues et minces, vêtues de robes collantes aux plis réguliers et cassants.

Aux façades du transept, Jean de Chelles crée, vers le milieu du XIIIe siècle, des œuvres d'un esprit nouveau où apparaissent certains des caractères qui feront la gloire de la statuaire de Reims dans la deuxième moitié du siècle. Les statues s'animent, les attitudes sont plus souples, les gestes plus variés ; l'expression de la figure se traduit par le dessin des yeux et des lèvres sur lesquelles semble naître un sourire ; les vêtements, drapés avec une grâce aisée, tombent en larges plis ; des accessoires nombreux viennent ajouter à la recherche du pittoresque qui est une des grandes préoccupations de l'artiste. Cet art plus réaliste perd un peu de cette grandeur idéale, de cette haute noblesse que nous admirions à la façade occidentale. La composition n'a plus l'unité et l'échelle monumentale du tympan de la porte de la Vierge ; beaucoup de scènes sont traitées comme de petits tableaux de pierre ne participant guère aux grandes lignes du décor architectural. Mais l'art de l'Ile-de-France conserve cette mesure qui garde de toute exagération, de tout ce qui pourrait choquer ou même étonner.

Le portail sud a été commencé, d'après l'inscription qui court à sa base, par Jean de Chelles, le 12 février 1258, et terminé par Pierre de Montreuil, mort le 17 mars 1267. Le portail nord, certainement antérieur, a été exécuté vers 1250.

La Vierge du trumeau du croisillon nord, la seule statue ancienne de Notre-Dame de Paris qui soit parvenue jusqu'à nous, est un magnifique morceau. D'une beauté saine et puissante, la jeune Mère élève son Fils pour le faire admirer de tous, et dans ce geste tendre et fier, elle se cambre légèrement en un gracieux mouvement qui deviendra le hanchement caractéristique des Vierges du XIV<sup>e</sup> siècle. Au tympan sont représentées les scènes de l'Enfance du Christ, et au-dessus, la Légende de Théophile, qui voue son âme au diable, triomphe, puis pris de remords implore la Vierge qui retire des griffes du diable la charte scellée que le malheureux avait signée de son sang. Dans les voussures, les anges, les vierges et les docteurs qui composent la cour céleste avec les martyrs et les confesseurs de la porte du croisillon sud. Au trumeau de celle-ci, le Saint Etienne — cette porte est consacrée à saint Etienne, qui fut le premier patron de la cathédrale — ainsi que les autres grandes statues sont modernes. Au tympan est sculptée l'histoire du saint ; sa prédication, son arrestation, sa lapidation, sa mise au tombeau, un ensemble justement fameux, et qui, à peine achevé, fut copié, jusque dans les moindres détails, au portail sud de la cathédrale de Meaux. Au bas des contreforts, de chaque côté, huit petits bas-reliefs encadrés de quatrelobes racontent, dans un esprit pétillant de malice amusée, la vie des étudiants, qui, groupés en Université, échappaient peu à peu, avec la complicité du roi, au pouvoir de l'évêque ; celui-ci, dont le palais et l'officialité s'élevaient à quelques pas, le long du petit bras de la Seine, voulait rappeler ainsi ses droits. Ces bas-reliefs sont parmi les premiers de ces petits tableaux de pierre que l'on retrouve à la fin du siècle au portail des Libraires de la cathédrale de Rouen, puis au XIV<sup>e</sup> siècle à la façade de la cathédrale de Lyon, et dans tant d'autres monuments en France et hors de France, en Italie notamment.

On en voit aussi au mur nord du chœur de Notre-Dame qui racontent l'histoire de la Mort, des Funérailles, de la Résurrection et de l'Assomption de la Vierge — une des plus anciennes représentations sculptées de cette scène —, la Légende de Théophile et le Couronnement de Marie. Ces bas-reliefs ne datent que du premier quart du XIV<sup>e</sup> siècle, entre 1310 et 1320 ; la Porte rouge percée tout à côté est plus ancienne, et j'en attribue le dessin à Pierre de Montreuil, et l'exécution aux années 1265-1270. Au tympan est représenté le Couronnement de la Vierge, plusieurs fois sculpté sur les murs de Notre-Dame, entre deux personnages agenouillés et couronnés, saint Louis et Marguerite de Provence ; dans les voussures, six scènes de la vie de saint Marcel, évêque de Paris. Sur le stylobate des ébrasements sont ciselés, dans de petites rosaces et des octogones, des oiseaux, des animaux, des centaures d'un style délicat et d'une grande finesse.

Nous ne pouvons quitter Notre-Dame de Paris sans dire quelques mots de son décor intérieur et de son mobilier. Au début du XIVe siècle, au moment où s'achève la construction, le maître-autel, que l'on couvre d'étoffes précieuses les jours de fête, est décoré de plaques de cuivre incrustées de cabochons. Le frontal d'or, don de l'évêque Maurice de Sully, était alors remplacé par une contre-table d'argent doré où étaient représentés l'Annonciation et le Couronnement de la Vierge, saint Étienne et saint Marcel, ciselés par Jean de Montpellier, entre 1320 et 1335, qui sera envoyé à la fonte pour l'aide au roi dans la guerre contre les protestants. En arrière, à cinq mètres de haut, sous un édicule somptueux gardé par les anges, brille la châsse de saint Marcel, d'argent et d'or, tout entourée de figurines. Quatre piliers de cuivre aux angles de l'autel, réunis par des tringles sur lesquelles glissent de lourdes tentures, sont surmontés d'anges émaillés et peints, les ailes ouvertes, refaits à neuf par Jean d'Orléans, sous la direction de Raymond du Temple, en 1371. Derrière l'autel, la haute crosse de cuivre est chargée d'un ange qui porte la pyxide renfermant la réserve eucharistique, au-dessus d'une vierge de vermeil tenant dans la main le reliquaire de la ceinture de la Vierge. Tout à l'entour resplendissent les reliquaires d'or et d'argent sur des socles richement sculptés. Au fond du chœur se voyait l'autel des Ardents surmonté d'une jolie Vierge de marbre aujourd' hui à Saint-Germain-des-Prés, entre les deux statues colossales de Philippe Auguste et Louis VIII, en pierre incrustée de perles de couleur. A droite de l'autel les sièges du célébrant et des diacres terminés en 1340 par le charpentier Gautier Houel ; la clôture de pierre qui séparait le chœur du sanctuaire sera remplacée par une clôture de cuivre, œuvre du fondeur Etienne Bavrillet, terminée en 1595. De chaque côté du chœur les stalles de bois sculpté au dossier garni de cuir étaient adossées à la clôture du chœur commencée du côté nord par Pierre de Chelles de 1300 à 1318 qui éleva aussi le jubé continué du côté sud par Jean Ravy de 1318 à 1344 et terminé de 1344 à 1351 dans la partie tournante par Jean le Bouteiller. Sur les parois nord et sud sont représentées les scènes de l'Enfance du Christ et les Apparitions après la Résurrection ; le jubé où étaient figurées les scènes de la Passion et de la Résurrection, plusieurs fois remanié et transformé, a disparu, comme l'Histoire du patriarche Joseph, préfigure du Christ, sculptée en haut-relief dans la partie tournante, aux frais du chanoine de Fayel, mort en 1344, qui avait aussi fait refaire les vitraux du chevet, dont il ne reste plus rien.

Le sol est encombré de tombes — tombes d'évêques, tombes de princes et de princesses de la famille royale, tombes de cuivre, de pierre et de marbre. On y remarquait, entre autres, devant le maître-autel, la tombe plate de la reine Isabelle de Hainaut, femme de Philippe Auguste, morte le 15 mars 1190, entre celles de l'archidiacre Philippe, frère de Louis VII, mort en 1161, de Geoffroy de Bretagne, fils d'Henri II d'Angleterre, mort en 1185, d'un autre duc de Bretagne, d'une comtesse de Champagne. À l'entrée du chœur, la tombe d'Eudes de Sully, en cuivre jaune, signée d'Etienne de Boisses, est légèrement élevée sur quatre courtes colonnes.

Des herses, des lampes, des chandeliers répandent partout la lumière. Sur l'aigle et les pupitres sont enchaînés les psautiers, les antiphonaires et les graduels ; d'autres livres de chœur sont enfermés dans les coffres et les armoires.

Au-dessus du jubé, la Crucifixion ; à droite, appuyée au pilier sud-est de la croisée, une statue de la Vierge, devant laquelle brillent lampes et roues de lumière. La reine Anne d'Autriche fera reconstruire l'autel et enchâsser la Vierge dans un grand retable orné de peintures et de sculptures. Contre un des derniers piliers au sud de la nef se dresse la statue équestre en bois de Philippe le Bel. Plus tard, on montera à l'entrée de la nef un grand Saint Christophe de pierre, portant l'Enfant, et l'on accrochera entre les grandes arcades les tableaux donnés le 1er mai de chaque année par la confrérie des orfèvres, qui avait son siège à Notre-Dame. La principale transformation du décor du chœur fut faite, au début du XVIIIe siècle, par Mansart et Robert de Cotte, en exécution du vœu de Louis XIII (10 février 1638). Tout le décor ancien fut arraché et remplacé par un mobilier classique : autel, statues, balustrades, pavement ; derrière le maître-autel le beau groupe de la *Pitié*, de Nicolas Coustou, à droite et à gauche, les statues agenouillées de *Louis XIII* par Guillaume Coustou, de *Louis XIV* par Coysevox ; le long des pilastres de marbre plaqués sur les colonnes du pourtour, douze Vertus, et six anges de bronze portant les instruments de la Passion ; sur la balustrade seront placées en 1760 deux torchères de Caffieri. Les vitraux du fond du chœur seront remplacés au milieu du siècle par des verrières blanches à bordures, par Pierre Le Vieil.

La cathédrale aura fort à souffrir de la Révolution, tant dans ses sculptures — toutes les grandes statues furent abattues par ordre de la Commune — que dans son mobilier. Quelques œuvres d'art furent sauvées de la destruction par Lenoir, dont certaines seront rendues, lors du rétablissement du culte, le 18 avril 1802, et dans les années qui suivront. Elles furent heureusement conservées, parfois malgré l'architecte, au cours de la grande restauration commencée en 1845 par Lassus et Viollet-le-Duc et terminée par ce dernier en 1864. Certains principes de cette restauration — des restitutions qui nous paraissent aujourd'hui abusives, des modifications regrettables, un manque de respect pour les transformations apportées par les siècles — peuvent être critiqués, mais on doit reconnaître la science et la maîtrise avec lesquelles elle fut conduite : elle a conservé pour des siècles la cathédrale de Maurice de Sully et de ses successeurs.

Notre-Dame de Paris est la dernière des cathédrales dont l'élévation comprend quatre étages : grandes arcades, tribunes, triforium, fenêtres hautes. La suppression des tribunes, grâce à l'emploi de l'arc-boutant qui contrebute efficacement les voûtes hautes, ne se fit pas sans hésitation, et quelques édifices présentent un compromis entre la disposition ancienne et la nouvelle : dans le chœur de la cathédrale de Meaux, comme dans la nef de la cathédrale de Rouen, on voit au-dessus des grandes arcades des baies de tribunes, mais en fait, celles-ci n'existent pas, et la voûte du collatéral est tendue à la hauteur qu'aurait eue celle des tribunes.

## MEAUX

La cathédrale de Meaux, commencée à la fin du XII<sup>e</sup> siècle, avait encore des tribunes. La nef à doubles collatéraux, comme les trois travées droites du chœur, le transept non débordant, les colonnes qui reçoivent les grandes arcades, les tribunes qui surmontent le premier collatéral, me paraissent un souvenir de Notre-Dame de Paris. Le chevet est très différent, avec son abside profonde, son collatéral et ses trois chapelles rayonnantes ; il avait frappé, par la simplicité de sa composition et la beauté de ses proportions, Villard de Honnecourt qui, passant par là, en fit un dessin conservé dans son *Album*.

Au vrai, l'édifice ne se présente plus ainsi aujourd'hui. Dans le premier tiers du XIV<sup>e</sup> siècle, on ajouta deux absidioles autour du chœur et une travée à l'est du deuxième collatéral, on remplaça les colonnes du chœur par des piles plus solides, et supprima les tribunes, tout en conservant leurs baies au-dessus des grandes arcades ; on refit aussi la dernière pile intermédiaire du bas-côté sud de la nef, et monta les deux portails et les façades du transept. A la fin du même siècle furent reconstruites les deux premières travées de la nef, et on supprima les tribunes, dont on aperçoit encore les traces sur les piles de la nef ; enfin, on commença la tour nord de la façade, peut-être d'après les dessins vieux déjà de plus de soixante ans du maître de l'œuvre Nicolas de Chaume. Dans la deuxième moitié du XV<sup>e</sup> siècle et au début du XVI<sup>e</sup>, on termina la façade et les deux tours qui la flanquent.

Au portail sud du transept, l'histoire de saint Etienne, Prédication, Arrestation, Lapidation, Ensevelissement, a beaucoup souffert des iconoclastes qui ont brisé les têtes ; c'est la copie très exacte, dans un style plus réaliste et plus pittoresque, du portail sud de Notre-Dame de Paris. Au portail nord se voit encore la statue mutilée de saint Etienne, de la famille de ceux de Sens et de Chartres. A la façade ouest, les grandes statues des ébrasements et des trumeaux ont disparu, et beaucoup des statuettes des voussures sont mutilées. A la porte centrale se voit le Jugement dernier : Résurrection des morts et Séparation des bons et des mauvais ; au-dessus, la Vierge, saint Jean, saint Jean-Baptiste et saint Jacques le Majeur entre des anges ; en haut le Christ-Juge, ensemble provenant peut-être d'un portail de la fin du XIII<sup>e</sup> siècle utilisé dans la façade commencée en 1335. La porte de droite, sculptée au XIVᵉ siècle, est consacrée à l'histoire de la Vierge : Annonciation, Nativité, Adoration des mages, puis la Mort et le Couronnement de Marie. La porte de gauche, décorée aux frais du chanoine Jean de Marcilly, mort en 1506, représente l'histoire de saint Jean-Baptiste : Naissance, Prédication, Décapitation, Hérode à table recevant la tête du saint que lui présente Salomé.

Je voudrais encore signaler, au nord de la cathédrale, le Vieux-Chapitre voûté d'ogives retombant sur une épine de colonnes, de la fin du XIIᵉ siècle, et surmonté d'une grande salle couverte d'un plafond de bois, et l'évêché — où l'on conserve précieusement les souvenirs des années qu'y vécut Bossuet — ; les salles basses divisées par une file de colonnes portant des voûtes d'ogives sans doubleaux et dont les nervures pénètrent dans les voûtes, remontent aux environs de 1170.

## BOURGES

A Bourges, le parti est différent ; il est magnifique. La cathédrale de Bourges est peut-être, de toutes, celle qui par la légèreté de sa masse, par la composition pyramidale des valeurs, par l'habile gradation des lignes vers le haut donne l'impression la plus émouvante d'une cathédrale gothique. Son grand vaisseau à doubles collatéraux qui l'enveloppent complètement, sans transept, sans chapelles rayonnantes, ou du moins avec de très petites chapelles montées sur les contreforts de la crypte qui sert de soubassement au chœur lancé par-dessus les fossés de l'enceinte gallo-romaine, enfin les voûtes sexpartites, sans aucune alternance des piles, semblent trahir l'inspiration de Notre-Dame de Paris. Elle n'a plus de tribunes, mais les voûtes des doubles collatéraux s'étagent à 9 mètres et 21 mètres comme pour mieux épauler le vaisseau central haut de 37 m 15, dont elles renforcent l'équilibre assuré déjà par les arcs-boutants. La même composition se voit au chœur de la cathédrale du Mans construit de 1217 à 1245 et à celui de la cathédrale de Coutances qui date du troisième quart du XIIIᵉ siècle. C'est ici la solution de génie d'un problème que, depuis plus d'un demi-siècle, les plus grands architectes s'efforçaient de résoudre. Nulle part ailleurs on ne trouve une plus merveilleuse réalisation du plan à nef et doubles collatéraux, cet échelonnement des voûtes et des baies, cet exhaussement prodigieux du premier collatéral, cet élan des lignes qu'accentuent encore les minces colonnettes accolées aux hauts piliers qui filent jusque sous les grandes arcades et les voûtes. On ne saurait oublier cette vision extraordinaire des cinq vaisseaux pleins de lumière s'allongeant sans aucune coupure, comme de grandes avenues bordées de troncs puissants, hauts et droits, jusqu'au fond du chœur. Grande a été l'influence de la cathédrale de Bourges dont on retrouve le parti à la cathédrale de Tolède, par exemple, et aussi au Mans et à Coutances.

Commencée au début du XIIIᵉ siècle par saint Guillaume, la

cathédrale de Bourges n'était terminée que vers 1270-1280. Le chœur était en construction lors de la mort de saint Guillaume en 1209 ; celui-ci fut enseveli dans la crypte, et ses restes élevés dans le chœur le 7 mai 1219, aussitôt après sa béatification en 1218. Dès 1214, chœur et déambulatoire devaient être achevés, car de cette année date la décision capitulaire réglant l'ordre des cérémonies et des offices. A la fin du XIIIe siècle ou au début du suivant, des mouvements se produisirent dans les voûtes, et le maître de l'œuvre Michel monta au sud de la façade un immense pilier butant pour arrêter le glissement qui s'esquissait. La dédicace fut célébrée le 5 mai 1324. A la fin du siècle, Guy de Dammartin, l'architecte du duc de Berry, perce le grand « housteau », l'immense fenêtre au radieux réseau, de la façade. Au XVe siècle, on construit des chapelles entre les contreforts. Le dernier jour de l'année 1506, la tour nord de la façade, à peine terminée, s'écroule, écrasant le portail à son pied ; la reconstruction est aussitôt entreprise, mais elle ne sera terminée, en style Renaissance, qu'en 1532. Puis ce sont les destructions des Huguenots, les « embellissements » de Slodtz et de Vassé, la Révolution, les restaurations du XIXe siècle.

Les vitraux sont heureusement conservés. Ils appartiennent surtout à deux groupes : ceux du XIIIe siècle, entre les vitraux de Chartres et ceux de la Sainte-Chapelle, et ceux du XVe siècle qui représentent la plus belle série que nous possédons de cette époque. Les vitraux du deuxième déambulatoire et des chapelles datent de 1200 à 1215, ceux du premier déambulatoire et des fenêtres hautes du chœur sont postérieures de quelques années. Ceux-là sont des vitraux légendaires à médaillons, ceux-ci représentent de hautes figures dressées dans la forme de la fenêtre, aux traits fortement marqués, d'une expression rude et sauvage qui leur donne une étrange grandeur : au fond du chœur, la Vierge à l'Enfant, et saint Etienne patron de la cathédrale, du côté nord les prophètes, du côté sud les apôtres et les évangélistes ; dans l'axe du premier déambulatoire, la Vierge et le Christ, l'Annonciation et le Jugement dernier, saint Etienne et saint Laurent, puis des archevêques de Bourges. Dans le déambulatoire et les chapelles, les vitraux, très proches de ceux de la nef de Chartres, relèvent surtout de deux ateliers, l'un plus dessinateur et plus délicat, celui des verriers de la Nouvelle Alliance et du Jugement dernier ; l'autre plus coloriste et plus décorateur, celui des verrières de l'Apocalypse et de la Passion. Les fenêtres hautes de la nef sont garnies de grisailles avec quelques médaillons en couleur à personnages. A la façade ouest, la rose est ornée de panneaux décoratifs et la claire-voie au-dessous de l'Annonciation entre saint Jacques, saint Etienne et deux saints évêques, du milieu du XVe siècle. C'est à Bourges que l'on peut voir la plus riche collection de verrières de cette époque. Dans cinq des fenêtres de la crypte sont conservés des vitraux provenant de la Sainte-Chapelle du duc de Berry consacrée le 18 avril 1405, qui représentent des prophètes et des apôtres de coloration claire sous des dais d'architecture en grisaille et jaune d'argent où les réserves de blanc sont nombreuses. C'est dans cette même tonalité claire que sont peints les vitraux du chanoine Pierre Trousseau, entre 1404 et 1406, et du médecin Simon Aligret, en 1409-1410, dans les chapelles du chœur : les donateurs agenouillés sont accompagnés des membres de leur famille et de leurs saints patrons. Des colorations éteintes, de hautes architectures de grisaille, des fonds bleus, tout donne à ces verrières une légèreté et une transparence remarquables. Mais la couleur doit rester l'essence même du vitrail, et la réaction apparaît dans la verrière que Jacques Cœur fit peindre entre 1448 et 1450 dans la dernière chapelle au nord du chœur, un des plus beaux du XVᵉ siècle : les patrons du grand argentier et de sa femme, saint Jacques et sainte Catherine, sont debout de chaque côté d'une admirable Annonciation aux figures pleines de noblesse et de charme se détachant sur de riches étoffes damassées sous un grand portique d'architecture. Beaucoup de lumière et de clarté ; les colorations vives des vêtements somptueux, des fonds, du dais réchauffent la verrière. Au milieu du XVᵉ siècle, la grande verrière de la façade ouest, et dans la deuxième moitié du siècle, celles des chapelles des Fradet, de Jean de Breuil, des Le Roy, de Pierre de Beaucaire accusent franchement la renaissance du goût de la couleur, qui s'affirmera davantage encore dans les vitraux du XVIᵉ siècle que possède la cathédrale (chapelle de Pierre Copin, des Tullier).

Les sculptures qui décorent les deux portes latérales d'une part, celles de la façade ouest de l'autre, viennent encore ajouter à la renommée de la cathédrale de Bourges. Les tympans, les statues-colonnes des ébrasements, et bien des détails de la décoration de deux portails de la cathédrale antérieure, remontant à 1150 environ, ont été remployés, après avoir été complétés, au nord et au sud de la septième travée de la nef de la cathédrale du XIIIᵉ siècle, et abrités sous des porches d'une grande élégance de la fin du siècle. Au sud, l'Apparition du Fils de l'Homme entre les Symboles des Evangélistes, s'accompagne, comme à Chartres, des apôtres assis dans des sortes de niches et conversant entre eux ; dans les voussures, les prophètes et les patriarches ; aux ébrasements, de grandes statues du type des statues-colonnes du Portail royal de Chartres, mais plus modelées peut-être, représentant Moïse, Achab, Esther et Judith, Sophonie et Jonas. Au nord, la Vierge assise sous un dais porte l'Enfant entre les rois mages, l'Annonciation et la Visitation ; au-dessous, un grand rinceau de feuillage d'un beau dessin ; de chaque côté de la porte, la reine de Saba et une Sibylle.

Les cinq portes de la façade ouest, disposition très rare dans nos cathédrales, ont eu fort à souffrir des iconoclastes, et les grandes statues ont presque complètement disparu ; mais les tympans, les voussures, les murs des ébrasements sont encore décorés de statuettes et de bas-reliefs, datant pour la plupart du dernier tiers du XIIIᵉ siècle. Les deux portes de droite, les plus anciennes (vers 1260), sont consacrées à saint Ursin et à saint Etienne ; à gauche, la porte de la

Vierge a conservé son architecture primitive et une partie de sa sculpture du XIIIᵉ ; la porte Saint-Guillaume, au pied de la tour nord, a été refaite au XVIᵉ siècle, à l'époque de la Renaissance. A la porte centrale a été sculpté, vers 1270-1280, le Jugement dernier, par un atelier d'une habileté consommée, d'une fertilité d'imagination surprenante, mais chez qui l'amour du mouvement et du détail pittoresque l'emporte sur la majesté que devrait conserver cette page solennelle et terrible. En bas, la Résurrection des morts, qui sortent nus du tombeau ; fiers de leur radieuse jeunesse, de leur souplesse et de leur force, ils s'étirent, belles figures où le souci de la vérité anatomique, la variété des poses prouvent une science approfondie du corps humain et un goût très vif pour le charme des formes. Au-dessus, la Séparation des bons et des mauvais ; à gauche, les bien-heureux, un franciscain, un roi, une reine, d'autres encore, conduits par saint Pierre, s'apprêtent à pénétrer dans le Paradis où les attend Abraham ; à droite, la mêlée des démons et des réprouvés ; mais ces diableries ne nous impressionnent plus : nous sommes loin de la grandeur épique du Jugement dernier de Notre-Dame de Paris. Aux écoinçons des arcades du soubassement, de petits bas-reliefs représentent, avec beaucoup d'esprit et un goût très vif de la nature, les scènes de la Genèse.

Le jubé, sculpté vers la fin du XIIIᵉ siècle, peu après l'achèvement de la décoration des portes, était orné des scènes de la Passion et de la Crucifixion, conservées aujourd'hui à Bourges et au musée du Louvre, aussi remarquables par les attitudes, la beauté et la plénitude des nus, le traitement large et souple des draperies que par la noblesse de la composition.

## LE MANS

Le magnifique parti de Bourges se retrouve au Mans et à Coutances. Le chœur gothique de la cathédrale du Mans s'ajoute à une nef du XIᵉ et du XIIᵉ siècle. Il fut édifié de 1217 à 1254 et le transept de 1310 à 1430. C'est une des plus audacieuses constructions du Moyen Age, dont les masses vont en s'allégeant du sol au sommet appuyées et comme haussées par les arcs-boutants. Les voûtes des chapelles et du deuxième déambulatoire (11 m), celles du premier déambulatoire (22 m), et celles du vaisseau central (34 m) s'échelonnent comme à Bourges, tandis que les travées du deuxième déambulatoire, alternativement carrées et triangulaires, rappellent une disposition champenoise. Ici aussi, des vitraux très proches de ceux de la cathédrale de Tours, exécutés au milieu et dans le troisième quart du XIIIᵉ siècle, garnissent les fenêtres : le Christ et la Vierge, ainsi que l'évêque Geoffroy de Loudun qui présida à la consécration du nouveau chœur en 1254, des prophètes et des apôtres, dont les donateurs sont des ecclésiastiques et des corporations, comme à Chartres, dans les fenêtres hautes du chœur ; la Vierge en Majesté entre saint Gervais et saint Protais, l'arbre de Jessé et des scènes de la vie et des miracles de la Vierge — miracle de Théophile, miracle d'Evron —, dans les fenêtres à médaillons du déambulatoire et de la chapelle d'axe. La troisième fenêtre du collatéral nord est un don des vignerons qui, étant arrivés en retard, le jour de la dédicace, et n'ayant pu comme les autres corporations porter des torches pour l'élévation des reliques de saint Julien, offrirent à la cathédrale, « au lieu de flambeaux qui ne luisaient qu'un temps, un vitrail qui illuminerait l'église dans l'éternité ».

A côté de ce chœur somptueux, tout ruisselant du ton chaud et lumineux de ses verrières, la nef, plus modeste, ne manque pas de retenir l'attention par ses voûtes d'ogives, son portail abrité par un porche. De l'église de la fin du XIe siècle, consacrée le 17 octobre 1093, la nef fut en partie reconstruite, vers 1110-1120, par le moine Jean, architecte venu de la Trinité de Vendôme : grand vaisseau à collatéraux avec l'alternance de colonnes et de piles à colonnes, terminé et voûté par les soins de l'évêque Guillaume de Passavant de 1145 à 1187, la nef couverte à 24 mètres de haut de grandes voûtes carrées, bombées, sur croisées d'ogives, comme sur la nef de la cathédrale d'Angers, les collatéraux voûtés d'arêtes (10 m 20). Quelques vitraux du milieu du XIIe siècle ont été remontés dans les fenêtres : la Vierge et les apôtres d'une Ascension, figures longues et élégantes sur des fonds alternativement bleus et rouges, les mages à l'hôtellerie, des scènes de l'histoire de saint Etienne et de sainte Valérie, une fenêtre, peut-être un peu plus récente, à médaillons illustrant l'histoire de saint Gervais et saint Protais, une autre celle de saint Julien l'Hospitalier. C'est au sud de la sixième travée du collatéral qu'ouvre la porte décorée sans doute lors de la dédicace de 1158 et inspirée du Portail royal de Chartres : aux ébrasements, huit longues statues-colonnes, personnages de l'Ancien Testament, où l'on reconnaît David, Salomon et la reine de Saba, auxquelles s'ajoutent deux figures de la Nouvelle Loi, saint Pierre et saint Paul, sculptés en réserve sur la face latérale des jambages de la porte ; au tympan, les Apôtres sous une arcature à colonnettes, et le Christ en majesté entre les symboles des évangélistes ; dans les voussures, des anges et les scènes de l'Enfance du Christ — le récit du Massacre des Innocents est narré avec un réalisme cruel en neuf scènes — et les Noces de Cana.

SENLIS
85. - Façade sud
86. - Flèche

87. - Fragment de l'arbre de

88. - Résurrection de la Vie

87

88

89

89. - Triomphe de la Vierge

90

SENLIS

90. - Travées du chœur et déambulatoire

NOYON

91. - La nef vue du transept

**NOYON**

92. - Chevet

95. - Salle capit[

93 et 94. - Clefs de voûte

97

LAON

96. - Bœuf au sommet des tours
97. - Vue d'ensemble

PARIS

PARIS
104. - Côté sud.

PARIS

105. - Façade ouest

107. - Linteau de la porte droite. Fragment

109

108

110

111

111. - Couronnement de la Vierge. Porte rouge
112. - Enfance du Christ. Clôture du chœur

112

113

115

BOURGES

119. - Crypte. Tombeau de
Jean de Berry

120. - Bas côté nord et
premier déambulatoire

120

122 à 124. - Mascarons de
l'escalier de la crypte

122

123

BOURGES
- Travée de la nef et des bas-côtés

125

126

124

125-126.
Culots de l'ancienne
salle capitulaire

SANCTA
MARIA

MICH
AS

127. - La Vierge
128. - Michée

129

130

131

133

BOURGES

132. - Histoire de l'Enfant prodigue
Fragment

133. - Vitrail de Jacques Cœur
*(pages suivantes)*

134. - Les cinq portails de la façade ouest

BOURGES

PORTAIL LATÉRA

135.
Préfigures du C

136.
Le Christ bénis

135

137 à 139. - La résurrection des morts

140. - Le Christ Juge
Les Anges portant les instruments de la Passion
La Vierge et S. Étienne agenouillés
Le Paradis. Procession des élus
S. Michel pesant les âmes
Cheminement des damnés. L'enfer

*(pages suivantes)*
141 à 143. - Détails de ce linteau

140

138

139

142

143

144. - Lamech tire sur Caïn

BOURGES

FAÇADE OUEST.
ÉCOINÇONS DES PORTAILS

145. - La vendange

146. - Noé et les siens entrent dans l'arche

149. - Bras nord du transept

150. - Chœur

# CHAPITRE III

## ÉPANOUISSEMENT
## DE L'ART GOTHIQUE

## SENS

A côté des cathédrales à tribunes, on voit s'élever au milieu du XII<sup>e</sup> siècle, aux confins de la Bourgogne, de la Champagne et de l'Ile-de-France, une grande cathédrale, presque aussi ancienne que Saint-Denis, sans tribunes, et couverte de voûtes sur croisées d'ogives bombées, sous les compartiments desquelles on a percé d'étroites fenêtres : la cathédrale de Sens, métropole de Paris. Commencé par l'archevêque Henri Sanglier (1122-1143), ami de saint Bernard, le chœur était terminé lors de la consécration de 1164 ; la nef, vers 1175-1180. Les proportions sont différentes de celles des églises à tribunes : la nef est plus large et moins haute : 13 m 50 de large et 24 m 50 de haut à Sens, et 12 m 50 de large sur 33 mètres de haut à Paris ; les collatéraux sont plus élevés : 12 m 10 à Sens pour 10 mètres à Paris. Les voûtes sont fortement bombées pour ramener les poussées vers le sol, les fenêtres de dimensions médiocres. Les compartiments latéraux des voûtes du vaisseau central ont été remontés et les fenêtres exhaussées au début du XIII<sup>e</sup> siècle lorsque l'addition des arcs-boutants permit de mieux contrebuter les poussées des voûtes hautes ; des témoins de la disposition primitive sont encore visibles dans l'abside actuelle. L'élévation est à trois étages : il n'y a pas de tribunes ; les grandes arcades retombent alternativement sur une pile forte et sur des colonnes jumelles, répondant aux voûtes sexpartites qui couvrent le vaisseau central. Au-dessus, le triforium dessine une double arcade sous un arc de décharge ouvrant sous les combles ; puis les fenêtres hautes. Le vaisseau central était flanqué de collatéraux sur lesquels ouvraient au nord et au sud deux chapelles formant comme un rudiment de transept ; sur le déambulatoire une seule chapelle dans l'axe, reconstruite au XIII<sup>e</sup> siècle ; d'autres seront ajoutées aux XVI<sup>e</sup> et XVIII<sup>e</sup> siècles. A la fin du XV<sup>e</sup> siècle, l'architecte Martin Chambiges édifiera le grand transept aux belles façades flamboyantes ; celle du sud donne sur la cour de l'archevêché qu'encadrent le palais synodal bâti de 1225 à 1241 au

138

sud et les bâtiments du palais archiépiscopal des XVIe et XVIIIe siècles. La façade ouest prise entre ses deux puissantes tours — celle du nord de la fin du XIIe siècle, celle du sud reconstruite après l'écroulement du 5 avril 1268 — est percée de trois portes aux sculptures grasses, fermes, pleines, dans la plus belle tradition de l'art bourguignon, mais où rien ne subsiste plus des données romanes, ni dans la composition, ni dans les attitudes, ni dans les draperies. Le 23 juin 1184, un immense incendie dévastait la ville de Sens ; la cathédrale ne fut pas épargnée. Quelques années plus tard, entre 1195 et 1230, alors que les travaux de restauration les plus urgents étaient terminés, on entreprit la décoration de la façade. L'écroulement de la tour sud, le 5 avril 1268, en détruisit une partie ; mais il subsiste encore la porte de gauche et la porte centrale sauf le tympan.

La porte de gauche, la plus ancienne (vers 1195-1200), est consacrée à saint Jean-Baptiste. Au tympan sont représentés le Baptême du Christ par saint Jean, le Martyre du saint, et au milieu, le Festin d'Hérode : Salomé, le corps jeune et robuste moulé dans une robe collante, les nattes pendantes, s'avance portant sur un plat la tête du Précurseur ; les scènes sculptées dans les voussures complètent l'histoire du saint et décrivent l'invention de ses reliques en un style pittoresque et ferme. De la même époque et peut-être du même atelier est le saint Thomas Becket, en vêtement pontifical, assis et bénissant, aujourd'hui conservé dans le déambulatoire de la cathédrale. Au trumeau de la porte centrale se dresse, heureusement conservée, la statue du patron de la cathédrale, saint Etienne, admirable statue-colonne des premières années du XIIIe siècle, de la famille des diacres du croisillon sud de la cathédrale de Chartres ; sur les côtés du trumeau, des ceps de vigne aux larges feuilles, aux lourdes grappes, où picorent des oiseaux, où s'accrochent de petits bonshommes, montent en s'enlaçant. Ici, comme à la porte de gauche, les grandes statues des ébrasements ont disparu. Sur les soubassements sont représentés le Miroir de la Nature, le Miroir moral — les Vertus et les Vices —, le Miroir de la Science — les Arts libéraux —, et les Occupations des Mois. Aux piédroits, les Vierges sages et les Vierges folles, charmantes jeunes femmes aux belles robes qu'elles retroussent avec élégance ou aux vêtements collants moulant la poitrine et la taille, datent, comme les statuettes des voussures malheureusement décapitées, des environs de 1220-1230, peu avant le mariage de saint Louis et de Marguerite de Provence, célébré dans la cathédrale le 27 mai 1234. Au tympan, les scènes du Jugement dernier furent remplacées après l'écroulement de 1268 par l'histoire de saint Etienne, disposée dans les réseaux d'une arcature décorative. La porte de droite ne date sans doute que de 1290-1310 ; au tympan sont figurées la Mort, la Résurrection et l'Assomption de la Vierge, une des plus anciennes représentations, avec le bas-relief au nord du chœur de Notre-Dame, de cette scène qui devait connaître un si grand succès ; et, au-dessus, le Couronnement de la Vierge. C'est un peu plus tard encore que fut sculptée la belle Vierge assise, donnée en 1334 par le chanoine

Manuel de Jaulnes, conservée dans la chapelle du croisillon sud. Citons encore, à l'intérieur de la cathédrale, plusieurs monuments funéraires, dont les plus fameux sont celui que l'archevêque Tristan de Salazar fit exécuter pour ses parents de 1500 à 1515, et le mausolée du dauphin, père de Louis XVI, par Guillaume Coustou, 1777.

La cathédrale abrite, dans la travée nord du déambulatoire, quatre verrières à médaillons du début du XIIIe siècle, qui se rattachent étroitement à l'art de Bourges et surtout de Chartres. Elles sont consacrées aux histoires de saint Eustache et saint Thomas de Cantorbéry et aux paraboles du Bon Samaritain et de l'Enfant prodigue. Les verrières du croisillon sud que venait de terminer Martin Chambiges, sont l'œuvre de trois verriers troyens, Liévin Varin, Jean Verret et Balthazar Godon. Commandées le 12 novembre 1500, elles étaient terminées pour la Noël 1502. Dans la rose, aux armes de l'archevêque Tristan de Salazar, on voit le Jugement dernier, et au-dessous la vie de saint Etienne ; aux fenêtres orientales, l'histoire de saint Nicolas et un magnifique arbre de Jessé sur fond pourpre. Ces verrières, aux personnages peu nombreux et fortement marqués, d'une somptueuse richesse de tons, facilement lisibles et d'un grand effet décoratif, s'opposent aux verrières du croisillon nord exécutées en 1516-1517 par des peintres-verriers de Sens, Jean Hympe père et fils, d'une facture plus raffinée, aux nuances douces, encombrées de figures souvent charmantes mais peu lisibles. La rose donnée par le doyen Gabriel Gouffier, est ornée d'une Annonciation toute pénétrée d'influence italienne et d'un concert d'anges ; dans les fenêtres voisines, l'histoire d'Abraham, celle de Joseph et seize saints archevêques de Sens.

Le trésor de la cathédrale est justement célèbre ; il comprend deux tapisseries flamandes du dernier quart du XVe siècle, l'Adoration des mages et le Couronnement de la Vierge, données par le cardinal Louis de Bourbon ; des tissus de soie et de lin du haut Moyen Age d'origine orientale, byzantine ou iranienne ; des ornements liturgiques ; des ivoires comme le peigne de saint Loup, des pyxides, la Sainte Châsse, le plus beau des coffrets byzantins connus ; des pièces d'orfèvrerie dont le beau ciboire d'argent du XIIe siècle. Le palais synodal, qui sert de musée de l'œuvre, abrite une collection remarquable de bas-reliefs, de fragments décoratifs et de sculptures provenant, pour la plupart, de la cathédrale.


## LANGRES

A l'autre bout de la Champagne, la cathédrale de Langres, bien que voûtée d'ogives, se présente encore comme une église romane de Bourgogne — la cathédrale d'Autun, par exemple, couverte d'un berceau sur la nef et de voûtes d'arêtes sur les collatéraux. Le chœur à déambulatoire et chapelles rayonnantes et le mur oriental du transept, construits de 1141 à 1153, sont à peu près aussi anciens que le chœur de Sens, et on y retrouve les mêmes hésitations dans la mise en place et le contrebutement de la croisée d'ogives. Le transept et la nef, qui présente, comme à Autun, l'élévation à trois étages — grandes arcades sur piles, triforium aux arcades sur pilastres cannelés, une arcade aveugle entre deux baies, et fenêtres hautes — sont de 1170 à 1196. Au nord de la nef, la chapelle Sainte-Croix est une jolie réussite de la Renaissance, construite de 1547 à 1549 par le chanoine Jean d'Amoncourt de Piépape, bientôt évêque de Poitiers, fervent adepte de l'art nouveau. Au XVIIIe siècle, la façade primitive, qui tombait en ruine, fut remplacée par une lourde façade classique entre deux tours massives, élevées de 1760 à 1768 sur les dessins de Claude-Louis d'Aviler.

## CHARTRES

L'absence d'arcs-boutants à Langres comme à Sens n'avait pas permis au maître de l'œuvre, malgré toute sa science et son habileté, de réaliser le projet qu'il avait rêvé. La première grande cathédrale gothique libérée de l'encombrement des tribunes désormais remplacées par les arcs-boutants qui permettront toutes les audaces de construction, est la cathédrale de Chartres. Elle marque le triomphe de l'art gothique. Le constructeur sûr de lui-même, n'hésitant plus sur les moyens d'équilibrer les voûtes hautes grâce aux arcs-boutants, supprime les tribunes et ouvre de larges fenêtres aux vitraux étincelants où nos pères aimaient à voir vivre, dans l'azur du ciel, les saints de la Légende dorée. Le sculpteur, fort d'une technique jeune encore mais déjà parfaite, prend connaissance de la nature, donne la vie à la pierre, sans cependant s'écarter du programme architectural, de la tenue nécessaire à la noblesse de la statuaire monumentale. Chartres est le sanctuaire privilégié de la Vierge où se presse la foule des pèlerins pour vénérer sa statue miraculeuse et la précieuse tunique qu'elle a portée.

Le 5 septembre 1134, un incendie avait détruit la façade de la cathédrale romane reconstruite au XIe siècle par l'évêque Fulbert. Aussitôt après furent commencés les clochers un peu en avant de l'ancienne façade, d'abord le clocher nord, puis un peu avant 1145 le clocher sud. On commença la nouvelle façade au niveau oriental des tours et, vers 1150, on l'avança au niveau occidental en l'enrichissant d'une magnifique décoration sculptée, le Portail royal, et d'incomparables verrières qui éclairaient la tribune voûtée montée sur le narthex voûté qui réunissait le Portail royal à la cathédrale de Fulbert prolongée jusqu'aux tours. Les travaux avancèrent rapidement, grâce à l'enthousiasme des populations accourues de toutes parts pour aider les ouvriers : organisées en confréries, des équipes tiraient de la carrière au chantier les chars de pierre — les beaux blocs de Berchères, dont est construite la cathédrale —, de sable, de chaux, et amenaient de la forêt les grands chênes destinés aux échafaudages et aux charpentes.

Dans la nuit du 9 au 10 juin 1194, un nouvel incendie réduisait en cendres la vieille cathédrale couverte de charpentes, mais laissait indemnes les deux tours et la nouvelle façade, protégée par les voûtes du narthex et de la tribune. On entreprit aussitôt la reconstruction. Les travaux commencèrent par la nef qui, très avancée en 1210, était achevée en 1220, époque où le chroniqueur Guillaume le Breton applaudit aux grandes voûtes récemment terminées qui, dorénavant, abriteront la cathédrale contre les incendies. Entre 1200 et 1220, on monta les parties basses du transept, le chœur dont les chanoines prenaient possession dès 1221, et dans les années qui suivirent, le déambulatoire et les chapelles rayonnantes. Entre 1220 et 1245, on élevait les parties hautes du transept, et les deux porches qui s'y appuient. La dédicace fut célébrée le 24 octobre 1260. De 1324 à 1349, on construisit, au chevet de la cathédrale, la salle capitulaire surmontée de la chapelle Saint-Piat. En 1417, le maître de l'œuvre Geoffroi Sevestre accolait au bas-côté sud la chapelle de Vendôme. De 1507 à 1513, Jean Texier, dit Jean de Beauce, couronnait la tour nord d'une élégante flèche, puis, de 1520 à sa mort le 28 décembre 1529, il entourait le chœur, séparé de la nef depuis 1250 par un jubé orné de sculptures, d'une clôture de pierre, couronnée de groupes racontant l'histoire de la Vierge et du Christ qui ne seront terminés qu'au début du xviiie siècle. En 1763, on démolit le jubé et alourdit le décor du chœur de grands bas-reliefs de marbre accompagnant le groupe de l'Assomption de la Vierge par Bridan placé sur le maître-autel. A la Révolution, le trésor fut fondu, le mobilier brisé, mais heureusement, vitraux et sculptures furent épargnés. Le 4 juin 1836, un nouvel incendie détruisit les beffrois des tours et la grande charpente : par bonheur, les voûtes résistèrent, comme l'avait prévu Guillaume le Breton, et la cathédrale fut sauvée. Une charpente de fer recouverte de cuivre la protège aujourd'hui.

L'architecte, gêné par les soubassements romans qu'il devait conserver, cryptes sous les bas-côtés et sous le déambulatoire et les chapelles autour du chœur, réussit cependant à établir le plan qui sera celui des grandes cathédrales gothiques : longue nef à collatéraux, transept également à collatéraux, chœur profond à déambulatoire et chapelles rayonnantes. La sacristie élevée à la fin du xiiie siècle au nord du chœur, la chapelle Saint-Piat à l'est, et la chapelle de Vendôme au sud de la nef, seront seules ajoutées au plan primitif. Le vaisseau central long de 130 m 20 en œuvre — 154 m 50 en y comprenant la chapelle Saint-Piat — et large de 13 m 85, est couvert de voûtes d'ogives barlongues lancées à 37 mètres de haut, et épaisses de moins d'un pied, contrebutées par des groupes de trois arcs-boutants — le troisième ajouté après coup dans la nef, construit avec les deux autres dans le chœur plus récent. Ces voûtes reposent sur de puissants piliers entourés de quatre colonnes ; l'alternance a disparu, ou plutôt, elle n'est plus ici que décorative : à une pile ronde entourée de colonnes polygonales succède une pile polygonale entourée de colonnes rondes, et la lumière s'accrochant différemment

142

aux unes et aux autres, rompt la monotonie que présente la succession de piles toutes semblables. Les collatéraux s'élèvent à 14 mètres de haut. L'élévation n'a plus que trois étages : les grandes arcades, le triforium aux arceaux brisés portés par des colonnettes, et les fenêtres hautes, divisées en deux formes portant une rose à huit lobes. Ces fenêtres occupant près de la moitié de la hauteur totale, ainsi que les fenêtres des collatéraux et les grandes roses de 13 m 35 de diamètre montées sur des claires-voies au fond des bras du transept, versent à l'intérieur de la cathédrale cette abondante lumière enrichie de couleurs étincelantes par les verrières, qui crée cette atmosphère chaude et vivante dont rêvaient depuis si longtemps les maîtres de l'œuvre du Moyen Age.

Sous le chœur subsiste le caveau carolingien de saint Lubin, et, sous les collatéraux du chœur et de la nef, la crypte de la cathédrale de l'évêque Fulbert qui s'allonge jusqu'aux tours. C'est dans la galerie nord que se voient le puits des Saints Forts et la Vierge en majesté portant l'Enfant, la Vierge de Chartres que l'on vénérait depuis le XII<sup>e</sup> siècle et qui, brûlée à la Révolution, a été remplacée en 1857 par une copie. Dans une des chapelles au sud sont les restes du jubé du milieu du XIII<sup>e</sup> siècle dont certains morceaux comptent parmi les plus belles sculptures d'alors, comme l'Annonce aux bergers, le Réveil des mages, et surtout, l'émouvante Nativité où la Vierge, étendue sur son lit, et contemplant son divin Fils, écarte ses langes pour mieux l'admirer, geste charmant de jeune maman, fière de son premier-né ; mais déjà la tristesse est empreinte sur son visage, car suivant la mystique du Moyen Age, elle aperçoit, se dressant dans le lointain, la croix du Calvaire.

Ce qui frappe et retient l'attention, lorsque l'on pénètre dans la grande nef, plus peut-être encore que la noblesse et la beauté de son architecture, c'est la splendeur de ses verrières. Les plus anciennes sont celles des trois fenêtres de la façade occidentale et l'image de Notre-Dame de la Belle-Verrière, dans le collatéral sud du chœur. Elles datent du milieu du XII<sup>e</sup> siècle, comme le prouvent leur composition générale, leurs armatures qui se coupent à angle droit, la décoration florale des larges bordures, l'élégance du dessin, les attitudes un peu raides, l'allongement des figures, les draperies collantes à petits plis, la splendeur des tons, du bleu surtout, un bleu de lin unique, inconnu du XIII<sup>e</sup> siècle, qui brille encore lorsque, par temps couvert, les autres couleurs s'éteignent peu à peu. La fenêtre du côté nord abrite l'arbre de Jessé, celle de gauche, la Passion, la Crucifixion et la Rédemption ; au centre les scènes de l'Enfance et de la vie publique du Christ figurées en des médaillons alternativement ronds et carrés, au fond alternativement bleu et rouge, forment un vaste damier de couleur sur lequel se détachent, nettement délimités par les plombs et par les rubans perlés, les tons francs et vifs des gens et des choses. L'image de Notre-Dame de la Belle-Verrière, vénérée entre toutes, épargnée par l'incendie de 1194, fut remontée dans une verrière du XIII<sup>e</sup> siècle au sud du chœur. Après l'incendie de 1194, la reconstruction de la cathédrale aux nombreuses et vastes baies offrit un magnifique champ d'action aux verriers, et Chartres devint un des foyers de la peinture sur verre. Il fallut exécuter en quelques années 173 verrières représentant une superficie de plus de 2 000 mètres carrés. La générosité des fidèles y pourvut, comme le prouvent les figures isolées, armoiries, scènes de la vie des artisans placées au bas ou au sommet de la verrière. Chacun commandait l'histoire du saint qu'il vénérait particulièrement, grands personnages dans les fenêtres hautes, scènes de leur vie dans les médaillons des fenêtres basses. Ces vitraux ont été exécutés de 1200 à 1250, au fur et à mesure de l'avancement de la construction. Les verrières de l'abside, données par les boulangers, sont consacrées à la Vierge, comme la rose nord du transept dont l'arcature à claire-voie encadre les admirables figures de David, Melchisédech, sainte Anne, Salomon et Aaron (1230-1235) ; la rose sud magnifie le Christ (1221) ; au-dessous sont représentées les extraordinaires figures des évangélistes montés sur les épaules des prophètes, dont le sens symbolique et mystique répondait à une pensée chère à l'Ecole de Chartres et singulièrement à Bernard de Chartres qui représente les hommes d'alors comme des nains assis sur les épaules des géants, les Anciens, ce qui leur permet d'apercevoir plus de choses, et de plus éloignées. Les vitraux de Chartres, malgré les destructions du XVIIIe siècle, constituent le plus bel ensemble que nous ait légué le Moyen Age, et le plus émouvant décor qui se puisse imaginer.

La sculpture iconographique est rejetée à l'extérieur.

Comme l'iconographie figurée sur les verrières, elle est d'une richesse et d'une beauté d'exécution qui emportent l'admiration, mais aussi d'une hauteur de pensée, d'une délicatesse de sentiment, d'une subtilité mystique qu'explique l'atmosphère où vivaient les clercs qui en ont rédigé le programme, atmosphère créée par cette Ecole de Chartres qui depuis Fulbert s'est chargée d'un humanisme fécond, grâce à un Bernard de Chartres, à un Thierry, à ce Jean de Salisbury, écrivain charmant, fervent disciple de Cicéron, qui, après avoir étudié à Paris et à Chartres, se fixa dans cette dernière ville, y professa, et en devint évêque de 1176 à 1180. Dans le royaume de la scolastique, Chartres occupe une place privilégiée.

La façade ouest est encadrée de deux tours, celle du nord la plus ancienne, couronnée par un étage du XIIIe siècle, et surmontée par la belle flèche flamboyante construite par Jean Texier de 1507 à 1513, et celle du sud de la deuxième moitié du XIIe siècle, qui porte, sur un étage octogone, la haute flèche, immense pyramide creuse d'une hauteur de 45 mètres, d'une épaisseur de parement de 0 m 30, dont le sommet s'élève à 106 m 50. Au pied de la façade se blottit le Portail royal, un des monuments les plus fameux de la statuaire du Moyen Age. Commencé vers 1145, et prévu sans doute un peu en arrière de l'emplacement où nous le voyons aujourd'hui, le Portail royal fut achevé vers 1155, après que l'on eut décidé vers 1150 de le monter à l'alignement de la face occidentale des deux clochers. La composition marque nettement un nouvel idéal dans l'évolution de l'histoire de l'art. Dans les trois portes, linteaux et tympans s'abritent sous de profondes voussures enrichies de statuettes et portées par des colonnes contre lesquelles s'appuient des statues séparées par des colonnettes ornées de rinceaux, de bas-reliefs, de fleurettes ; sur les chapiteaux, de petites scènes à nombreux personnages. L'iconographie est encore en partie romane, l'exécution également, mais dans l'ensemble apparaît, en réaction contre l'agitation des sculpteurs romans du milieu du XIIe siècle, un parti d'apaisement, de détente, une volonté de retour à un art plus harmonieux et plus monumental dans une composition plus strictement ordonnée. Les statues-colonnes qui flanquent les portes, constituent le témoignage le plus remarquable de cet esprit nouveau. Ces statues ne sont plus, comme à l'époque romane, un simple motif décoratif dessinant une arabesque vivante sur les murs des piédroits, elles sont les colonnes mêmes qui portent la voûte de l'entrée du Temple. Immobilisées dans des attitudes raides, les gestes rigoureusement identiques, minces, longues, sans épaules, sans hanches, les jambes serrées, les bras collés au corps, la tête droite, les pieds ballants, les vêtements moulant le buste et les jambes, et accusant par leur chute verticale et le grand nombre de plis minces et parallèles l'élancement des lignes, ces statues se confondent avec la colonne à laquelle elles sont accrochées, avec laquelle elles font corps. Cet allongement, cette rigidité qu'accentuent encore la similitude des attitudes frontales, la sobriété et la répétition des gestes, sont voulus : ce sont des statues-colonnes. La statuaire participe de la construction, renforce les lignes de l'architecture, elle s'y incorpore et en a la grandeur majestueuse. Emprisonné dans le programme du maître de l'œuvre, le sculpteur, fervent amoureux de la nature, a repris sa liberté dans l'exécution des têtes qui se détachent en plein relief et témoignent d'une acuité d'observation singulière : la variété des expressions, l'intensité de vie qui s'en dégage en font de véritables chefs-d'œuvre. La signification de ces statues vient encore ajouter à leur grandeur : elles représentent les patriarches, les prophètes, et les grandes figures de la Bible. C'est aussi l'Ancien Testament supportant le Nouveau, car l'histoire du Christ est sculptée sur les chapiteaux des colonnes et des colonnettes des trois portes. Dans l'exécution de ces chapiteaux, les artistes se sont laissés aller à toute leur verve, à leur amour de la vie et du pittoresque, mais ici encore, le tracé du maître de l'œuvre retient le sculpteur, lui impose l'ordre et la mesure : la tête de chaque petit personnage s'encadre dans un des arceaux du dais qui abrite les scènes, et cette arcature règle le rythme du décor. Les trois tympans avec leurs voussures complètent admirablement cette grande page sculptée qui renferme toute l'histoire de l'Ancien et du Nouveau Testament ; à la porte de droite, ce sont les scènes de l'Enfance du Christ et la Vierge en majesté portant l'Enfant, et dans les voussures les Arts libéraux, femmes portant les attributs du Trivium et du Quadrivium qu'assistent des sages de l'Antiquité, suivant la description donnée par le maître Thierry de Chartres ; à celle de gauche, l'Ascension et tout autour les Occupations des Mois ; à la porte centrale, l'Apparition du Fils de l'Homme entre les symboles des Evangélistes, avec, dans les voussures, les vieillards de l'Apocalypse, et, au linteau, les Apôtres. Nombreux furent ces portails à statues-colonnes élevés dans la deuxième moitié du XIIe siècle dans le domaine des Capétiens, à l'imitation du Portail royal de Chartres.

Après l'incendie de 1194, qui épargna le Portail royal au pied de la façade ouest, on décida de reporter le programme iconographique que l'on s'habituait à développer à la façade principale des cathédrales, aux portails du transept qui avec leurs grands porches prirent de ce fait une importance considérable. Au nord, la porte centrale est consacrée au Triomphe de la Vierge, la porte de gauche aux scènes de l'Enfance du Christ, et la porte de droite aux grands personnages de la Bible. Au sud règne le Nouveau Testament : à la porte centrale, le Jugement dernier ; la glorieuse phalange des martyrs à la porte de gauche, celle des confesseurs à la porte de droite. Cet ensemble magnifique, un des plus considérables qui soient parvenus jusqu'à nous, fut sculpté peu à peu de 1200 à 1260 environ. Les deux portes centrales ont été commencées les premières, vers 1200-1215. La porte nord est la plus ancienne : au tympan sont représentés, comme à Senlis, la Mort, la Résurrection et le Couronnement de la Vierge ; aux ébrasements, David, Samuel, Moïse, Abraham et Melchisédech à gauche, Isaïe, Jérémie, le vieillard Siméon, saint Jean-Baptiste et saint Pierre à droite, admirables figures aux traits grandioses, surhumains. Au sud, le Jugement dernier, thème ébauché à Saint-Denis et à Laon, prend ici sa forme définitive que nous retrouvons à Paris, à Reims, à Amiens, à Bourges et un peu par toute la France ; de chaque côté les Apôtres, au trumeau le Christ enseignant, la figure triste et douce, profondément humaine, moins idéalement parfait que le Beau Dieu d'Amiens, mais plus émouvant, plus sensible, plus pitoyable à l'humanité souffrante.

On travailla ensuite aux portes latérales du croisillon sud. A gauche, la porte des Martyrs, avec l'histoire de saint Etienne sculptée au tympan ; les statues de saint Etienne, saint Clément et saint Laurent, à gauche, saint Vincent, saint Denis et saint Piat, à droite, sculptées vers 1215-1220, sont encore des statues-colonnes, tandis que les deux belles statues de saint Théodore — **saint Maurice** — et saint Georges, exécutées vers 1230-1240, lorsque l'on décida de monter un porche en avant de la façade, ne le sont plus : de bonnes proportions, solidement campés sur les jambes, les pieds posés à plat sur le socle, les étoffes et les armures largement traitées, ces deux saints guerriers martyrs représentent, dans un art magnifique de force et de simplicité, le type idéal du chevalier du temps de saint Louis. Les six grandes statues dressées aux ébrasements de la porte de droite dont le tympan est consacré aux histoires de saint Martin et de saint Nicolas, sculptées entre 1220 et 1230, sont parmi les plus remarquables que nous ait laissées le

146

Moyen Age ; à gauche, grands, élancés, le geste identique, la tête droite, un peu distants, trois princes de l'Eglise, saint Léon — ou saint Silvestre —, saint Ambroise et saint Nicolas; à droite saint Martin, l'apôtre, l'homme d'action, plein de fougue et d'énergie, saint Jérôme, le savant, l'homme de cabinet, petit, timide, craintif, et saint Grégoire, illuminé par l'inspiration du Saint-Esprit.

Aux portes latérales du croisillon nord, ornées de sculptures vers 1225-1235, à gauche, aux ébrasements, l'Annonciation et la Visitation, et au tympan la Nativité, l'Annonce aux bergers et l'Adoration des mages ; à droite, des personnages de la Bible et au tympan, le Jugement de Salomon et les tourments de Job qu'encadrent de charmantes scènes racontant les histoires de Salomon, de Gédéon, de Judith et d'Esther. Le porche nord, amorcé en même temps que les portes latérales, est orné de statuettes représentant la Vie active et la Vie contemplative, la Création du Monde, les Occupations des Mois. Les grandes statues dressées le long des piles, Jessé et sa femme, Samuel et ses parents, saint Potentien, sainte Modeste ne datent que du milieu du XIIIᵉ siècle, comme les bas-reliefs des piliers du porche sud. Le tout était terminé pour la dédicace du 24 octobre 1260.

## SOISSONS

La cathédrale de Soissons a, comme celle de Chartres, une longue nef à collatéraux, un transept flanqué de bas-côtés et un chœur à déambulatoire sur lequel ouvrent cinq chapelles rayonnantes couvertes de voûtes d'ogives se prolongeant, comme à Saint-Denis, sur la travée correspondante du déambulatoire. Le fond du croisillon sud arrondi en hémicycle, remonte à la fin du XIIᵉ siècle, et se rattache au type des églises à tribunes, tandis que le reste de l'édifice ne date que du XIIIᵉ siècle et appartient au groupe des églises à trois étages. Le chœur était très avancé en 1212, car le 13 mai de cette année, le chapitre s'y installait solennellement ; la nef voûtée d'ogives comme le chœur, le transept et les collatéraux, devait être achevée au milieu du XIIIᵉ siècle. Les grandes arcades du vaisseau central retombent sur des colonnes flanquées d'une colonnette du côté de la nef ; au-dessus, le triforium à arcature continue et les fenêtres hautes à deux formes portant un oculus comme à Chartres. La façade nord du transept fut terminée au XIVᵉ siècle, ainsi que les parties hautes des tours. La dédicace fut célébrée le 25 avril 1479.

L'église, qui avait eu fort à souffrir de la guerre de 1914-1918, a été restaurée avec une grande conscience par l'inspecteur général Brunet.

## REIMS

Un incendie détruisait en 1210 la cathédrale de Reims, qui remontait en partie au XIIᵉ siècle et était de dimensions considérables : l'architecte en chef Deneux, qui a remarquablement conduit les travaux de restauration de la cathédrale terriblement mutilée par

147

les incendies et les bombardements de la guerre de 1914-1918, en a retrouvé les fondations et une partie des matériaux remployés dans les fondations de la cathédrale du XIIIᵉ siècle. Un an après, le 12 mai 1211, l'archevêque Aubry de Humbert pose la première pierre de la nouvelle cathédrale. On commença par le chœur achevé en 1241, puisque le 7 septembre de cette année, veille de la fête de la Nativité de la Vierge, le chapitre s'installait dans le nouveau chœur terminé par les soins de l'archevêque Henri de Braisne représenté sur la maîtresse verrière du chevet. Villard de Honnecourt, qui visita le chantier au cours des travaux, nous a laissé des dessins des chapelles rayonnantes et de l'élévation du chœur un peu différents de ce qui fut exécuté. Il y eut donc un repentir dans la construction, peut-être par insuffisance de ressources : déjà en 1221, le pape Honorius III avait accordé des indulgences à ceux qui contribueraient à la construction de la cathédrale « commencée sur un plan grandiose ». A la suite de l'effort fait pour l'achèvement du chœur, l'église de Reims est accablée de dettes, et, en 1251, deux bulles du pape Innocent IV engagent les évêques, clercs et religieux de la province, à venir en aide à la métropole. La nef ne sera terminée qu'à la fin du XIIIᵉ siècle.

Les noms des architectes qui ont construit la cathédrale nous sont connus par les inscriptions du labyrinthe qui décorait le dallage des troisième et quatrième travées de la nef en partant de la façade ouest, labyrinthe supprimé en 1778, mais dont nous avons un dessin fait au XVIᵉ siècle par Jacques Cellier. Le premier est Jean d'Orbais, « qui commença la coiffe de l'église». Formé peut-être sur les chantiers de la belle église abbatiale de son pays natal dans les dernières années du XIIᵉ et au début du XIIIᵉ siècle, il donne le plan de la cathédrale dont l'unité accuse un projet primitif définitivement établi et scrupuleusement suivi, et il commence en 1211 la construction du chevet. Le chœur et les doubles collatéraux, le déambulatoire et les cinq chapelles rayonnantes, celle d'axe un peu plus grande que les autres, le transept et ses collatéraux et la dernière travée de la nef, enfin, le mur des trois dernières travées du collatéral nord de la nef contre lequel s'appuient des salles basses, sans doute des sacristies, appartiennent à une même campagne de construction dirigée de 1211 à 1231 par Jean d'Orbais, et terminée en 1241 par Jean le Loup « qui fut maître des travaux d'icelle église l'espace de seize ans et commença les portaux ». A peine le chœur achevé, Jean le Loup, qui fut maître de l'œuvre de 1231 à 1247, planta les fondations de la façade ouest et des tours. Son successeur, Gaucher de Reims, un sculpteur de génie, « ouvra aux voussures et portaux » de la façade ouest, pendant huit ans, de 1247 à 1255. Après lui, Bernard de Soissons, maître pendant trente-cinq ans, de 1255 à 1290, « fit cinq voûtes et ouvra à l'o ». On peut lui attribuer les travées V à IX de la nef et des collatéraux qui, par le style de leur construction et de leur décoration, appartiennent à une même campagne. C'est lui aussi qui monta la façade ouest commencée par Jean le Loup, et, après Gaucher de Reims, dirigea l'exécution de la riche décoration sculptée sur la face et au revers, jusqu'au-dessus de la grande rose. Robert de Coucy, qui dirigea les travaux de 1290 à 1311, construisit les quatre premières travées de la nef et termina la façade; c'est lui sans doute qui est représenté au centre du labyrinthe. Au XIVᵉ siècle, on éleva les deux tours et le grand gâble qui couronne la façade. La tour nord ne sera achevée qu'en 1427 par Colard de Givry, grâce à un don du cardinal Guillaume Fillastre. La charpente, refaite après l'incendie de 1481, disparut dans l'incendie de septembre 1914. Pendant la guerre, la cathédrale fut cruellement bombardée, notamment en 1914-1915 et en 1918. Elle ne doit d'être encore debout qu'à la solidité de sa construction et à l'épaisseur exceptionnelle de ses voûtes. Elle a été restaurée avec beaucoup de dévouement et de science par M. Deneux.

Le plan s'étale largement sur le sol, cruciforme, à collatéraux simples dans la nef et le transept, doubles dans les parties droites du chœur ; autour de l'hémicycle, un déambulatoire à cinq chapelles rayonnantes, celle d'axe plus grande que les autres. L'édifice mesure 138 m 50 de long en œuvre et près de 150 mètres hors œuvre. Les voûtes d'ogives, lancées à 38 mètres de haut sur le vaisseau central, et 16 m 50 sur les collatéraux, sont brisées à la clef et encadrées d'arcs fortement brisés, toutes dispositions qui diminuent la violence des poussées contrebutées par des arcs-boutants particulièrement légers. Au-dessus des grandes arcades, portées par les piliers circulaires à quatre colonnes, d'un type qui est celui des cathédrales du XIIIᵉ siècle, et du triforium aux élégantes colonnettes, les fenêtres hautes versent à l'intérieur de la cathédrale une abondante lumière réchauffée par les riches tonalités des vitraux.

La cathédrale de Reims possédait un splendide ensemble de vitraux exécutés pendant le deuxième quart du XIIIᵉ siècle pour le chœur, la deuxième moitié de ce siècle et le début du XIVᵉ pour la nef. Ils ont malheureusement fort souffert au cours des temps : les verrières basses ont été remplacées au XVIIIᵉ siècle, ici comme dans tant de nos cathédrales, par des vitraux incolores ; les verrières hautes, démontées et remontées tant bien que mal lors des cérémonies du sacre, furent criblées d'éclats d'obus au cours de la guerre 1914-1918, et déposées en pleine bataille. Il ne reste plus qu'une partie des vitraux du chœur représentant la Crucifixion et la Vierge en majesté portant l'Enfant avec de chaque côté les Apôtres, énergiques et puissantes figures ; au-dessous, l'archevêque Henri de Braisne qui occupa le siège de 1227 à 1240 et les évêques suffragants de la province, avec leurs cathédrales. Dans les fenêtres hautes de la nef se voyaient les rois de France sacrés à Reims, et, au-dessous, les archevêques de Reims, consécrateurs. De cette noble assemblée vêtue de couleurs éclatantes, il ne reste plus que huit figures de rois et huit figures d'archevêques reconstituées par le peintre-verrier Jacques Simon après la guerre. A la façade ouest, la grande rose consacrée au Triomphe de la Vierge dans un concert d'anges au Paradis, date du troisième quart du XIIIᵉ siècle, mais elle a été fortement restaurée à plusieurs reprises, comme la claire-voie représentant le sacre de Clovis. Au-dessous est une belle rose moderne de Jacques Simon, qui a composé également la grande verrière des Vignerons du transept. Des vitraux qui décoraient les fenêtres des collatéraux et des chapelles, vitraux légendaires qui remontaient au XIIIe siècle, il ne reste que quelques fragments dans la première travée du collatéral nord de la nef, dont l'un représente un architecte à sa table de travail.

La façade de la cathédrale de Reims est une des plus célèbres, la plus célèbre peut-être des façades gothiques, autant par l'élégance de sa composition que par la richesse de sa décoration. La statuaire prolonge jusqu'à la fin du XIIIe siècle celles de Chartres, de Paris et d'Amiens.

Au croisillon nord, la porte de droite est décorée d'une belle Vierge assise portant l'Enfant, de la fin du XIIe siècle, remployée dans le tympan. Les deux portes voisines ont été sculptées entre 1225 et 1240. La plus ancienne, la porte Saint-Sixte, est consacrée aux saints du diocèse, saint Remi, saint Nicaise, sainte Eutropie, l'autre au Jugement dernier, où la Résurrection des morts, développée avec une complaisance voulue, montre les corps des ressuscités dans les attitudes les plus variées, et avec un souci de vérité remarquable. Les statues d'apôtres des ébrasements, notamment le saint Pierre dans la pose de l'orateur antique, et le saint Paul à l'expression inspirée et énergique, très proches des six statues des précurseurs et préfigures du Christ remployées à l'ébrasement droit de la porte droite de la façade ouest, annoncent déjà par leurs proportions, par les plis nombreux, agités et cassants de leurs vêtements, peut-être inspirés de l'Antique, quelques-unes des plus belles statues de la façade ouest. Certaines scènes du tympan, les anges présentant à Abraham les âmes élues, par exemple, sont pleines de noblesse et d'un rythme tout classique.

A la façade occidentale, le programme iconographique, immense, mais moins rigoureusement distribué qu'à Chartres, à Amiens ou à Notre-Dame de Paris, faute de pouvoir occuper les tympans remplacés par des baies, monte des piédroits et des ébrasements dans les voussures et les gâbles qui couronnent les portes, s'étale sur les murs, sur les contreforts, autour de la rose, dans les niches des tours et de la galerie qui les réunit, et aussi au revers de la façade entièrement décorée de scènes sculptées. Il glorifie le Christ et la Vierge, les saints de l'Ancien et du Nouveau Testament, et annonce les fins dernières de l'homme. D'une porte qui avait été consacrée à la Vierge et aux préfigures du Christ comme à Senlis ou à Chartres, subsistent les statues de la porte de droite sculptées vers 1230, en même temps que celles du croisillon nord. Le reste a été exécuté sous la direction de Jean le Loup, de 1241 à 1247, de Gaucher de Reims, de 1247 à 1255, puis de Bernard de Soissons, maître de l'œuvre de 1255 à 1290. Au centre, la porte de la Vierge, avec la Présentation à gauche, l'Annonciation et la Visitation à droite. Sur la face des contreforts, le prophète Isaïe et la reine de Saba à gauche, Salomon et un roi mage à droite ; dans le gâble, le Couronnement de Marie assistée par les anges. La porte de gauche est consacrée à la vie publique, à la Passion et à la Résurrection du Christ narrées dans les voussures sous la Crucifixion du gâble. Aux ébrasements se dressent les saints particulièrement honorés dans le diocèse, et notamment, à gauche, saint Nicaise — ou peut-être saint Denis — entre deux anges. A la porte de droite se mêlent les scènes de l'Apocalypse et du Jugement dernier. Au revers, les prophètes, les scènes de la Bible, les histoires de saint Nicaise et de saint Jean-Baptiste, celles de l'Enfance du Christ aussi, tapissent les murs. Autour de la grande rose, de charmants groupes racontent l'histoire de David précurseur du Christ et de Salomon ; de chaque côté, de grandes statues figurent les témoins des Apparitions du Christ ressuscité. Tout en haut, comme à Notre-Dame de Paris, à Amiens et à Chartres, la Galerie des rois — ici, rois de France — se poursuit en une longue théorie enveloppant les tours de la façade et celles du transept, tandis que la cohorte des anges est venue occuper les niches des culées des arcs-boutants. Notons encore, dans les parties hautes des croisillons, quelques morceaux fameux, comme l'Eve du croisillon nord, l'Eglise — détruite par les obus de la guerre de 1914-1918, comme tant d'autres sculptures des parties hautes — et la Synagogue, et les curieuses figures des prophètes du croisillon sud.

On peut définir, dans cet ensemble magnifique, les caractères distincts de trois ateliers ayant manifesté côte à côte leur activité pendant quinze ou vingt ans : les deux premiers ont dû commencer à travailler dès 1241, et le troisième, plus récent de quelques années, s'est prolongé jusqu'à la fin du siècle, alors que la production des deux autres avait depuis longtemps presque complètement cessé. Un premier atelier continue, en le perfectionnant, le style des grandes statues du croisillon nord. C'est celui où l'inspiration antique reste particulièrement sensible, dans les figures de l'Eglise et de la Synagogue du croisillon sud, puis dans son chef-d'œuvre, le groupe de Marie et d'Elisabeth de la Visitation à la porte centrale, et dans quelques autres figures comme l'admirable prophète voisin de la reine de Saba : les jambes sont courtes, les proportions trapues, la tête forte et expressive, les lèvres épaisses, le menton large et rond ; les draperies aux plis anguleux, nombreux, cassants, collent sur le corps un peu à la manière des étoffes mouillées antiques. Un second atelier dérive directement de celui qui a sculpté les statues de la porte de la Vierge d'Amiens : technique simple, masses largement dégagées, figure idéale exprimant un type plutôt qu'un individu, gestes calmes, étoffes et draperies épaisses et lourdes aux plis larges et rares s'arrêtant horizontalement au sol ; telles sont les Vierges de l'Annonciation et de la Présentation de la porte centrale, le vieillard Siméon et le roi mage voisin de Salomon, plusieurs statues de la porte de gauche et quelques statues d'anges et de rois des parties hautes. Le troisième atelier est le plus original. Affranchi des traditions antiques et de l'influence directe des chantiers des grandes cathédrales, fort de toutes les expériences accumulées pendant la première moitié du XIIIe siècle, il crée, sous la direction puissante d'un artiste novateur, peut-être Gaucher de Reims, puis de Bernard de Soissons, des œuvres qui, dans la deuxième moitié de ce siècle, annoncent l'art du XIVe siècle : la silhouette est souple et élancée, l'attitude légèrement hanchée ; les jambes sont longues ; le torse est mince, la taille fine et haute, les épaules étroites, le cou long ; la tête, petite, s'incline en avant ou sur le côté ; l'ovale délicat de la figure s'encadre de cheveux bouclés ; les pommettes sont saillantes, les yeux bridés, les sourcils relevés ; la bouche est largement fendue ; les lèvres minces se relèvent aux commissures en un sourire charmant dans les Anges de l'Annonciation et de saint Nicaise, ou la suivante de Marie — prototype de la « Vierge dorée » d'Amiens —, sarcastique et un peu trouble dans la figure de Joseph, à la porte centrale et à la porte de gauche. C'est encore cet atelier qui a sculpté les groupes au revers de la façade, de nombreuses statuettes des voussures, la charmante Bethsabée veillant sur le jeune David endormi autour de la rose et aussi tant de grandes statues aux portes latérales de la façade, dans les tours — l'admirable Christ du groupe de l'Incrédulité de saint Thomas, le Christ et les Pèlerins d'Emmaüs —, des anges et des rois des parties hautes, l'Eve mystérieuse du croisillon nord, qui caresse le dragon qu'elle tient dans ses bras. L'influence directe de cet atelier dont les œuvres seront bientôt connues et imitées au loin, en Allemagne et en Angleterre, comme en Espagne, voire en Italie, se prolonge dans toutes ces figures de saints et d'anges d'orfèvrerie, d'ivoire, de bois, nés sans doute à l'ombre de la cathédrale, et où survivent l'élégante silhouette et les traits charmants de leurs grands frères de pierre.

## AMIENS

Comme les cathédrales de Chartres et de Reims quelques années auparavant, comme celle de Beauvais quelques années plus tard, la cathédrale d'Amiens disparut dans les flammes en 1218. Dès 1220, la nouvelle construction était commencée par les soins de l'évêque Evrard de Fouilloy, dont la tombe de bronze, et celle de son successeur Geoffroy d'Eu, sont encore conservées dans la nef actuelle. En 1236, à la mort de Geoffroy d'Eu, la façade ouest était montée jusqu'à la base du pignon ; la nef était terminée, et on avait dû démolir la vieille petite église Saint-Firmin qui s'élevait sur l'emplacement du croisillon nord pour planter les fondations du transept. On se mit aussitôt au chœur, assez avancé en 1247 pour que l'évêque Arnould fût inhumé entre les deux piliers du fond de l'abside. En 1269, il était achevé, et l'évêque Bernard d'Abbeville faisait poser le vitrail central du chevet. La translation des reliques de saint Firmin eut lieu en 1279. Des chapelles latérales furent ajoutées à la nef à la fin du XIIIe siècle et au XIVe, et les tours de la façade achevées, celle du sud dans la deuxième moitié de ce siècle, celle du nord au début du suivant. Les deux premières chapelles au nord furent élevées vers 1375 par le cardinal de Lagrange, évêque d'Amiens, qui s'est fait représenter avec le roi Charles V, ses fils Louis d'Orléans et le dauphin Charles, et Bureau de la Rivière, sur le mur extérieur de la chapelle et de la tour voisine, en une série de statues remarquables de vérité et d'expression, dont les traits sont parmi les plus émouvants que nous possédons de ces grands personnages. La voûte de la croisée, qui était en mauvais état, fut réparée à plusieurs reprises, et, en 1498, un chaînage fut établi pour arrêter le mouvement inquiétant des piles de la croisée. La flèche en charpente détruite par la foudre en 1528 fut aussitôt reconstruite. A la fin du XVe siècle et au XVIe siècle, Amiens connut une grande prospérité, et la cathédrale reçut une décoration fort riche : stalles sculptées de 1508 à 1522 par Arnould Boulin, Alexandre Huet, leurs aides, et le tailleur d'images Antoine Anquier, où l'on peut admirer, à côté des scènes de l'Ancien et du Nouveau Testament, d'innombrables sujets de fantaisie représentés sur les miséricordes, les parcloses et les jouées ; clôture du chœur ornée de bas-reliefs et de peintures ; tableaux donnés chaque année par la confrérie du Puy-Notre-Dame. Tout ce décor fut heureusement épargné — du moins en partie — par les « embellissements » du XVIIIe siècle, par la Révolution et par les restaurateurs du XIXe siècle.

Les noms des architectes qui ont construit la cathédrale nous sont connus par une inscription du labyrinthe posé en 1288 au milieu de la nef. C'est Robert de Luzarches qui donna le plan et le modèle de l'édifice et commença les travaux achevés par Thomas de Cormont et son fils Renaud.

Il y a dans toute cette construction, dans le dessin du plan, dans le parti de la composition, dans les proportions de l'élévation, comme dans la sûreté de la technique et de l'exécution, un sentiment de la mesure, une logique des formes, une eurythmie qui fait de la cathédrale d'Amiens, une des œuvres les plus parfaites qu'ait élevées le Moyen Age : c'est le sommet rationnel de l'art gothique. Le plan est celui de Reims, mais avec sept chapelles rayonnantes autour du chœur, au lieu de cinq, la chapelle d'axe étant beaucoup plus grande que les autres. L'édifice mesure 133 m 50 en œuvre et 145 mètres hors œuvre, un peu moins que Reims avec une longueur du transept de 70 mètres, une largeur de nef — d'axe en axe des piles — de 14 m 60 et 8 m 65 pour les bas-côtés. Les voûtes sur croisées d'ogives montent à 42 m 30 sur le vaisseau central et 18 m 30 sur les collatéraux. Les grandes arcades retombent sur des piles à quatre colonnes aux chapiteaux ornés de crochets et de feuillages. Au-dessus, le triforium de la nef dont l'arcature dessine un joli réseau à trois formes portant un trèfle, se creuse en claire-voie sur la face orientale du transept et dans le chœur. Les fenêtres du vaisseau central qui occupent près de la moitié de la hauteur totale, celles des collatéraux et des chapelles, les grandes roses montées sur des claires-voies du fond des bras du transept et de la façade occidentale, répandent une abondante lumière. Malheureusement il ne reste plus que des fragments des anciens vitraux du XIIIᵉ et du XIVᵉ siècle dans les fenêtres des chapelles, de la fin du XVᵉ et du début du XVIᵉ dans la rose méridionale, enfin, dans la fenêtre centrale du chevet, le vitrail de l'évêque Bernard d'Abbeville offrant une verrière à la Vierge, signé et daté de 1269.

La façade de la cathédrale d'Amiens datée de 1220-1225 à 1236, restaurée par Caudron de 1843 à 1847 (portes du Jugement et de Saint-Firmin), et avec beaucoup de discrétion et d'habileté par les frères Duthoit (porte de la Vierge), constitue, avec la Galerie des rois, les bas-reliefs des tympans et des soubassements, les grandes statues et les statuettes des voussures de ses trois portes, les bas-reliefs et statues de ses contreforts, l'ensemble iconographique le plus complet des sommes théologique, historique, morale et naturelle.

Il présente en même temps l'unité la plus parfaite dans l'exécution, réalisée par un atelier où l'on peut reconnaître des mains différentes, voire des influences diverses, mais où transparaît partout une singulière bonhomie, un accent de vie familière qui est la marque même de ces sculpteurs picards, sous la direction du maître de l'œuvre Robert de Luzarches.

Les grandes statues encore attachées à la colonne, comme le sont au mur de fond la plupart des figurines des tympans et des voussures, sont maintenant solidement plantées sur le sol, les attitudes plus libres, les vêtements plus largement traités. Cette impression de vie, de mouvement, est encore plus marquée aux bas-reliefs des tympans et des soubassements d'un art réaliste et pittoresque qui veut tout raconter et expliquer avec une précision toute populaire les mystères de la religion comme les prophéties les plus transcendantes. A la porte centrale le Christ debout au trumeau, enseignant et bénissant, est entouré des Apôtres et des quatre grands prophètes ; au tympan le Jugement dernier ; aux soubassements, dans des médaillons, les Vertus et les Vices, reproduction presque littérale des petits bas-reliefs de Notre-Dame de Paris. A la porte de droite, la Vierge Mère, et de chaque côté de grandes statues figurant d'un côté l'Annonciation, la Visitation et la Présentation au Temple, de l'autre les rois mages, Hérode, Salomon et la reine de Saba ; au tympan, la Mort, la Résurrection et le Couronnement de la Vierge. A la porte de gauche, saint Firmin et les premiers saints du diocèse ; aux soubassements les Signes du Zodiaque et les Occupations des Mois. Sur les contreforts, les douze petits prophètes et, au-dessous, dans des quatrefeuilles, des scènes en rapport avec l'histoire de leur vie ou avec leurs prophéties. Le « Beau Dieu » au trumeau de la porte centrale est la plus justement célèbre des statues d'Amiens, et l'on peut en rapprocher le Saint Firmin de la porte de gauche, la Vierge Mère et les touchantes figures de la Vierge, dans les scènes de l'Annonciation, de la Visitation et de la Présentation, à la porte de droite — nous en avons noté l'influence à la façade ouest de la cathédrale de Reims. On ne saurait imaginer un type plus majestueux du Christ, de la Vierge ou d'un saint Évêque.

Un quart de siècle plus tard, vers 1260-1270, les sculpteurs d'Amiens exécutaient à la porte du croisillon sud la belle « Vierge dorée » du trumeau, la figure souriante, dans la contemplation de son Fils qu'elle présente à l'adoration des fidèles d'un geste plein de grâce, la Mission des Apôtres du linteau — saint Jacques, remarquablement campé, part, l'air vainqueur, pour la conquête du monde — et l'histoire de saint Honoré du tympan ; la grâce et la fierté des attitudes, le charme des traits, l'élégance des draperies montrent qu'Amiens a senti passer le souffle de Reims.

## BEAUVAIS

Sept ans après celle d'Amiens, la cathédrale de Beauvais était la proie des flammes. Dès 1227, l'évêque Milon de Nanteuil commençait les travaux du nouveau chœur, dont le gros œuvre était achevé en 1272 : chœur à déambulatoire et sept chapelles rayonnantes semblables ; grandes voûtes d'ogives montées à 48 mètres de haut sur le vaisseau central et à 21 m 20 sur les collatéraux ; au-dessus des grandes arcades portées par de minces et longs piliers, la claire-voie semble prolonger les larges et hautes fenêtres ; à l'extérieur, les arcs-boutants doubles et à double volée contrebutent les voûtes hautes et s'appuient sur d'étroites culées. A chaque nouvelle entreprise, on s'efforçait de construire plus grand, plus haut, plus léger. Ici, on était allé trop loin : dès 1284, les voûtes du grand vaisseau s'écroulèrent, sauf celles de l'hémicycle. On doubla les supports et les arcs-boutants et on monta des voûtes sexpartites, au lieu des voûtes barlongues primitives. Le travail était terminé en 1324 par Guillaume de Roye, maître de l'œuvre, et l'appareilleur Aubert d'Aubigny ; les fenêtres étaient garnies de hautes verrières losangées où s'enchâssaient de grands personnages encore en partie conservés aujourd'hui. Au XVIe siècle, sous la direction de Martin et Pierre Chambiges, de Jean de Damas, Michel Lalict et Jean Vast, on monta le transept aux façades flamboyantes percées de portes aux vantaux de bois enrichis de sculptures gothiques au nord, Renaissance au sud. Dans les roses et les fenêtres, de beaux vitraux d'Engrand, de Jean et Nicolas Leprince. Sur la croisée se dressait la flèche haute de 153 mètres ; trop élevée elle aussi, elle pesait trop lourdement sur les piliers du carré du transept qui s'écrasèrent le 30 avril 1573. A peine réussit-on à trouver les ressources suffisantes pour réparer le désastre : la nef ne sera jamais construite.

Ces grandes cathédrales marquent l'apogée de la construction gothique. Le plan est magnifique : le chœur à déambulatoire qu'entoure une couronne de chapelles, est séparé de la nef par un vaste transept flanqué de collatéraux ; des tours encadrent la façade principale et parfois celles du transept. La longueur qui était de 120 mètres à Bourges, 127 mètres à Paris, 130 mètres à Chartres passe à 133 m 50 à Amiens et 138 m 50 à Reims. Les voûtes d'ogives, barlongues, de plus en plus élevées — elles atteignent 38 mètres à Reims sur le grand vaisseau et 16 m 50 sur les collatéraux, 42 m 30 et 18 m 30 à Amiens, 48 mètres et 21 m 20 à Beauvais —, sont légères, stables et solides. Elles reposent sur de hautes piles très étroites, et sont épaulées par d'audacieux arcs-boutants lancés à une grande hauteur et retombant sur de minces culées. Au-dessus des grandes arcades le triforium, puis les grandes fenêtres qui occupent tout l'espace entre le triforium et les voûtes, et se garnissent d'un réseau de pierre destiné à maintenir la vitrerie. Au chœur des cathédrales d'Amiens et de Beauvais, la lumière, plus abondante, pénètre également par l'ajourage du mur de fond du triforium : c'est la claire-voie, qui marque un nouveau temps dans l'évolution de l'art gothique ; on s'attend à n'avoir qu'une seule fenêtre, immense, entre les grandes arcades et les voûtes. La construction, de plus en plus légère, est montée avec une science de plus en plus grande. Les nervures, plus fines, se découpent sous les voûtes avec plus de vigueur ; les chapiteaux munis de forts crochets côtelés au XIIIe siècle ne sont plus, au XIVe siècle, que la continuation du fût, cylindre décoré de fins bouquets et de feuillages accrochés à un rameau. A l'extérieur, la façade est de plus en plus riche ; la rose, de plus en plus grande, est raidie par de fins meneaux de pierre disposés comme les rayons d'une roue.

Cet art plus savant, plus élégant, plus riche, moins puissant et moins noble que ne l'était, dans sa sobriété, l'art de la première moitié du XIIIe siècle, apparaît en Ile-de-France dès le milieu de ce siècle, sous l'influence de deux grands maîtres parisiens : Jean de Chelles, l'auteur des façades du transept de Notre-Dame de Paris, et Pierre de Montreuil, son élève sans doute et bientôt son émule, l'architecte de la nef de Saint-Denis et peut-être de la Sainte-Chapelle qui termina le croisillon sud de Notre-Dame, mourut le 17 mars 1267 et fut enterré dans la chapelle de la Vierge qu'il avait construite à Saint-Germain-des-Prés.

154. - S. Étienne.
Trumeau de la porte centrale

155

SENS

155 à 160. - Soubassement de la porte centrale

157          158          159

160

SALOMON      BERSTBEE

161. - Couronnement de Bethsabée par Salomon

162. - La Sainte Châsse

TRÉSOR DE SENS

HESTER · ASSVERRE ·

163. - Couronnement d'Esther par Assuérus

164. - Ciboire, dit d'Alpaïs

*(pages suivantes)*
**CHARTRES**
165. - LE PORTAIL ROYAL

167

CHARTRES

PORTAIL ROYAL

166. - Porte droite : scènes de l'Enfance
du Christ, la Vierge en Majesté

Chapiteaux

167. - Les Apôtres, les disciples d'Emmaüs
168. - Scènes de la Passion

168

169

171

CHARTRES

PORTAIL ROYAL

Statues colonnes
169. - Porte gauche
170 et 171. - Porte centrale

170

CHARTRES
172. - Côté sud

177

178

## CHARTRES
### PORTAIL NORD

176. - Melchisédech, Abraham, Moïse,
Samuel, David. Porte centrale

177-178. - Tobie, Judith
Voussures de la porte droite

179. - La Nativité, fragment du jubé

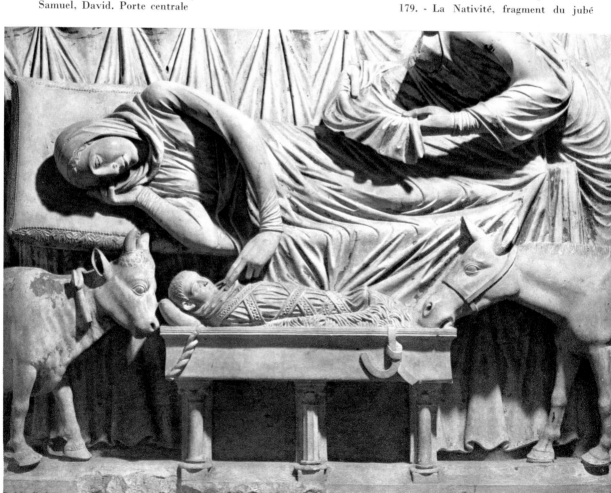

CHARTRES

PORTAIL SUD. PORTE CENTRALE

180. - Le Christ bénissant

181

181. - Le Jugement dernier

- Les Saints Martin, Jérôme,
Grégoire. Portail sud

183

184

183. - Saint Théodore
Portail sud

184. - Sainte Modeste
Porche nord

*(pages suivantes)*

185. - SOISSONS

186. - REIMS

REIMS

187. - Revers de
la porte centrale

189

188 et 189. - Bras nord
du transept. Porte droite

190. - Bethsabée

191. - Ange enchaîné

192. - Crochet

REIMS
FAÇADE OUEST

193. - FAÇADE (
Ensemble

4. - Détail du Jugement dernier

5. - Les Apôtres Paul et Jacques

196. - Siméon et S. Jean Baptiste
Façade ouest, porte droite

*(pages suivantes)*
**FAÇADE OUEST
PORTE CENTRALE**
197. - L'Annonciation
198. - La Visitation

199. - La Présentation au Temple

200. - L'Ange au souri

Les Amiénois
honorent S. Firmin
du chœur. Détail

203. - Tombeau d'Evrard de Fouilloy

205

207

AMIENS

204 à 209. - Détails des stalles

206

208

209

214. - Les épées transformées en socs de charrues

AMIENS
FAÇADE OUEST. SOUBASSEMENT DES PORTAILS

215. - Incendie des bateaux de Tarse sur l'ordre d'Hérode

216. - Scènes de la vie des Prophètes, les Vertus et les Vices

AMIENS
Façade ouest. Portail droit
217. - L'Annonciation, la Visitation.

218

AMIENS
**FAÇADE OUEST**

218. - La reine de Saba. Portail droit
219. - Sainte Ulphe. Portail gauche

220. - S. Firmin. Portail gauche

AMIENS

PORTAIL DE LA VIERGE DORÉE

221. - Histoire de Saint Honoré
Au linteau, cortège des Apôtres

222

222

222. - Saint Jacques.
Détail du cortège des Apôtres

223. - La Vierge dorée

221

# EXPANSION
# DE L'ART DES
# GRANDES
# CATHÉDRALES

L'art des maîtres du domaine royal, l'art des grandes cathédrales du Nord de la France se répandra rapidement à travers la France tout entière, et nous le retrouvons dans quelques-unes de nos plus belles cathédrales de la fin du XIIIe et du XIVe siècle, non seulement en Champagne et en Bourgogne où l'art gothique reste très voisin de celui de l'Ile-de-France, mais aussi dans certaines villes du Centre et du Midi dont les évêques étaient en relations étroites avec la royauté, et où les architectes de l'Ile-de-France et des grands chantiers du Nord vinrent introduire le nouveau style.

## NEVERS

La cathédrale de Nevers a été reconstruite après l'incendie de 1212 en commençant par les cinq travées de la nef voisines de l'abside occidentale de la cathédrale de 1058 ; elles étaient terminées en 1221 à la mort de l'évêque Guillaume de Saint-Lazare : piles à colonnes sous les grandes arcades, triforium tréflé à colonnettes portées par des atlantes et fenêtres hautes à galerie de circulation. Les quatre dernières travées et le chœur oriental avec son déambulatoire et ses chapelles rayonnantes datent, les trois chapelles d'axe de la fin du XIIIe siècle, le reste de 1308 à la consécration, le 27 mars 1332 : la construction est plus légère, plus élégante, et une claire-voie remplace le triforium des travées occidentales. Au XVe siècle, on monte les deux clochers avec les premières travées des collatéraux, puis les chapelles entre les contreforts.

## AUXERRE

La cathédrale d'Auxerre est d'une construction plus habile encore. Le chœur, élevé sur une crypte du XIe siècle décorée de peintures remarquables, remonte au premier tiers du XIIIe siècle. Les travaux commencèrent en 1215 ; en 1217 on démolissait la première travée du vieux chœur roman, ce qui entraîna l'écroulement des deux tours qui le flanquaient; mais les travaux allèrent assez lentement. Le nouveau chœur avec ses grandes arcades retombant sur des colonnes, son haut triforium portant une galerie de circulation à l'appui des fenêtres hautes, est entouré d'un déambulatoire dont chaque travée est voûtée sur six branches d'ogives, et sur lequel ouvre, dans l'axe, une seule chapelle avec galerie de circulation à l'appui des fenêtres, comme dans le déambulatoire, disposition commune aux églises de Champagne et à beaucoup d'églises de Bourgogne.

Toutes les fenêtres basses étaient garnies de vitraux à médaillons où étaient racontées les histoires des saints, de David, d'Adam et Eve, la parabole de l'Enfant prodigue, la légende de Théophile, l'invention et la translation des reliques de saint Bris; ruinés en 1567 par les Huguenots, ils ont été restaurés tant bien que mal dès 1573 par l'évêque humaniste Jacques Amyot. Les fenêtres hautes du chœur possèdent encore des vitraux qui peuvent remonter au dernier quart du XIIIe siècle, quelques-uns fort beaux comme, à l'abside, le Christ entre la Vierge et saint Jean sur un fond bleu piqué d'étoiles blanches; à côté, le Christ assis en majesté se détache sur un fond rouge avec, à ses pieds, l'évêque donateur, puis de grandes figures des apôtres, des prophètes, de saint Laurent, saint Germain, saint Etienne, patrons de l'église. La plupart de ces vitraux ont subi au XIXe siècle de fortes restaurations.

La nef, en partie du XIVe siècle, était sans doute terminée le 5 mai 1334. Au XVe siècle furent montées les voûtes et la façade du croisillon nord. Le clocher nord commencé à la fin du XIIIe siècle fut terminé au XVIe; le clocher sud ne fut jamais achevé.

Les sculptures des portails du transept et de la façade occidentale sont particulièrement remarquables. Ces dernières datent de la fin du XIIIe et du début du XIVe siècle. Les tympans représentent, à droite l'histoire de saint Jean Baptiste, au centre, le Jugement dernier, à gauche la vie de la Vierge distribuée sur le linteau et dans les voussures, le haut du tympan étant peut-être ajouré par un vitrage. Les ébrasements de la porte de droite sont ornés de jolies statuettes et de hauts-reliefs d'un style gras et savoureux, dignes des plus belles traditions bourguignonnes, représentant l'histoire de David et de Bethsabée. Sur les soubassements de la porte centrale sont sculptées en bas-relief, dans cette belle pierre au grain serré et fin de Bourgogne qui se polit comme le marbre, l'histoire de Joseph et la parabole de l'Enfant prodigue, dans des petites scènes pleines de vie et de charme prises dans des cadres polylobés comme le réseau d'un vitrail; il s'y glisse des figures allégoriques: la sirène, la femme aux serpents, Campaspe chevauchant Aristote, David en berger, Job et aussi des motifs copiés sur quelque intaille antique, Hercule, un satyre, Eros endormi sous un arbre. A la porte de gauche, l'histoire de la Genèse est représentée dans un style plus délicat, mais aussi plus sec, déjà marqué par l'art du XIVe siècle, époque où fut sculptée l'histoire de saint Etienne au beau portail sud du transept, tandis que le portail nord, consacré à saint Germain, ne date que du XVe siècle.

Si la cathédrale de Troyes avait été réellement reconstruite à partir de 1208 par l'évêque Hervé, comme semble l'indiquer certain texte, elle serait une des plus anciennes de la série. Mais en réalité les travaux commencés en 1228 avancèrent très lentement, et le chœur n'était achevé que dans la deuxième moitié du XIIIe siècle. Dès la fin de ce siècle, on devait en réparer les parties basses, comme l'indiquent des comptes de 1304 : le terrain sur lequel s'élevait l'édifice était très mauvais, et l'on dut bien souvent revenir en arrière pour réparer les parties déjà debout. Le transept était achevé au début du XIVe ; la flèche qui se dresse sur la croisée fut renversée par la tempête en 1366, rétablie au début du XVe siècle et détruite par un coup de foudre en 1700. La nef à laquelle travaillèrent Michelin de Joncheri, Jean Thierry et Michelin Hardiot ne fut terminée qu'à la fin du XVe siècle.

Ce grand vaisseau flanqué de doubles collatéraux, plein d'une lumière chaude que versent abondamment les verrières de la claire-voie et les larges et hautes fenêtres, est un des plus remarquables du Moyen Age par l'élancement des lignes et la légèreté de la construction. Dans les fenêtres hautes du chœur, les vitraux divisés, comme à Tours, en trois médaillons rectangulaires superposés représentent l'Enfance du Christ et la Passion, la Mort et la Résurrection de la Vierge, les histoires de saint Pierre et saint Paul, de saint Jean l'Evangéliste, des vies de saints, les paraboles et, comme à la Sainte-Chapelle de Paris, la translation des Saintes Reliques, de Constantinople à Paris. Les verrières de la nef constituent l'ensemble le plus important de la renaissance du vitrail à Troyes à la fin du XVe et au début du XVIe siècle. Elles ont été exécutées entre 1498 et 1501. Les images sont disposées en registres superposés sur des fonds uniformément en treillis ou damassés au pochoir. Etant donné l'échelle des vitraux et la hauteur où ils sont placés, la technique a été simplifiée, et les figures sont largement brossées. Pierre Magon a peint la parabole de l'Enfant prodigue en dix-huit scènes, d'une imagerie très écrite, avec, au bas, les donateurs Guillaume Molé et sa femme Philippe Boucherat, et, dans la claire-voie, l'Annonciation, la Nativité, la Fuite en Egypte et l'histoire de Daniel, datée de 1499. Jean Verrat et Balthazar Godon ont exécuté une verrière donnée par le chanoine Jean Huyard et l'avocat Guillaume Huyard en 1498, représentant douze saints protecteurs du diocèse. Jean Verrat a peint l'histoire de la Vraie Croix, en dix-huit panneaux, et, dans la claire-voie, les préfigures de l'Ancien Testament. Plusieurs verrières sont dues à Liévin Varin, notamment l'histoire de saint Sébastien (1501-1507) et l'arbre de Jessé (1498-1499). Signalons encore une histoire de Tobie, de 1500, une histoire de Job, de la même année, les Apôtres et les Evangélistes.

La façade ouest commencée par Martin Chambiges en 1506 que nous retrouvons aux transepts de Sens, de Beauvais et de Senlis, continuée par son fils Pierre Chambiges et le gendre de ce dernier,

Jean de Soissons, sera reprise en 1559 par Gabriel Favereau qui modifiera les projets de ses prédécesseurs et commencera la tour nord achevée seulement en 1580. La tour sud ne sera jamais terminée. Des tassements du sol amèneront la reconstruction de la façade sud du transept en 1537 et de nouveau en 1840.

## CHALONS-SUR-MARNE

La cathédrale de Châlons-sur-Marne a été commencée après l'incendie de 1230. Le chœur est entouré d'un déambulatoire sur lequel ouvrent trois chapelles rayonnantes, et flanqué de deux tours, comme dans beaucoup d'églises romanes de l'Est, celle du nord remontant au XII$^e$ siècle, celle du sud du début du XIII$^e$. Le transept et la nef sont de la deuxième moitié de ce siècle, sauf les deux premières travées et la façade, construites en style classique de 1628 à 1634. Des chapelles avaient été élevées entre les contreforts de la nef aux XVI$^e$-XVII$^e$ siècles, qui ont été supprimées au XIX$^e$. Au-dessus des grandes arcades, le triforium à arcature continue du chœur a fait place, dans la nef, à une claire-voie aux arceaux géminés portant un quatrelobe. Des vitraux, il subsiste encore un médaillon de l'Eglise et de la Synagogue, l'histoire de saint Etienne et la verrière de la Passion, précieux témoins de la vitrerie du XII$^e$ siècle, puis la rose nord du XIII$^e$ siècle et, dans le chœur, la Crucifixion entre les apôtres et les prophètes, et les saints évêques du diocèse. Dans le bas-côté sud de la nef, des vitraux du XVI$^e$ siècle aux compositions légendaires représentent la Création, la vie de la Vierge, la Passion, la Transfiguration, la vie et le martyre de saint Etienne, l'Enfance du Christ.

## METZ

La cathédrale de Metz, où se prolongent les influences champenoises, n'est pas orientée : elle se dresse au nord et perpendiculairement à l'axe de l'ancienne chapelle Notre-Dame-la-Ronde qui devait plus tard être englobée dans la nouvelle nef. Les fondations furent plantées dès 1220, mais le manque d'argent arrêta les travaux, et c'est seulement vers 1250 que fut commencée la nef depuis la quatrième travée actuelle entre les tours du Chapitre et de la Mutte ; puis on construisit les quatre travées suivantes, d'abord du côté évangile puis du côté épître. En 1359, fenêtres hautes et voûtes étaient à peu près terminées. Dans le même temps on avait reconstruit Notre-Dame-la-Ronde, achevée avant 1380, au moment où l'on supprimait le mur de clôture entre la nef de la cathédrale et la chapelle qui forma les trois premières travées du grand vaisseau haut de près de 42 mètres, aux bas-côtés écrasés par les immenses fenêtres hautes. L'architecte était alors Pierre Perrat qui dirigea également les travaux des cathédrales de Toul et de Verdun, mourut en 1400 et fut enterré dans la nef. A la façade, la grande rose et sa double claire-voie furent vitrées en 1384 par Hermann de Munster. Le bras nord du transept était achevé à la fin du xve siècle ; la grande fenêtre qui occupe tout le fond a des vitraux encore tout gothiques, de Thibaud de Lixheim, datés de 1504. Le croisillon sud et le chœur avec son déambulatoire et ses chapelles furent élevés dans le premier tiers du xvie siècle ; les verrières, œuvres du maître alsacien Valentin Bousch, qui y travailla de 1520 à 1527, accusent l'emprise de la Renaissance. En 1764, Blondel éleva à l'extrémité de la nef un portail classique, qui fit disparaître le registre inférieur de la grande verrière d'Hermann de Munster. Il a été remplacé au xixe siècle par un portail pseudo-gothique.

## STRASBOURG

Le chœur en hémicycle pris dans un chevet plat de la cathédrale de Strasbourg, remonte, pour ses parties basses, ainsi que la crypte sur laquelle il s'élève, au temps de l'évêque Wernher (1015-1028). Au milieu du xiie siècle, on commence les croisillons et de 1190 à 1230, on y travaille en même temps que l'on voûte la partie orientale de la crypte prolongée vers l'ouest jusque sous la croisée. De 1230 à 1250, un maître formé sur les chantiers gothiques de l'Ile-de-France voûte la chapelle Saint-Jean au nord du chœur, puis le croisillon sud. La nef s'élève de 1253 à 1275, avec ses hautes fenêtres décorées de verrières du xive siècle, et ses bas-côtés où l'on voit, du côté nord des empereurs debout dans les fenêtres, et du côté sud les scènes de la vie et de la Passion du Christ narrées en une imagerie populaire qui annonce les vitraux légendaires des xve et xvie siècles. La façade, après de laborieuses recherches dont le témoignage nous est conservé dans les fameux dessins sur parchemin du maître de l'œuvre, est commencée le 25 mai 1277 par Erwin de Steinbach, qualifié sur son épitaphe de « gubernator fabrice », maître de l'œuvre, et continuée par son fils de 1318 à 1339. Au-dessus de la rose on change de parti : l'élégant décor d'arcatures tendu en avant du mur comme les cordes d'une immense harpe, s'arrête, et le mur nu réapparaît, percé d'ailleurs de nombreuses baies. C'est Ulrich d'Ensingen, architecte de la cathédrale d'Ulm, qui monte la tour qu'achève son successeur Jean Hültz de Cologne, l'auteur de la flèche si élégante et si fine qui depuis le 24 juin 1439 domine la ville et tout le pays à 142 mètres de haut.

Au portail sud se voient encore au tympan d'une des portes jumelles la scène de la Mort de la Vierge — la Résurrection est moderne — et de chaque côté les belles figures de l'Eglise et de la Synagogue. L'influence des ateliers de Reims du milieu du xiiie siècle se reconnaît ici facilement, notamment dans le modelé délicat des visages et dans les étoffes collantes aux petits plis menus et nombreux, ce qui ne permet guère de faire remonter ces œuvres au-delà de 1250-1255, comme le fameux pilier, dit « pilier des Anges », au croisillon sud au long duquel s'échelonnent quelques-unes des figures essentielles du Jugement dernier : de magnifiques anges sonnant de la trompette, les Evangélistes et le Christ. Les trois portes de la façade ouest ont été décorées à la fin du XIIIᵉ siècle, sans doute avant l'incendie de 1298 qui suspendit momentanément les travaux. Au tympan de la porte centrale est figurée la Passion en de nombreuses scènes juxtaposées sur plusieurs registres superposés comme au portail de la Calende de la cathédrale de Rouen ; à gauche, l'histoire de la Vierge ; à droite, le Jugement dernier. Aux ébrasements, les grandes statues d'un art élégant et spirituel représentent, à la porte de gauche les Vertus terrassant les Vices, à celle de droite les Vierges sages et le divin Epoux d'un côté, de l'autre les Vierges folles et le séducteur, beau jeune homme dont le dos est rongé par de hideux reptiles, symbole de la mort de l'âme.

L'art gothique des cathédrales du Nord a été porté dans le Midi, dans la deuxième moitié du XIIIᵉ siècle, par l'architecte Jean Deschamps venu peut-être d'Amiens et qui connaissait le nouveau chœur et le transept de Saint-Denis et les grandes œuvres de Jean de Chelles et de Pierre de Montreuil. En 1248, il commence la cathédrale gothique de Clermont-Ferrand, en 1273 le chœur de la cathédrale de Limoges qui présente avec celui de Clermont des ressemblances frappantes, en 1277 le chœur de celle de Rodez ; nous le retrouverons en 1286 à Saint-Just de Narbonne. Son influence et celle de son fils Pierre, qui lui succède sur ses différents chantiers jusqu'en 1330 ou 1340, est sensible en plusieurs de nos édifices du Midi, comme les chœurs des cathédrales de Bordeaux et de Toulouse, et l'ancienne cathédrale Saint-Etienne d'Agen construite au XIVᵉ siècle et démolie au début du XIXᵉ, et même dans plusieurs grands édifices de l'autre côté des Pyrénées. Constructeur audacieux et technicien habile, Jean Deschamps manie aussi bien le volvic à Clermont que le granit à Limoges, le calcaire dur à Narbonne et le grès à Rodez ; il s'inspire des modèles qu'il admire, mais sans en répéter les détails ; il innove même en diminuant la largeur des travées proches de la croisée, et en chaînant les murs gouttereaux par mesure de sécurité ; on peut admirer aussi sa maîtrise dans l'art du trait, et singulièrement dans les pénétrations des moulures des arcs à leur retombée sur les tailloirs. Il meurt très âgé, peu avant 1295, et repose sous le dallage de la cathédrale de Clermont à laquelle il avait donné tous ses soins.

## CLERMONT

Les travaux de la cathédrale commencent en 1248 par l'abside, et Jean Deschamps les conduit jusqu'en 1287 où son fils Pierre lui succède jusqu'en 1330 ou 1340. C'est un architecte local, Pierre de

Cébazat, également maître de l'œuvre de la Chaise-Dieu, qui termine le chœur en 1344. On construit ensuite le transept et la nef, mais les tours romanes et la façade subsistèrent jusqu'en 1848 où Viollet-le-Duc et Baudot élevèrent une façade gothique qu'ils réunirent à la nef. La cathédrale a un chœur à déambulatoire avec cinq chapelles à pans comme à Amiens, un grand transept, une nef à doubles collatéraux comme à Paris ; son élévation est celle d'Amiens, avec un triforium à baies géminées sous un arc de décharge percé d'un quatrelobe dans le tympan et surmonté d'un gâble ; les voûtes hautes sont contrebutées par des arcs-boutants dont la tête repose sur une colonne, comme à Amiens et à Saint-Denis ; les fenêtres ont deux formes dans l'abside, trois dans les travées droites. L'esprit des cathédrales du Nord est ici sensible partout.

## LIMOGES

Le chœur de la cathédrale de Limoges, très proche de celui de Clermont, et sans doute construit sur les dessins du même architecte Jean Deschamps, est commencé en 1273, et terminé en 1327 ; le croisillon sud date de 1350 ; les voûtes du transept et de la nef sont de la fin du xv$^e$ siècle, le croisillon nord de 1517-1530. Les travaux sont interrompus vers 1550. Le clocher-porche occidental, du xi$^e$ siècle, exhaussé en 1242, a été relié à la nef par trois travées construites entre 1850 et 1875.

## NARBONNE

Un contrat du 12 décembre 1286 mentionne comme maître de l'œuvre de la cathédrale Saint-Just de Narbonne, Jean Deschamps, qui dirigera les travaux jusque vers 1295 ; mais chargé d'autres grands chantiers, il ne réside pas obligatoirement à Narbonne. Les travaux avaient été commencés le 12 avril 1272, mais il semble que rien n'était encore très avancé lorsque Deschamps prit la direction de l'œuvre en 1286. La chapelle d'axe est terminée en 1289, puis quatre autres chapelles rayonnantes, et huit sur les travées droites du chœur. Après 1295, le maître de l'œuvre est Dominique Flaman. Les chanoines prennent possession en 1319 de ce chœur grandiose profond de 54 mètres et haut de 40 mètres. Mais pour construire la nef il eût fallu détruire un pan de l'enceinte ; les consuls s'y opposèrent et l'édifice resta inachevé.

Le trésor de la cathédrale, qui conserve encore quelques-unes de ses richesses d'autrefois, abrite de très belles tapisseries, dont la plus intéressante représente la Trinité et les sept jours de la Création (xv$^e$ siècle). Quant au pleurant, n'est-ce pas un des chanoines qui, avec des évêques, sous deux registres superposés d'arcatures décoraient le tombeau de l'archevêque Pierre de La Jugie, mort en 1376 ?

L'ancienne cathédrale se dresse à l'extrémité méridionale de la Cité. C'était une église romane, devenue trop étroite, et saint Louis, en 1267, accorda un terrain qui permit d'agrandir le chœur. On ajouta un vaste transept, bordé à l'est de chapelles carrées, un peu comme dans une église cistercienne, mais beaucoup plus hautes et richement décorées, d'une élégance de construction qui rappelle les plus belles églises du Domaine royal et du Nord de la France. Le chœur ne sera terminé qu'au début du XIVᵉ siècle, par l'évêque Pierre de Roquefort, mort en 1321, dont les armes sont sculptées sur la clef de voûte du chœur, et peintes sur le vitrail de la rose méridionale. Le chevet de Saint-Nazaire est digne des plus belles constructions de Jean de Chelles et de Pierre de Montreuil.

## RODEZ

Le chœur de la cathédrale de Rodez, très profond, avec son déambulatoire et sa couronne de chapelles, est très proche de celui de Narbonne, et peut-être faut-il y voir la main de Jean Deschamps : un Deschamps, Pierre sans doute, était maître de l'œuvre dans les premières années du XIVᵉ siècle. La première pierre du nouveau chœur est posée le 25 mai 1277 ; les chapelles polygonales du pourtour sont terminées au début du XIVᵉ siècle, mais les fonds manquent, malgré les appels répétés de l'évêque Pierre de Castelnau, dès 1325, et de ses successeurs : l'ancienne cathédrale qui avait été conservée menaçait ruine, et la nouvelle avait été commencée trop grande pour les ressources de la fabrique. Dans le cours du XIVᵉ siècle on voûte le déambulatoire et on monte l'abside et les deux dernières travées du chœur, puis on plante les fondations du reste du chœur et du transept. Au XVᵉ siècle, on termine le chevet, élève le transept dont le portail sud est décoré de sculptures par Jacques Morel et construit la nef aux lignes très pures, au triforium tréflé au-dessus des grandes arcades, et aux hautes fenêtres. Enfin au début du XVIᵉ siècle, on monte, sur les plans prévus, la façade ouest en saillie sur l'enceinte de la ville dont elle forme une des tours. De 1510 à 1526 Antoine Salvan, Rouergat, élève au nord du chœur un clocher majestueux surmonté d'un campanile de la Renaissance en guise de flèche. Le tout est achevé en 1530 par Georges d'Amboise.

Les stalles du chœur ont été exécutées en 1478 par André Sulpice. Accoudoirs et miséricordes sont ornés de figures décoratives et de grotesques. Les jouées sont enrichies de statuettes de saint Etienne et de saint Laurent et au-dessus de saint Jérôme en cardinal et d'un évêque bénissant, d'un côté, de la scène de l'Annonciation de l'autre. Dans les chapelles se voient des pierres tombales et des monuments funéraires, quelques-uns particulièrement remarquables, et un retable figurant l'Agonie du Christ dont le style rappelle celui du tombeau du cardinal Lagrange à Avignon.

## BAYONNE

Le chœur de la cathédrale de Bayonne, son déambulatoire, ses sept chapelles rayonnantes et les parties basses du transept, prévus peut-être dès 1213, ne sont vraiment commencés qu'en 1258 et terminés avant la fin du XIII<sup>e</sup> siècle ; une galerie de circulation règne à l'appui des fenêtres des chapelles comme à Reims, et les chapelles sont couvertes de la même voûte d'ogives que la baie correspondante du déambulatoire, comme à Saint-Denis et à Soissons. La porte qui ouvre sur le cloître, porte double, est enrichie de sculptures représentant sur l'un des tympans la Vierge en majesté avec l'Enfant entre des anges, sur l'autre le Christ-Juge et dans les voussures la Résurrection des morts ; aux ébrasements, les Apôtres. Les voûtes du chœur et les parties hautes du transept sont du début du XIV<sup>e</sup> siècle ; la nef élevée après l'incendie de 1310 est voûtée au XV<sup>e</sup> siècle ; elle est flanquée du côté nord d'une série de chapelles, et bordée au sud par le cloître. De 1500 à 1544, on dresse le clocher central ; les tours de la façade ont été couronnées de flèches par Bœswillwald au XIX<sup>e</sup> siècle.

## BORDEAUX

La nef de la cathédrale de Bordeaux était au XII<sup>e</sup> siècle divisée en grandes travées carrées avec galerie de circulation à l'appui des fenêtres, destinées à être couvertes de grandes voûtes d'ogives bombées comme celles que l'on montait alors sur la nef de la cathédrale Saint-Maurice d'Angers, sous l'inspiration de l'archevêque Geoffroi de Loroux (1136-1158), ami de Suger. Au XIII<sup>e</sup> siècle dans les trois dernières travées et au début du XVI<sup>e</sup> dans les quatre premières, des piles intermédiaires furent montées, des voûtes barlongues furent lancées, et une deuxième rangée de fenêtres avec une deuxième galerie de circulation fut percée au-dessus de la première. Cette nef, large de 17 m 40, est haute de 23 mètres. Au côté nord ouvre la porte royale, ornée, vers 1260, d'un Jugement dernier sur le tympan et, aux ébrasements, de statues d'apôtres qui sont parmi les plus belles de cette époque. Si cette nef peut être rattachée à l'art angevin, le chœur profond, large de 10 m 85 et haut de 29 mètres avec son déambulatoire, ses chapelles rayonnantes, celle d'axe plus grande que les autres, commencé au milieu du XIII<sup>e</sup> siècle et terminé peu après le milieu du XIV<sup>e</sup>, rappelle l'art de Reims et d'Amiens enrichi d'une profusion de clochetons, de fleurons et de gâbles. Les façades du transept, du début du XIV<sup>e</sup>, représentent, au nord, la Cène et l'Ascension encadrées de charmantes statuettes d'anges et de saints dans les voussures, et au trumeau et aux ébrasements les saints archevêques du diocèse ; au sud, l'histoire de la Vierge. A quelque distance à l'est du chevet se dresse le clocher de Pey Berland commencé peu après 1436.

La cathédrale gothique de Dax n'existe plus ; elle datait de la deuxième moitié du XIII<sup>e</sup> siècle ; rasée au XVII<sup>e</sup>, elle a été reconstruite en style classique. On en a seulement conservé le portail ouest, qui a été remonté en 1894 au fond du croisillon nord. Il est décoré d'un Jugement dernier, thème qui, des grandes cathédrales du Nord, est passé par Poitiers et Bordeaux dans le troisième quart du XIII<sup>e</sup> siècle, a atteint le Sud-Ouest à Bazas, Dax et Bayonne et dans beaucoup d'autres églises, pour s'épanouir à Burgos et à Léon. Ici le Christ-Juge et la Résurrection des morts sont représentés sur le tympan, tandis que les scènes du Paradis et de l'Enfer sont rejetées au bas des voussures où l'on voit en outre les vierges sages et les vierges folles et les saints du Paradis. Le Christ enseignant du trumeau et les apôtres des ébrasements semblent s'inspirer de l'art de Reims.

La cathédrale de Toulouse, reconstruite après 1078 par l'évêque Izarn et le comte Guillaume IV, était accostée d'un cloître roman détruit en 1812 et dont les chapiteaux, ainsi que les grandes statues des ébrasements de la salle capitulaire, constituent une des richesses du musée des Augustins. Au début du XIII<sup>e</sup> siècle, on reconstruit la nef unique large de 19 mètres et haute de 20 mètres dont les trois travées sont couvertes de grandes voûtes d'ogives en cours de construction en 1211 et terminées en 1213. Cette nef se rattache au groupe des cathédrales de type méridional dont nous parlerons plus loin, mais la rose de la façade montée par les Croisés vers 1220 à l'imitation de celle de Notre-Dame de Paris montre déjà la mainmise du Nord sur le Midi. Le chœur relève nettement de l'art du Nord introduit dans le Midi par Jean Deschamps ; peut-être même celui-ci en a-t-il dessiné les grandes lignes. En 1272, l'évêque Bertrand de l'Isle-Jourdain commence, dans un axe différent de celui de la nef condamnée à disparaître, le magnifique chœur de pierre profond de cinq travées et une abside, entouré d'un déambulatoire sur lequel ouvrent les nombreuses chapelles rayonnantes. A sa mort en 1286 la construction, parvenue à hauteur du triforium, s'arrête. Au milieu du XV<sup>e</sup> siècle, on monte le triforium et clôture le chœur ; les travaux continuent très lentement au XVI<sup>e</sup> siècle ; enfin, à la suite d'un incendie qui détruit la toiture de l'édifice, on lance, de 1609 à 1611, les voûtes et les arcs-boutants, malheureusement à une hauteur bien moindre que celle primitivement prévue : l'élan, qui s'annonçait prodigieux, est brisé. La nef du début du XIII<sup>e</sup> siècle subsistait, mais comme elle était sur un axe différent de celui du chœur, on la doubla au XIX<sup>e</sup> siècle d'une autre nef. Signalons quelques vitraux des XIV<sup>e</sup> et XV<sup>e</sup> siècles dans la rose et les chapelles, et surtout le vitrail de 1438 de la chapelle au sud de la chapelle d'axe, représentant le roi Charles VII et le dauphin Louis à genoux, avec saint Jean, saint Louis, sainte Catherine et le donateur, l'archevêque

Denis du Moulin (1421-1439), ami du roi qui vint à plusieurs reprises à Toulouse. Au XVIIe siècle, on monta dans les grandes fenêtres de l'abside des vitraux exécutés en 1612-1613 par François Vergès, maître-verrier de Toulouse, représentant, de chaque côté du Christ apparaissant à la Vierge après la Résurrection, saint Etienne et saint Laurent, tableaux peints à l'émail rehaussés de quelques verres de couleur teints dans la masse.

Dans la voie où l'avaient dirigé avec une maîtrise indiscutable Jean de Chelles, Pierre de Montreuil et les maîtres des chœurs d'Amiens et de Beauvais, l'art gothique ne cesse de se développer et d'évoluer logiquement jusqu'à la fin du Moyen Age avec une surabondance de vie qui se prolongera pendant une partie du XVIe siècle ; il survivra même parfois au triomphe de l'art classique aux XVIIe et XVIIIe siècles : nous venons de le voir au chœur de la cathédrale de Toulouse terminé au XVIIe siècle en style gothique ; nous le verrons encore à Nantes, à Auch, à Orléans.

## TOURS

Le chœur de la cathédrale de Tours fut construit de 1236 à 1270 en partie avec l'aide du roi saint Louis et terminé peut-être par le maître de l'œuvre Etienne de Mortagne cité en 1279 et qui mourra en 1293. Les verrières sont parmi les plus remarquables du troisième quart du XIIIe siècle. Elles s'apparentent, comme celles du chœur des cathédrales du Mans et d'Angers, aux vitraux de Chartres et surtout de la Sainte-Chapelle : le dessin des médaillons, certaines armatures sont les mêmes que dans ces derniers, la coloration est aussi vive, aussi brillante, le dessin aussi habile. Ces verrières ont été mises en place entre 1257 et 1270 et sont peut-être l'œuvre du peintre-verrier Richard, dont la maison était, en 1279, voisine de celle du maître Etienne de Mortagne.

Signalons, dans les chapelles du chœur, la verrière bien connue de la Nouvelle Alliance, c'est-à-dire de la concordance de l'Ancien et du Nouveau Testament, comme à Bourges et au Mans et un peu plus tard, avec quelques variantes, à la cathédrale de Lyon. Les verrières des fenêtres hautes, où sont narrées les histoires des saints, les scènes de la Passion, de l'Enfance du Christ et où figure un arbre de Jessé, sont aussi à médaillons, sauf celles des fenêtres V et XI qui se font pendant, et représentent des personnages sous arcades disposés sur deux registres, d'un côté les évêques de Tours, de l'autre les chanoines de Loches.

On élève au début du XIVe siècle, en conservant, dans le croisillon sud, quelques murs de la cathédrale du XIIe siècle, le nouveau transept et les deux dernières travées de la nef. A la fin du siècle, on monte les parties basses de deux travées de la nef qui seront voûtées au xve siècle en même temps que l'on construira les deux premières travées.

En 1431, on travaillait à la grande charpente, œuvre de Guillaume le Roux, et le pape Eugène IV accordait des indulgences à ceux qui aideraient, par une offrande, à l'achèvement de la couverture : la nef était encore, dans sa plus grande partie, « exposée à la pluie, aux vents et aux autres intempéries ». Les voûtes furent terminées en 1465.

La façade principale avec ses deux tours fut commencée dès le deuxième quart du xve siècle, en partie sur des fondations du xiie. Au début du xvie siècle, à cette époque où Tours est un des grands centres de la « détente » de l'art français, avec les disciples de Fouquet, Bourdichon, Pinaigrier, Michel Colombe et ses élèves Jean de Chartres et Guillaume Regnault, l'architecte Pierre de Valence termine la tour nord dans l'esprit nouveau (1507). La tour sud ne sera reprise que plus tard, en 1534, par Pierre Gadier, pour être achevée en 1547.

Il avait fallu plus de trois cents ans pour construire la cathédrale au beau vaisseau clair et élancé où l'on peut suivre l'évolution du style gothique jusqu'à la fin de l'époque flamboyante ; l'art de la Renaissance n'apparaît guère que dans le couronnement des tours.

## EVREUX

La cathédrale d'Evreux, dont l'édification fut aussi fort longue, nous montre la même évolution. La nef présente encore le témoignage des voûtes d'ogives montées de 1126 à 1139, dans la construction entreprise après l'incendie de la ville et de la cathédrale par le roi d'Angleterre Henri Ier en 1119. En 1194, un nouvel incendie, cette fois allumé par Philippe Auguste, ne laisse de la nef que les grandes arcades et les piles ; les parties hautes sont remontées vers 1250 ; on reconstruit ensuite le chœur avec son déambulatoire et ses chapelles rayonnantes, au temps de Mathieu des Essarts, évêque de 1299 à 1310. Au cours du xive siècle, on entoure de chapelles le chœur et la nef. A la fin du siècle, l'édifice était en très mauvais état. En même temps que l'on construit le transept de 1400 à 1410, on commence les travaux de consolidation ; au milieu du siècle, on renforce les piliers du carré du transept, puis on monte la tour-lanterne, la façade du croisillon sud et la grande chapelle d'axe consacrée à la Vierge. Au début du xvie siècle, c'est la façade du croisillon nord. La consécration est célébrée le 19 mars 1548. Au commencement du xviie siècle, on construit la tour nord. Tous ces travaux, ces reprises, ces consolidations se lisent sur le monument, notamment dans la nef ; le chœur présente plus d'unité avec le magnifique élancement des colonnes, des arcades, des claires-voies et des fenêtres hautes.

C'est à la cathédrale d'Evreux que nous pouvons le mieux suivre l'évolution de l'art du vitrail au cours du XIV<sup>e</sup> siècle. Dans les fenêtres hautes du chœur, les figures dessinées avec une élégance suprême, éclatantes de tons chauds et purs, se détachent sur un fond brillant, sous de hauts dais aux gâbles fleuronnés peints en grisaille rehaussée de jaune d'argent, dans une belle lumière limpide et nacrée qui illumine ce grand vaisseau tout clair. Au fond du chœur, l'évêque Jean du Prat (1328-1334) s'est fait représenter agenouillé aux pieds de la Vierge portant l'Enfant et de saint Jean-Baptiste ; son successeur Geoffroi Faë (1335-1340) donne plusieurs verrières, dont celles qui représentent, de chaque côté de la précédente, l'Annonciation et le Couronnement de la Vierge. Peu après 1327, on montait du côté nord le vitrail de Guillaume d'Harcourt et de sa femme agenouillés près d'une jolie sainte Catherine, et celui du chanoine Raoul de Ferrières, mort en 1330, représenté aux pieds d'une charmante Vierge allaitant l'Enfant, qui rivalise de grâce et d'élégance avec les plus jolies miniatures d'alors. Tous ces vitraux d'un art exquis se rattachent à l'art des peintres-verriers de Rouen. Ceux de la deuxième moitié du siècle sont l'œuvre d'artistes parisiens : le réalisme s'y développe, les figures sont des portraits, la perspective apparaît, les personnages se détachent en relief dans la niche qui se creuse, la technique du putois permet de faire tourner le modelé par des dégradés insensibles dont l'effet est accusé par les enlèvements au petit bois. Tels sont les deux vitraux de Bernard Cariti, évêque d'Evreux de 1376 à 1383, où le donateur, aux traits fortement accusés, est présenté par son patron saint Bernard sous des architectures vues en perspective comme le carrelage. Dans la quatrième fenêtre au nord du chœur, Pierre de Navarre, comte de Mortain, était représenté agenouillé devant son saint patron. Dans la nef le roi Charles VI est agenouillé dans son ample manteau fourré à pèlerine. Au même groupe que ces vitraux royaux appartiennent les deux verrières de la Vierge portant l'Enfant, assise et debout, accompagnée de saint Denis, des troisième et deuxième fenêtres au nord du chœur. En 1400, l'évêque Guillaume de Cantiers faisait monter dans la cinquième fenêtre haute de la nef, du côté nord, une magnifique verrière tout éblouissante de couleurs légères, de jaune d'argent et de blancheurs nacrées où il est représenté à genoux devant la Vierge, à côté de trois jolies figures représentant sainte Catherine, la Vierge et l'ange de l'Annonciation.

## MOULINS

La cathédrale de Moulins est de style flamboyant. L'ancienne collégiale fondée par les ducs de Bourbon près de leur château est reconstruite à partir de 1468 par les soins d'Agnès de Bourbon. Son fils Jean II pousse activement les travaux, et le chœur à déambulatoire limité par un chevet plat et couvert de belles voûtes d'ogives est terminé à la fin du XV<sup>e</sup> siècle, ainsi que ses vitraux remarquables qui sont en partie conservés ; quelques-uns n'ont été achevés que dans la première moitié du XVIe siècle. Les travaux s'arrêteront là, et la nef ne sera construite qu'au XIXe siècle.

A Nantes, la nef seule remonte au Moyen Age. Commencée en 1434 par le maître d'œuvre Guillaume de Dammartin, avec l'aide du duc Jean V, elle n'avança que lentement ; en 1540, les murs étaient debout, et les voûtes ne furent lancées qu'en 1628 ; le croisillon sud, bien que flamboyant comme la nef, ne date que de 1630-1637. Tout le reste est moderne. On admire l'élancement des colonnettes de la nef qui filent du sol jusque sous la voûte où elles se prolongent, sans aucune coupure, dans les nervures de la voûte. C'est à l'intérieur que se trouve le fameux tombeau de François II de Bretagne et de Marguerite de Foix sculpté, de 1502 à 1507, par Michel Colombe avec l'aide de son collaborateur Guillaume Regnault et où, dans une composition iconographique reflétant l'esprit d'outremonts sous l'influence de Perréal qui donna le dessin de l'ensemble, la tradition du Moyen Age français reste encore très vivace dans l'exécution sculptée.

La cathédrale d'Auch est la dernière des grandes cathédrales gothiques si l'on excepte celle d'Orléans. Dressée sur un monticule abrupt au-dessus de la vallée du Gers, elle fut commencée en 1489 et les travaux furent menés activement. Le cardinal François de Clermont-Lodève, archevêque depuis 1507, termine le chœur, le clôt de riches boiseries et achève les dix-huit fameuses verrières du tour du chœur, œuvre du peintre-verrier Arnaut de Moles ; la dernière qui porte le nom de l'artiste est datée du 25 juin 1513. Elles représentent, en grandes figures, la concordance de l'Ancien et du Nouveau Testament dans de sompteuses architectures du début de la Renaissance ; le cardinal de Clermont-Lodève, qui avait longtemps séjourné à Rome, est un des prélats qui introduisirent en France le goût de la Renaissance. Le transept, la nef, les bas-côtés et les chapelles n'avancent que lentement ; seules ces dernières et les grandes arcades étaient debout lors de la consécration de 1548. En 1617 un architecte d'Orléans, Pierre Levesville, qui venait de monter les voûtes du chœur de la cathédrale de Toulouse, construit celles de la cathédrale d'Auch. Les tours ne furent achevées qu'en 1678. L'élévation gothique du grand vaisseau, arcades, triforium en anse de panier, fenêtres hautes, est alourdie par l'incompréhension des architectes de l'époque tardive où il a été construit. Les voûtes d'ogives à pénétrations comme à l'époque flamboyante sont contrebutées par des arcs-boutants superposés.

## ORLÉANS

De la cathédrale gothique d'Orléans ruinée par les bandes du prince de Condé en 1568, il ne restait debout que les murs extérieurs du chevet et les chapelles autour du chœur dont la première pierre avait été posée le 11 septembre 1287. Henri IV s'était engagé à relever l'édifice, et les travaux commençaient le 18 avril 1601 ; ils se poursuivirent pendant tout le XVII<sup>e</sup> et le XVIII<sup>e</sup> siècle, en s'efforçant de reconstituer les dispositions et le style anciens. Mais la façade reconstruite par Gabriel sous Louis XV, montre que l'on ne connaissait plus guère les formes gothiques, et que l'on avait perdu les secrets de la technique du Moyen Age.

## SAINTES

Nous citerons encore la cathédrale de Saintes, dont quelques parties seulement remontent au Moyen Age, du XII<sup>e</sup> et du XV<sup>e</sup> siècle dans les croisillons, du début du XVI<sup>e</sup> dans les parties basses du chœur et de ses collatéraux, enfin à la façade occidentale, une haute tour de la fin du XV<sup>e</sup> siècle. La première église gothique commencée en 1117 avait été consacrée en 1185 ou 1186 par Henri de Sully, archevêque de Bourges et primat d'Aquitaine ; la deuxième, commencée vers 1450, n'était pas encore terminée lors du saccage de l'édifice par les Protestants en 1568, qui nécessita les reconstructions des XVI<sup>e</sup>, XVII<sup>e</sup> et XVIII<sup>e</sup> siècles.

NEVERS
La tour

AUXERRE

230. - Vue aérienne

231

232

AUXERRE

231 à 233. - Consoles dans le bras sud du transe[pt]
234. - Voûtes et galerie de circulation du déambulat[oire]

233

235

236

8. - La luxure. Dans les médaillons : Histoire de l'Enfant prodigue. Soubassement du portail central

239. - Les Arts Libéraux. Au-dessous, histoire
de David et Bethsabée. Portail droit

AUXERRE

**FAÇADE OUEST**

240. - La circoncision de S. Jean Baptiste
241. - L'Annonciation

243

242-243. - Portail sud. Anges des voussures

242

TROYES

244. - Vue aérienne

TROYES

246-247. - Façade ouest. Décor à la base de la rose

248. - Rose et claire-voie
Bras nord du transept

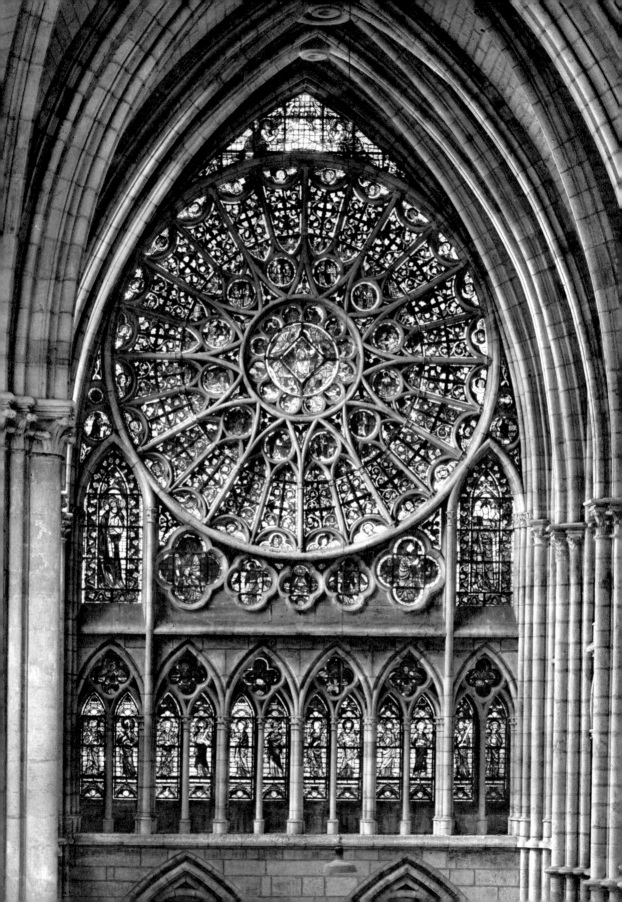

METZ

251-252. - Vitrail de Valentin Bousch. Détails          253. - Bras sud du transept

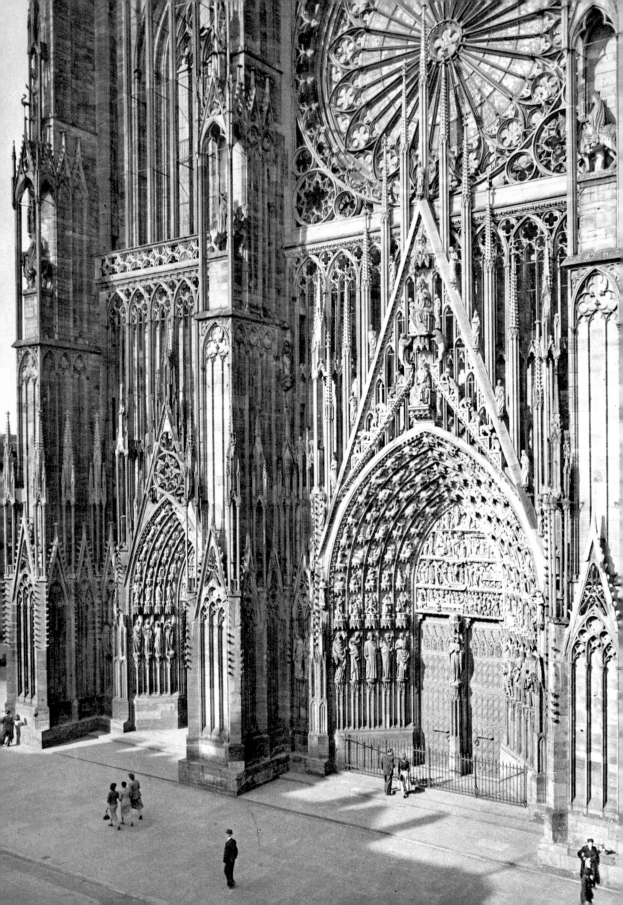

256

STRASBOURG

256. - Sommet de la flèche
257. - Intérieur de la flèche

261

STRASBOURG

261-262. - Evangélistes. Pilier des Anges

263

263. - La mort de la Vierge. Portail sud
264-265. - Détails du pilier des Anges

268

269

270

272

271

STRASBOURG

274. - Façade ouest, porte droite
Le Séducteur et les Vierges folles

MUSÉE DE L'ŒUVRE NOTRE-DAM[
Statues originales de la Cathédral[

275. - Apôtre, fragment du jubé
276. - Le Séducteur
277. - Vierge sage

275

276

277

278

CLERMONT-FERRAND

278-279. - Roses du transept

LIMOGES
280. - Chœur

LIMOGES

281. - Vue aérienne

281

282

NARBONNE

282. - Chevet

283

284

TRÉSOR DE NARBONNI

283. - Tapisserie de la Créatio

284. - Pleurant

RODEZ

287. - Portail su

288. - Clocher

289

RODEZ

289 à 293. - Détails des stalles

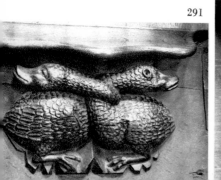

291

292

294. - Tombeau de Raymond
d'Aigrefeuille

296

BAYONNE

295. - Chevet

BAYONNE

297. - Porte du cloître

298-299. - Détail des voussures
Résurrection des morts

300. - Tour Pey Berland

BORDEAUX

302. - Apôtres
Porte royale

303. - La Cène et l'Ascension
      Portail nord

304. - Sainte Anne

306

308

310

311

312

316

EVREUX
317. - Côté nor

EVREUX

318. - Arcs-boutants du chevet

319. - Croisée du transept et tour lanterne

EVREUX
320. - Vitrail de Jean du Prat

321. - Vitrail de Pierre de Mortain

## EVREUX

322. - Clôture de la chapelle du Rosaire

323 à 326. - Les vertus cardinales :
     Justice, Prudence, Tempérance, Force
     (détails du n° 322)

327. - Vitrail de Raoul de Ferrières

3

3

323

324                                    325

328

MOULINS

328. - Vitrail du Cardinal
de Bourbon

329. - Vitrail des Petitdé.
Fragment

330. - Voûtes du c

329

333

NANTES

TOMBEAU DE FRANÇOIS II

333. - La Justice
334. - La Prudence
335. - La Tempérance
336. - La Force

334

338

339

340

NANTES

Façade ouest : voussures de la porte droite

337-338. - Scènes de la vie de Saint Paul

Portail Saint-Yves. Voussures

339-340. - Scènes de la vie de S. Yves

341 à 343. - Histoire de Jacob

341

342

343

344

345

AUCH

344-345. - Verrières du tour du chœur
par Arnaut de Moles

**AUCH**

346. - Ensemble des stalles

347. - Panneaux des stalles

# CHAPITRE V

## TYPES RÉGIONAUX

Cependant, à côté de ces cathédrales inspirées directement des chefs-d'œuvre des maîtres du Domaine royal, d'autres présentent des caractères particuliers qui donnent aux édifices d'une même région comme un air de famille.

Quelques cathédrales de l'Est et du Sud-Est conservent dans le plan, et parfois même dans l'élévation, le souvenir de l'architecture romane et des traditions carolingiennes.

## VERDUN

Commencée entre 1048 et 1083, agrandie et complétée d'un transept et d'un chœur oriental consacrés en 1147, la cathédrale de Verdun, sous l'influence des grands monuments carolingiens de l'Est et de la Rhénanie, a double sanctuaire, l'un polygonal à l'est, l'autre à chevet plat à l'ouest, double transept et quatre tours à l'extrémité d'une nef à collatéraux ; mais le décor d'une porte du croisillon nord montre également l'emprise de la sculpture bourguignonne, si puissante à l'époque romane. Dans la première moitié du XIIIᵉ siècle, les bas-côtés de la nef, les deux transepts et le vieux chœur furent voûtés d'ogives ; la nef un peu plus tard, à la fin du XIVᵉ siècle. Des chapelles furent ajoutées aux collatéraux au XVᵉ siècle et au début du XVIᵉ. A la suite d'un incendie, en 1755, les cryptes furent comblées, les fenêtres transformées, la façade et bien des parties de l'édifice modifiées.

## TOUL

Le chœur de la cathédrale de Toul terminé en hémicycle et flanqué de tours, comme à Verdun et à Châlons-sur-Marne, a été construit entre 1221 et 1260. Le transept avec ses grandes fenêtres pleines de lumière, et la nef qui présente une élévation à deux étages,

314

grandes arcades et fenêtres hautes à galerie de circulation, ont été montés au cours du XIV<sup>e</sup> et du XV<sup>e</sup> siècle, en partie sous la direction du maître de l'œuvre Pierre Perrat qui fut aussi l'architecte des cathédrales de Verdun et de Metz. La façade flamboyante remonte à la fin du XV<sup>e</sup> siècle. Au sud du chœur est un beau cloître du XIII<sup>e</sup> siècle.

## BESANÇON

La cathédrale de Besançon construite dans la première moitié du XII<sup>e</sup> siècle et consacrée en 1148, incendiée en 1213, restaurée et voûtée à partir de 1257, présente, comme celle de Verdun, deux absides opposées. Les colonnes sous les grandes arcades de la cathédrale primitive ont été reprises au XIII<sup>e</sup> siècle, en même temps que l'on reconstruisait les parties hautes et voûtait d'ogives la nef et les collatéraux. En 1729, le clocher nord s'effondra et on dut le reconstruire. Du mobilier qu'elle abrite, je signalerai l'autel circulaire de l'église primitive Saint-Etienne, creusé en évier décoré au centre des symboles chrétiens, et la chaire à prêcher en pierre donnée en 1469 par Pierre Grenier, archidiacre de Luxeuil.

## DIJON

La cathédrale de Dijon n'est autre que l'ancienne abbatiale de Saint-Bénigne, dont le chœur terminé par une abside entre deux absidioles, remonte à la fin du XIII<sup>e</sup> siècle (entre 1281 et 1290) et la nef à collatéraux au premier tiers du XIV<sup>e</sup> siècle.

## LYON

La cathédrale de Lyon s'élève sur l'emplacement d'églises épiscopales primitives remontant au V<sup>e</sup> siècle, dont on a retrouvé les fondations. Entre 1165 et 1180, l'archevêque Guichard construit le chœur de deux travées à collatéraux, terminé par une abside au fond de laquelle est le trône de l'archevêque et le banc des clercs. A la fin du XII<sup>e</sup> siècle, on voûte les chapelles latérales et monte les fenêtres hautes ; les voûtes du chœur sont du milieu du XIII<sup>e</sup> siècle. Le transept est construit dans la première moitié du XIII<sup>e</sup> siècle, et voûté seulement dans la deuxième. Dans le deuxième quart de ce siècle on plante les grandes arcades de la nef, on établit le triforium de la dernière travée double, et l'on voûte le collatéral sud puis le nord. La deuxième moitié du XIII<sup>e</sup> siècle voit terminer la nef dont la première travée double, construite au XIV<sup>e</sup> siècle en même temps que la façade, ne reçoit qu'au XV<sup>e</sup> une voûte d'ogives sexpartite comme le reste de la nef. Des chapelles sont montées du XIV<sup>e</sup> au XVII<sup>e</sup> siècle entre les culées des arcs-boutants contrebutant les voûtes sexpartites du vaisseau central. Les grandes arcades soutenues par des piles sont surmontées d'un triforium à doubles baies sous arc de décharge, et de fenêtres hautes avec une galerie de circulation à l'appui comme en Bourgogne.

Les sept fenêtres basses de l'abside sont garnies de vitraux du début du XIII<sup>e</sup> siècle renfermant des scènes historiques et symboliques où survivent des souvenirs de l'iconographie byzantine. La fenêtre centrale est consacrée au thème de la Rédemption ; les scènes principales sont accompagnées de petits médaillons expliquant le sens mystique de la scène principale. L'Annonciation avec Isaïe et la Licorne, la Nativité avec le Buisson ardent et la Toison de Gédéon, la Crucifixion avec le Sacrifice d'Abraham et le Serpent d'airain, la Résurrection avec Jonas et le Lion du bestiaire ranimant de son souffle ses petits mort-nés, l'Ascension avec l'Aigle et la Calandre qui guérit les mourants de son regard. Dans les fenêtres hautes de l'abside, le Couronnement de la Vierge, les apôtres et les prophètes sont de la deuxième moitié du XIII<sup>e</sup> siècle. Les roses du transept, du milieu de ce siècle, représentent la Rédemption au sud, le Couronnement de la Vierge au nord. Dans la rose de la façade ouest, le peintre-verrier Henri de Nivelle, en 1393-1394, a peint les histoires de saint Etienne et de saint Jean-Baptiste autour de l'Agneau pascal.

La façade commencée par l'archevêque Pierre de Savoie (1308-1332) est terminée à la fin du siècle : la rose est achevée en 1393 par le maître d'œuvre Jacques de Beaujeu. Les tympans des trois portes sont brisés, mais les ébrasements sont heureusement conservés, ornés de petits médaillons quadrilobés à sujets historiés, inspirés de ceux du croisillon nord de Notre-Dame de Paris et du transept de la cathédrale de Rouen et que l'on retrouvera à Bordeaux, à Auxerre, à Avignon, comme aussi en Italie : Occupations des Mois et Signes du Zodiaque, histoire de saint Jean-Baptiste, scènes de la Genèse à la porte centrale ; histoires de Samson et de saint Pierre et scènes de l'Apocalypse à la porte de gauche ; légende de Théophile, saints et saintes à celle de droite, et aussi, aux deux portes latérales, les Vertus et les Vices, des combats d'animaux, des monstres et des animaux fabuleux. Entre les portes, des consoles, qui portaient autrefois des statues, sont ornées de charmantes scènes sculptées d'un art fin et délicat qui rappelle celui des coffrets d'ivoire et des valves de miroirs : Aristote chevauché par Campaspe, la Vierge et la Licorne, des conversations amoureuses, le miracle de saint Nicolas.

## VIENNE

Le long vaisseau à collatéraux flanqués de chapelles de la cathédrale de Vienne se termine par un chœur en hémicycle, sans transept. Les sept dernières travées de la nef sont romanes jusqu'à la naissance du triforium gothique, et les travées correspondantes des collatéraux sont voûtées d'arêtes (vers 1107-1148). Le chœur et l'abside ainsi que les parties hautes des travées romanes de la nef datent du XIII<sup>e</sup> siècle ; le chœur était terminé pour la consécration de 1251. Les quatre premières travées occidentales, la façade et les tours n'ont été montées qu'aux XV<sup>e</sup> et XVI<sup>e</sup> siècles. L'archevêque Jean de Bernin, un grand bâtisseur (1218-1266), ajoute au nord du chœur les trois chapelles du petit cloître dédiées à saint Maurice, saint Jean et Notre-Dame qui rappellent les trois anciens sanctuaires du primitif groupe épiscopal qui s'élevait au même emplacement.

L'influence d'André Beauneveu, qui représente le plus bel art du XIVᵉ siècle, se prolonge au XVᵉ siècle en Bourgogne, en Flandre et en Normandie, comme aux façades de Saint-Antoine-en-Viennois et à Saint-Maurice de Vienne, qui pourraient bien être l'œuvre d'un même atelier, celui d'Antoine Le Moiturier, dont nous savons qu'il travailla à Saint-Antoine de 1461 à 1463. Ces concerts d'anges, ces groupes de chérubins aux longues ailes d'hirondelles, charmants, bien vivants, la tête encadrée d'épaisses touffes de cheveux, vêtus de lourds manteaux, de belles robes aux larges plis sont preuves d'esprit bourguignon, mais d'un bourguignon apaisé par le souffle méditerranéen.

## GRENOBLE

La cathédrale de Grenoble, dont le chœur se termine également par une simple abside, était au Moyen Age flanquée, à gauche, de la vieille église Saint-Vincent et, à droite, du cloître. Elle comprend aujourd'hui, après les transformations du XVIIIᵉ et du XIXᵉ siècle, une nef à collatéraux doubles au sud, sur lesquels ouvrent des chapelles prises entre les contreforts, un chœur terminé par une abside à cinq pans, et, à l'ouest, une puissante tour formant porche, et tribune au-dessus. Les voûtes d'ogives, fortement bombées, retombaient autrefois sur des piliers carrés portant de grandes arcades au-dessus desquelles ouvraient les baies des tribunes supprimées au XIXᵉ siècle. C'est dans la deuxième moitié du XVᵉ et au début du XVIᵉ siècle, au temps de l'évêque Siboud Alleman (1450-1479) et de son neveu Laurent Iᵉʳ (1479-1518), que furent montées une partie des chapelles dans le style flamboyant le plus chargé, et aménagé, aux dépens du cloître et du cimetière voisins, le deuxième collatéral sud. D'autres chapelles ne datent que des XVIIᵉ et XVIIIᵉ siècles. Dans le chœur se dresse le long du mur le tabernacle, surmonté de flèches enrichies de gâbles et de clochetons et montant à 14 mètres de haut ; il a été construit entre 1455 et 1457. A côté est la porte d'entrée du chapitre décorée également de sculptures flamboyantes.

## SAINT-JEAN DE MAURIENNE

C'est une belle église des XIIᵉ et XVᵉ siècles, remarquable par ses stalles du XVᵉ siècle, et par son tabernacle, en forme de haute pyramide d'albâtre.

Plus typiques peut-être parce que marquées par des caractères communs plus précis, sont les cathédrales de Normandie — Lisieux, Rouen, Bayeux, Coutances, Sées —, et celles du Nord et de l'Ouest de la Bretagne — Dol, Saint-Brieuc, Tréguier, Saint-Pol-de-Léon, Quimper —, qui reflètent sur bien des points l'architecture normande.

Si, à la fin du XIIᵉ siècle, l'art des grandes cathédrales de l'Ile-de-France domine en Normandie, à Lisieux par exemple, dès le XIIIᵉ siècle apparaissent des caractères propres à cette province qui vont triompher dans le deuxième tiers du siècle. En plan, une longue nef, un transept, un chœur à déambulatoire avec chapelles rayonnantes ; l'élévation à trois étages : grandes arcades, haut triforium indépendant des fenêtres qui le surmontent, un passage derrière le triforium, un autre à l'appui des fenêtres hautes ; ou seulement à deux étages, comme à la nef de Bayeux, au chœur de Coutances et dans les églises flamboyantes : grandes arcades et fenêtres hautes au pied desquelles passe la galerie de circulation. Sur la croisée du transept s'élève souvent une tour-lanterne qui peut atteindre, comme à Coutances, des dimensions considérables. Les voûtes d'ogives sont parfois renforcées de nervures longitudinales ou liernes reliées aux angles par des tiercerons. Le profil des nervures et des moulures est profondément découpé et refouillé comme celui des piles, les maîtres d'œuvre normands recherchant les oppositions violentes des jeux d'ombre et de lumière. La brisure des arcs est très accentuée, et les arceaux sont tracés avec la même ouverture de compas que les arcs qui les encadrent. Les arcades de l'hémicycle retombent sur des colonnes géminées, les nervures des voûtes sur des culots coudés. Les chapiteaux ornés de crochets sont couronnés par des tailloirs circulaires. La décoration est originale : peu de personnages ou de scènes sculptées, mais de gras et puissants feuillages et une mouluration riche en ingénieuses combinaisons ; un des partis les plus caractéristiques consiste à percer en creux dans le nu du mur, comme à l'emporte-pièce, des rosaces, des trilobes, des quatrelobes et d'autres motifs géométriques, qui dessinent un bandeau de trous noirs sur le mur blanc.

## LISIEUX

La cathédrale de Lisieux a été commencée par l'évêque Arnoul vers 1160-1170. La nef, le transept et les deux premières travées du chœur, ainsi que les parties basses des deux travées suivantes étaient achevés en 1182 quand Arnoul se retira à l'abbaye Saint-Victor de Paris. Dans le premier tiers du XIIIᵉ siècle, on construisit l'abside à déambulatoire avec trois chapelles rayonnantes, et la façade. La chapelle de la Vierge, dans l'axe, a été reconstruite en 1444, et la tour sud au XVIᵉ siècle. Les arcades du grand vaisseau sont portées par des colonnes, comme à Laon et à Paris. Au-dessus un triforium ouvrant sous comble et dessinant deux arcs sous un arc de décharge, et une fenêtre haute, comme à Sens ; une tour-lanterne au carré du transept, comme à Laon, s'inspire de l'art de l'Ile-de-France. Mais bien des détails se rattachent à l'art normand : profil des moulures, tailloirs circulaires, décor en creux, et au portail de la façade, les colonnes plantées en quinconce, la porte indépendante du tympan, comme à Coutances et à Sées.

## ROUEN

La cathédrale de Rouen se présente avec une longue nef à collatéraux, un transept également à collatéraux avec une chapelle ouvrant sur chaque croisillon, un chœur profond à déambulatoire et trois chapelles rayonnantes, et une haute tour-lanterne sur la croisée. Les portails latéraux de la façade et la tour Saint-Romain, au nord de celle-ci, montés dans la deuxième moitié du XIIe siècle, sont les parties les plus anciennes. Un incendie, le 8 avril 1200, détruit en grande partie la cathédrale. La nef est reconstruite dans la première moitié du XIIIe siècle par Jean d'Andeli, puis Enguerran avec une sorte d'hésitation entre l'élévation à quatre étages de Notre-Dame de Paris, par exemple, sans doute prévue à la fin du XIIe siècle : grandes arcades, baies des tribunes, galerie de circulation sous un arc surbaissé formant triforium et fenêtres hautes, et celle à trois étages de Chartres : les voûtes du collatéral s'élèvent jusqu'au niveau qu'aurait eu la voûte des tribunes, mais il n'y a pas de tribunes. Le chœur, auquel on travaillait dès 1214, est terminé lorsque l'on construit le transept et sa tour-lanterne dans le troisième quart du XIIIe siècle, et l'on y voit apparaître les caractères de l'art normand. La chapelle de la Vierge est reconstruite plus profonde au XIVe siècle. Les fenêtres hautes sont, pour la plupart, modifiées aux XIVe et XVe siècles. De magnifiques monuments funéraires se voient à l'intérieur de la cathédrale, le tombeau de l'archevêque Hugues d'Amiens, l'ami de Suger, et, dans la chapelle de la Vierge, ceux de Louis de Brézé et des cardinaux Georges Ier et Georges II d'Amboise. Une admirable série de vitraux du XIIIe au XVIe siècle décorent les fenêtres, du XIIIe siècle dans les bas-côtés de la nef et le déambulatoire — singulièrement, du côté nord, la verrière de saint Julien l'Hospitalier et celle du patriarche Joseph signée de Clément, peintre-verrier de Chartres, ce qui explique les rapports de ces vitraux à médaillons avec ceux de Chartres, et aussi le vitrail symbolique de la Passion ou de la Nouvelle Alliance et celui du Bon Samaritain, comme à Sens, Chartres, Bourges. Au XIVe siècle remontent le vitrail de la Pentecôte et celui des saints évêques de Rouen sous des gâbles richement découpés, animés de figurines dans la chapelle de la Vierge. Des verrières du XVe siècle se voient dans les fenêtres hautes du chœur transformées à partir de 1430, et de la deuxième moitié du siècle et aussi du XVIe dans les fenêtres des bas-côtés de la nef. La façade ouest s'appuie au nord sur la tour Saint-Romain du troisième quart du XIIe siècle et au sud sur la tour « de beurre » commencée par Guillaume Pontifs en 1485 et terminée par Jacques Leroux en 1507 ; les portails latéraux, de la fin du XIIe siècle, ont été enrichis dans le troisième quart du XIIIe siècle de tympans représentant d'un côté le martyre de saint Jean-Baptiste, la danse de Salomé et le festin d'Hérode, et la mort de saint Jean l'Evangéliste, et de l'autre l'histoire de saint Etienne. Les portails du transept sont également ornés de statues et de bas-reliefs de la fin du XIIIe siècle au portail des Libraires au nord, représentant au tympan la Résurrection des morts et la Séparation des bons et des mauvais d'un Jugement dernier qui n'a peut-être jamais été terminé et sur les soubassements des médaillons meublés de figures de l'Ancien et du Nouveau Testament, et de monstres, de grotesques d'une verve extraordinaire ; du début du XIVe siècle au portail de la Calende au sud, figurant au tympan les scènes de la Passion et la Crucifixion, et sur les soubassements des ébrasements, les histoires de saint Ouen, de saint Romain, de Job, Jacob, Joseph et Judith, disposées comme dans une verrière, et autrefois rehaussées d'or et de couleurs. La cathédrale, terriblement mutilée par les bombardements de la dernière guerre, a été restaurée par l'inspecteur général des Monuments Historiques Albert Chauvel et rendue au culte en 1956.

## BAYEUX

La cathédrale de Bayeux avait été reconstruite vers le milieu du XIe siècle par l'évêque Hugues et son successeur Eudes de Conteville, demi-frère de Guillaume le Conquérant, et dédiée le 14 juillet 1077 ; il en subsiste des témoins dans les piliers de la nef et les tours de la façade, rhabillés par l'évêque Philippe d'Harcourt entre 1142 et 1163, lorsqu'il reconstruisit la nef et décora les écoinçons des grandes arcades de curieux sujets pris à l'art saxon et à l'art d'Extrême-Orient sculptés sur un fond de vannerie. Dans la première moitié du XIIIe siècle fut construit le chœur profond à déambulatoire et cinq chapelles rayonnantes, celle d'axe plus grande, avec doubles colonnes sous les grandes arcades, tailloirs circulaires, moulures en creux, haut triforium, fenêtres à galerie de circulation, tous caractères normands. Le transept date de la deuxième moitié du XIIIe siècle — sur la croisée se dresse une haute tour —, et les parties supérieures de la nef avec fenêtres et galerie de circulation, du milieu du siècle. Des restes de fresques des XIIIe, XIVe et XVe siècles subsistent encore çà et là. Au XIVe siècle furent construites les chapelles de la nef. La façade aux trois portails décorés des scènes du Jugement dernier et de la Passion, de chaque côté de la porte centrale mutilée en 1778, est flanquée de deux tours surmontées de hautes flèches enrichies de lucarnes et de clochetons. Au portail du croisillon sud a été sculptée, à la fin du XIIIe siècle, l'histoire de saint Thomas Becket.

On connaît la fameuse *Tapisserie de la reine Mathilde*, en réalité une broderie sur toile exécutée sans doute sur l'ordre d'Eudes, évêque de Bayeux, et demi-frère du Conquérant, où est racontée en une suite ininterrompue de scènes, l'histoire de la conquête de l'Angleterre sur le roi Harold par Guillaume duc de Normandie, en 1066.

La cathédrale de Coutances est un magnifique édifice, le plus caractéristique de l'art normand. La nef à collatéraux, avec ses grandes arcades, son haut triforium à gros mascarons, ses fenêtres à galerie de circulation, date du premier tiers du XIIIᵉ siècle. Le transept est couronné d'une belle tour-lanterne à deux galeries superposées, dont les balustrades répètent celles du triforium et des fenêtres hautes. Le chœur à doubles collatéraux et sept chapelles rayonnantes remonte au milieu du XIIIᵉ siècle. Les voûtes du double déambulatoire et du vaisseau central s'échelonnent en hauteur comme à Bourges et au chœur du Mans. La chapelle de la Vierge dans l'axe du chœur, et celles de la nef ont été construites au XIVᵉ siècle. Les vitraux du XIIIᵉ siècle représentant les histoires de saint Thomas Becket, de saint Georges et de saint Blaise au fond du bras nord du transept, la Parabole de l'Enfant prodigue, les histoires de saint Étienne, saint Marcou, saint Lô, s'apparentent à ceux du chœur de la cathédrale du Mans. Quelques fragments de vitraux se voient encore dans les fenêtres hautes du chœur, et des vitraux aux couleurs sombres, du milieu du XVᵉ siècle, figurent un Jugement dernier et des personnages superposés dans les verrières du croisillon sud.

*SÉES*

Très caractéristique aussi de l'art normand est la nef de la cathédrale de Sées qui remonte au début du XIIIᵉ siècle, tandis que le chœur, construit à la fin du même siècle, se rattache à la famille des cathédrales de l'Ile-de-France et du domaine royal avec ses grandes arcades, sa claire-voie dont le dessin inspira au XIVᵉ siècle les architectes du chœur de Saint-Ouen de Rouen et ses fenêtres hautes au réseau fort élégant, qui rappellent celles des chœurs d'Amiens et de Beauvais. Des vitraux de la fin du XIIIᵉ siècle, mais très restaurés, ornent les fenêtres hautes du chœur et les chapelles du déambulatoire. Dans le croisillon nord, une fenêtre a été donnée par l'évêque Jean de Bernières, mort en 1294. La façade, avec son porche et ses deux tours aux hautes flèches à lucarnes et clochetons, a beaucoup souffert et, comme le reste de l'édifice, a dû être consolidée et fortement restaurée au XIXᵉ siècle, à cause des mauvaises fondations sur lesquelles elle se dresse. Le portail est flanqué de colonnes plantées en quinconce, comme à Lisieux, au cloître du Mont Saint-Michel, et dans beaucoup de cathédrales anglaises.

*DOL*

Les cathédrales du nord et de l'ouest de la Bretagne se rattachent, nous l'avons dit, à celles de Normandie dont elles reproduisent les principaux caractères. La cathédrale de Dol, commencée peu après 1203, en granit qui affirme les lignes puissantes de sa construction, a un chœur à chevet plat plus récent que la nef, que décore une magnifique verrière à plusieurs formes enfermant de nombreux médaillons où sont racontées les histoires d'Abraham et du Christ, de saint Samson, et des six premiers archevêques de Dol, la grande métropole de la Bretagne, et de leurs suffragants. Vers 1320, on ajoute à la base du chevet une chapelle. La façade sud de l'église est ornée de deux beaux porches des XIIIᵉ et XVᵉ siècles — porches que l'on retrouve fréquemment dans les églises de Bretagne.

## SAINT-BRIEUC

La cathédrale de Saint-Brieuc est une véritable forteresse aux murs épais et aux étroites fenêtres, aux clochers puissants comme des donjons, et qui fut d'ailleurs au XIVᵉ siècle plusieurs fois l'enjeu des batailles. C'est dire qu'il reste peu de chose de l'église de la fin du XIIᵉ et du début du XIIIᵉ — des parties de la tour nord de la façade et le fond du croisillon sud. Après l'incendie de 1353, le vieil évêque Guy de Montfort et ses successeurs rebâtirent le chœur à déambulatoire et sa chapelle d'axe, le transept et la nef, en remployant les matériaux anciens. Puis la cathédrale subit de nouveau les attaques des engins de guerre, et dut être en partie reconstruite au cours du XVᵉ siècle et au début du XVIᵉ. De cette époque datent notamment la grande chapelle de l'Annonciation dans l'angle de la nef et du croisillon sud, et la chapelle au sud du déambulatoire. La nef qui menaçait ruine fut entièrement reconstruite entre 1712 et 1715 dans un style lourd et déplaisant ; les voûtes du chœur et du déambulatoire furent fortement restaurées au XIXᵉ siècle.

## TRÉGUIER

L'ancienne cathédrale de Tréguier a été construite à plusieurs époques : au XIIᵉ siècle remontent le fond du croisillon nord et la tour construite au-dessus ; au XIIIᵉ et au début du XIVᵉ, les quatre premières travées de la nef et des bas-côtés, les piles des trois dernières travées et le collatéral sud ainsi que le beau porche y attenant. De 1380 à 1425 ont été construits le transept et le chœur à déambulatoire et les chapelles du tour du chœur ; enfin, entre 1442 et 1450, les trois travées au nord de la nef et la chapelle Saint-Yves qui abritait le tombeau du saint patron de la Bretagne, brisé à la Révolution. A la même époque furent montées les parties hautes du chœur, ainsi que les voûtes et leurs arcs-boutants ; le clocher dressé au fond du bras sud du transept remonte également au XVᵉ siècle — sa flèche est de 1785 —, et le porche charmant ouvert au sud. Le joli cloître qui borde la cathédrale a été commencé en 1450 et bénit en 1468.

## SAINT-POL DE LÉON

La nef de l'ancienne cathédrale de Saint-Pol-de-Léon date des XIIIᵉ-XIVᵉ siècles, le chœur des XVᵉ-XVIᵉ, le croisillon nord et les chapelles du XVIᵉ. La façade au portail abrité par un porche surmonté de trois grandes fenêtres, est encadrée de tours carrées couronnées de hautes flèches à lucarnes et clochetons, qui, comme toutes celles que nous venons de voir, s'inspirent des fameuses flèches de Saint-Étienne de Caen. Les vitraux du XVIᵉ siècle représentent le Jugement dernier et les Œuvres de miséricorde.

## QUIMPER

La cathédrale de Quimper est d'un style très pur où l'on a conservé dans la nef du XVᵉ siècle le parti du chœur du XIIIᵉ : grandes arcades sur fortes piles, triforium tréflé, fenêtres hautes à galerie de circulation, voûtes sur croisées d'ogives. Le chœur à déambulatoire et chapelles rayonnantes a été commencé en 1240, mais voûté seulement au XVᵉ siècle. La nef, commencée en 1424 par l'évêque Bertrand de Rosmadec, était terminée ainsi que le transept en 1493. La façade de la deuxième moitié du XVᵉ siècle est flanquée de deux tours carrées, surmontées de flèches modernes. Les vitraux des fenêtres hautes du chœur, du XVᵉ siècle, figurent des donateurs présentés par leurs saints patrons, sous des dais ; ceux du transept et de la nef, du début du XVIᵉ siècle, ont fort souffert et ont subi de nombreuses restaurations.

Les plus importantes cathédrales du Midi ont été, nous l'avons vu, élevées par des architectes venus des chantiers du Nord, comme Jean et Pierre Deschamps, ou sous l'inspiration des grandes cathédrales du Nord. Certaines moins importantes, mais construites à l'époque flamboyante, comme celles de Carpentras, de Saint-Flour, de Condom et le chœur de Lectoure relèvent aussi de l'art du Nord. D'autres, plus anciennes, on dû être en grande partie reconstruites, généralement en style flamboyant, après les destructions des Huguenots, telle la cathédrale de Montauban, abbatiale érigée en cathédrale par le pape Jean XXII en 1317, et sur l'emplacement de laquelle on a retrouvé de beaux restes du XVᵉ siècle, celle de Bazas qui datait des XIIIᵉ et XIVᵉ siècles, et qui dut être en partie reconstruite de 1583 à 1635, celle de Mende commencée en 1369 aux frais du pape Urbain V, détruite le 25 octobre 1579, sauf le chœur et les deux tours de façade, et restaurée de 1591 à 1620.

Mais à côté de ces églises dérivées plus ou moins directement de l'art du Nord, il est dans le Midi un nombre important d'édifices qui, par leurs caractères propres, constituent un groupe à part dans l'architecture gothique. Ce qui caractérise ces églises, c'est leur nef unique couverte de voûtes d'ogives retombant sur les longues piles des contreforts intérieurs entre lesquelles sont disposées des chapelles. La nef unique, qui rappelle celle de l'époque romane, est conforme à la technique des constructions de briques qui sont fréquentes dans la région, et au désir d'économie ; elle se prête particulièrement à l'usage de la parole et permet l'action directe du prédicateur sur les fidèles ; enfin elle répond aux préoccupations d'ordre militaire et peut être facilement défendue. Le parti est très différent de celui des églises du Nord : à l'intérieur, ces magnifiques vaisseaux très larges, complètement dégagés, suffisamment éclairés par d'étroites fenêtres, ont une grandeur que n'ont pas les nefs des églises du Nord dans leur élancement pittoresque. À l'extérieur, l'absence de décrochement, de chapelles, de contreforts, d'arcs-boutants, les grandes murailles nues et épaisses, percées de fenêtres étroites donnent l'impression de force et de puissance : ces églises ressemblent à des forteresses et plusieurs d'entre elles ont été construites comme telles. Les nefs sont généralement fort larges, et plusieurs n'ont pas été voûtées ou n'ont reçu de voûtes que bien après leur achèvement ; parfois la charpente est soulagée par des arcs diaphragmes lancés en travers du vaisseau. De grands clochers octogones aux nombreux étages se retraitant vers le haut à l'image du beau clocher de Saint-Sernin de Toulouse, couronnent la nef. On trouve aussi parfois, mais rarement dans les grandes églises, des clochers-arcades montés sur le pignon de la façade.

## ALBI

La nef de la cathédrale de Toulouse, achevée en 1213, large de 19 mètres, haute de 20 mètres, divisée en trois travées voûtées d'ogives vient en tête de ce groupe, mais l'édifice le plus représentatif, celui qui peut être considéré comme l'édifice type est la cathédrale d'Albi dressée au bord du Tarn comme une forteresse imprenable, et qui ne semble pas subir l'épreuve du temps. Puissante construction de briques, haut vaisseau ancré au milieu d'un pays hérétique, forteresse féodale dominée par son clocher-donjon, dressée contre les bandes anglaises et les grandes Compagnies aussi redoutables les unes que les autres, appuyée sur la prison et le château de l'évêque qui complètent la défense, elle apparaît dans le soleil ardent qui semble brûler ses murs, comme une joie pour les yeux, au-dessus des terrasses fleuries qui dominent le Tarn aux eaux d'émeraude. On y sent vibrer l'âme impérieuse et violente de l'évêque qui la conçut. Dès son arrivée à Albi en 1277, l'évêque Bernard de Castanet, dominicain et grand inquisiteur, décide de construire une nouvelle cathédrale un peu au sud de l'ancienne en partie ruinée, mais qui survivra jusqu'à la fin du XIVe siècle, et où se continuera le service divin en attendant que la nouvelle soit achevée. La première pierre fut posée par Bernard de Castanet le 15 août 1282 ; le gros œuvre sera terminé un peu plus de cent ans plus tard, dans une magnifique unité, après 1390. La moitié orientale de l'église était achevée vers 1330-1340. L'église n'est qu'une immense salle élevée en pays de mission pour la défense et pour la parole : une seule nef, sans transept ni collatéraux, des chapelles entre les contreforts intérieurs qui reçoivent les poussées de la voûte d'ogives et qui, à l'extérieur, s'arrondissent pour ne laisser aucun recoin, dangereux en cas de siège ; à l'ouest une haute tour aux murs épais percés d'étroites meurtrières, munis de tourelles d'angle, gros donjon puissant, où pourront se retirer les chanoines si l'église-forteresse est menacée. Sur les voûtes s'appuie une couverture presque plate que les restaurations de Daly au XIXe siècle ont bordée d'un chemin de ronde et de tourelles de guet. Eglise et clocher pouvaient être armés en cas de siège. La cathédrale fut consacrée le 23 avril 1480, alors que s'achevait le clocher à 78 mètres de haut. En même temps on recoupait les chapelles entre les contreforts dans le sens de la hauteur, la partie basse restant chapelle, la partie haute formant tribune. Au début du XVIe siècle, un baldaquin flamboyant fut monté devant l'entrée par les Gouffier et Antoine Duprat, tous évêques d'Albi entre 1519 et 1535.

A l'intérieur cette forteresse se présente calme et paisible, accueillante comme sa charmante patronne sainte Cécile, dans une atmosphère très douce créée par les peintures exécutées de 1509 à 1514, dans les chapelles et sous la voûte à la place d'une décoration peinte plus ancienne dont on retrouve çà et là les traces, pour Louis II d'Amboise par des Italiens élèves d'un Francesco Francia et d'un Pinturicchio, fort différentes du Jugement dernier peint par des Français à la fin du XVe siècle au revers de la façade. Vers 1500 avaient été montés le jubé et la clôture du chœur d'une grâce délicate et d'une somptuosité qui évoquent parfois certains côtés de l'art espagnol, contre lesquels s'appuient les stalles et leur charmante frise d'anges.

## BÉZIERS

La cathédrale de Béziers, restaurée après l'incendie allumé par les Croisés de Simon de Montfort en 1209, est reconstruite vers la fin du XIIIe ; le chœur est consacré en 1300 ; la nef date du XIVe siècle, comme le cloître placé au sud. C'est un monument méridional, mais avec quelques traces d'influences venues du Nord.

## SAINT-BERTRAND DE COMMINGES

Le chevet de la cathédrale de Béziers se rapproche de celui de Saint-Bertrand de Comminges élevé à partir de 1304 par Bertrand de Got, le futur Clément V, à l'est d'une nef unique voûtée à 25 mètres de haut aux XIVe et XVIe siècles. Les chapelles ouvrent directement sur le chœur, sans déambulatoire, comme à Albi. Le jubé et la clôture du chœur, en bois, du début de la Renaissance, sont terminés, comme les stalles remarquables, œuvre sans doute d'un atelier toulousain en relation avec la péninsule ibérique, en 1536.

Le trésor est encore très riche en objets liturgiques et en étoffes du Moyen Age, chapes, chasubles, dalmatiques, dans un excellent état de conservation.

La cathédrale, dont le portail est décoré de sculptures intéressantes, se dresse sur un piton, dernier contrefort des Pyrénées, au-dessus des ruines de la grande cité gallo-romaine de *Lugdunum-Convenarum*, et du vieux cloître qui la flanque, les chanoines avaient de beaux aperçus sur la montagne.

La cathédrale de Perpignan commencée en 1324 ne sera voûtée qu'à la fin du xve siècle, et consacrée en 1509. Elle est franchement méridionale avec sa large nef unique sur laquelle ouvrent les chapelles prises entre les contreforts intérieurs, son transept peu débordant, et la grande abside du chœur entre deux absidioles.

Dans le bras sud du transept, le retable de la Vierge de l'Espérance, dit de la Magraña (de la Grenade) est un des plus typiques de la magnifique collection de retables qu'abritent encore les églises de Roussillon. Il a été peint aux environs de 1500, par deux artistes, ainsi que l'a montré M. Durliat, l'un l'auteur de la prédelle et du panneau de gauche, plus minutieux, l'autre d'un dessin plus large, mais parfois incorrect, tous deux d'esprit catalan, mais avec un apport italien sensible surtout par un goût très vif pour les compositions architecturales. Au centre, la Vierge portant l'Enfant (statue moderne); à gauche, les scènes de l'Enfance du Christ; à droite, l'Apparition du Ressuscité à sa Mère, la Pentecôte et la Mort de la Vierge, sur la prédelle de part et d'autre d'une Vierge de Pitié, Joachim chassé du Temple, sa rencontre avec Anne, la Naissance de Marie et sa Présentation au Temple.

C'est dans une chapelle voisine de la cathédrale que se dresse le fameux Dévot-Christ, le plus tragique peut-être des Christs suppliciés, horriblement douloureux, imaginés par les peintres et les sculpteurs de la région de Cologne au xive siècle.

Au même type méridional appartiennent la cathédrale de Lodève, commencée à la fin du xiiie siècle, mais construite très lentement; celle de Condom, large vaisseau unique du xve siècle voûté au xvie siècle; celle de Lavaur, consacrée après 1254 et devenue cathédrale en 1317, à l'ouest de laquelle se dresse comme un donjon le clocher; celles de Pamiers, voûtée au xviie siècle, de Rieux, de Lombez, dominées toutes trois par de hauts clochers octogones. La dernière, devenue siège d'un évêché en 1317, fut reconstruite sur le modèle des Jacobins de Toulouse, avec deux nefs séparées par une épine de colonnes qui reçoivent les retombées des voûtes. C'est là une exception au type régulier de la nef unique. La cathédrale de Mirepoix possède une des plus larges nefs uniques : 21 m 50. Le chœur date de 1297. En 1317 l'église devient cathédrale; après les dévastations des Routiers au xve siècle, elle dut subir de fortes restaurations; de 1858 à 1865, on monta la voûte qui remplace l'ancienne charpente. La cathédrale de Carpentras est une église à une seule nef construite de 1405 à 1519 sur les plans de Colin Thomas, architecte à Dinan en Bretagne; l'abside a encore des vitraux du xve siècle.

La cathédrale de Montpellier est l'ancienne église du monastère de Saint-Benoît à nef unique avec chapelles entre les contreforts, et chœur en hémicycle. Elle avait été construite par le pape Urbain V, ancien bénédictin et professeur à l'université de cette ville de 1364 à 1368 ; le vaisseau a 26 m 50 de large et 28 mètres de haut. Le 27 mars 1536, l'église du monastère de Saint-Benoît fut érigée en cathédrale pour recevoir le siège épiscopal transporté de Maguelone à Montpellier. Le chœur gothique fut remplacé en 1775 par un grand chœur à chevet plat auquel Revoil substitua en 1855 une abside précédée d'un transept en style gothique.

*AIX*

La cathédrale Saint-Sauveur d'Aix-en-Provence a une nef sans collatéraux du XIIIᵉ siècle bordée au sud par l'ancienne église du XIIᵉ siècle, dite du « Corpus Domini », à nef unique également sur laquelle ouvre le baptistère du VIᵉ siècle, un transept et un chœur terminé par une abside. La façade du XVᵉ siècle a des portes de bois sculptées de 1505 à 1508 par Guiramand de Toulon, où l'on voit figurer quatre prophètes et douze sibylles dans des niches au milieu d'un décor de fleurs et de fruits. A l'intérieur de l'église consacrée le 7 avril 1534 se voient plusieurs tapisseries flamandes du XVᵉ et du début du XVIᵉ siècle, des peintures des XIVᵉ et XVᵉ siècles, et singulièrement le fameux triptyque peint par Nicolas Froment en 1475-1476 et représentant le Buisson ardent, symbole de la Vierge qui apparaît au-dessus, avec, au fond, les villes de Tarascon et de Beaucaire et sur les volets le roi René, sainte Madeleine, saint Antoine et saint Maurice d'un côté ; la reine Jeanne de Laval, seconde femme du roi René, saint Nicolas, sainte Catherine et saint Jean l'Evangéliste de l'autre, et à l'extérieur, peints en grisaille, la Vierge et l'ange de l'Annonciation. Le cloître construit au midi de l'église, à la fin du XIIᵉ et au début du XIIIᵉ siècle, a des chapiteaux d'une grande richesse décorative, dont plusieurs sont ornés de scènes de la vie du Christ.

Dans ces églises méridionales, si différentes des autres cependant, le système de construction repose sur le principe de la croisée d'o-gives tel que l'ont défini les maîtres maçons de l'Ile-de-France. Dans les cathédrales de type angevin, il en va tout autrement.

Les plus anciennes églises de ce type qui de l'Anjou s'étend à presque tout l'Ouest de la France, ont souvent une nef unique, comme dans la deuxième moitié du XIIᵉ siècle les nefs des cathédrales d'Angers, du Mans, de Laval, de Saint-Malo, de Vannes, de Bordeaux. Le large vaisseau de ces églises qui paraissent vouloir continuer le plan et l'élévation des églises à file de coupoles d'Aquitaine, est couvert de grandes voûtes d'ogives puissantes, fortement bombées, et le rôle des ogives s'en trouve considérablement réduit.

Les architectes angevins, logiques, poussèrent plus avant leur technique et, à la fin du XII$^e$ et au XIII$^e$ siècle, ils construisirent des voûtes bombées où la croisée d'ogives n'a plus aucun rôle portant, voûtes qui connurent un grand succès non seulement dans la vallée de la Loire, le sud de la Bretagne et l'ouest de la France, mais aussi à l'étranger, en Espagne, en Angleterre, en Allemagne, en Scandinavie. Ces voûtes sont bombées comme des coupoles ou allongées comme des berceaux, raidies par une ossature d'ogives, de doubleaux, de liernes et de tiercerons pénétrant profondément dans la maçonnerie et moulurés sous la voûte en tores de mince section ; ces nervures ne sont pas portantes ; elles dirigent seulement le constructeur lorsqu'il monte la voûte. Lorsqu'il y a des collatéraux, ceux-ci sont aussi hauts que la nef qu'ils contrebutent directement, sans éclairage direct du vaisseau central, comme à l'époque romane.

## ANGERS

La cathédrale d'Angers nous permet de suivre le passage de la voûte d'ogives du type de l'Ile-de-France à la voûte angevine. Au début du XI$^e$ siècle, l'évêque Hubert de Vendôme construit une église à bas-côtés, abside et deux absidioles, consacrée le 6 août 1025. L'évêque Ulger, de 1125 à 1148, supprime les bas-côtés et établit une large nef unique du type des églises de l'Ouest à file de coupoles, avec arcature basse portant un passage à l'appui des grandes fenêtres. Ici l'édifice est couvert, non de coupoles, mais de trois grandes voûtes d'ogives fortement bombées, ogives larges et portantes, comme dans les voûtes d'ogives d'Ile-de-France. Ces voûtes ont été lancées au temps de l'évêque Normand de Doué, entre 1149 et 1153. Le carré du transept et le croisillon sud sont commencés par l'évêque Raoul de Beaumont, cousin du roi Henri II d'Angleterre, et évêque de 1177 à 1197. En 1236, son neveu, Guillaume de Beaumont, abandonne un terrain de l'évêché pour construire le croisillon nord terminé en 1240. Le chanoine fabricien est alors Etienne d'Azé qui surveille les travaux de 1236 à sa mort en 1249. En 1274, Charles I$^{er}$, comte d'Anjou, donne un emplacement pour construire le chœur et l'abside. Les voûtes, sur le transept et le chœur, sont alors de pures voûtes angevines, fortement bombées et raidies par une ossature d'ogives et de liernes pénétrant profondément dans la voûte qu'elles ne portent pas et sous laquelle elles se profilent en un mince tore : voûte « à » croisée d'ogives et non plus « sur » croisées d'ogives. Les clochers de la façade sont reconstruits de 1518 à 1525 et la tour centrale vers 1525 par l'architecte Jean de Lespine. Au pied de la façade ouest, le portail, sculpté vers 1155-1165, se rattache au groupe des portails à statues-colonnes de Chartres et du Mans : au tympan trône le Dieu de l'Apocalypse entre les symboles des Evangélistes ; aux ébrasements se dressent huit personnages adossés aux colonnes, parmi lesquels on reconnaît Moïse, David, la reine de Saba, et peut-être Melchisédech et Esther ; le tympan a malheureusement

328

été mutilé en 1745 pour supprimer le trumeau et laisser passer le dais rigide des processions. La cathédrale possède une belle série de vitraux, vitraux à médaillons dans la nef, exécutés de 1160 à 1177 aux frais du chantre Hugues de Chamblancé, et représentant, dans le style de ceux de Saint-Denis et de Chartres, la Passion de sainte Catherine, la Mort et les Funérailles de la Vierge, le Martyre de saint Vincent, des fragments de vitraux de la Vierge et de la vie du Christ ; vitraux du XIII<sup>e</sup> siècle dans le chœur, également à médaillons, mais dans une tonalité moins brillante, moins lumineuse que dans la nef : vie et Passion du Christ, arbre de Jessé, vies de saints ; vitraux du milieu du XV<sup>e</sup> siècle, par André Robin, dans les roses et fenêtres du transept ; vitraux du XVI<sup>e</sup> siècle où sont peintes la Crucifixion et les histoires de saint Maurice, patron de la cathédrale, et de saint Christophe. La cathédrale abrita longtemps la fameuse tenture de l'Apocalypse, tissée de 1377 à 1380, à la demande de Louis I<sup>er</sup> d'Anjou, frère de Charles V, par le tapissier parisien Nicolas Bataille d'après les cartons du peintre Hennequin de Bruges, composée à l'origine de sept pièces comprenant 90 tableaux — il en reste 69 — sur deux zones, aux fonds alternativement bleus et rouges, illustrant toute l'histoire de l'Apocalypse. Léguée à la cathédrale par le roi René, elle fut, après de nombreux avatars, rachetée en 1843 par Mgr Angebault, évêque d'Angers qui la fit restaurer et la donna à la fabrique de sa cathédrale. Un musée a été spécialement aménagé pour elle au château par les soins de l'architecte en chef des Monuments Historiques, Bernard Vitry.

## SAINT-MALO

La cathédrale de Saint-Malo très endommagée en 1944 avait une nef unique, un transept du troisième quart du XII<sup>e</sup> siècle, et un chœur à chevet plat de la fin du XIII<sup>e</sup>. Un bas-côté fut ajouté au sud dans la deuxième moitié du XV<sup>e</sup> siècle, un autre au nord avec des chapelles du XVII<sup>e</sup>, comme les deux bras du transept. Si le chœur était complètement normand par sa construction et sa décoration, la nef se rattachait à la plus ancienne technique angevine avec sa nef unique, ses voûtes bombées et ses ogives à trois tores sur un bandeau qui comptaient parmi les plus anciennes de la Bretagne.

## VANNES

La nef de la cathédrale de Vannes, très large, sans bas-côtés, a été commencée vers 1150 par l'évêque Renaud et terminée au début du XIII<sup>e</sup>, mais elle a été décorée au goût du jour de 1454 à 1476. Le transept, reconstruit de 1504 à 1520, est couvert d'un berceau de bois, comme l'était la nef avant le XVIII<sup>e</sup> siècle où on la couvrit de voûtes d'arêtes, en même temps que l'on construisit le chœur. Notons aussi, bien qu'elle ne soit pas gothique, la jolie chapelle circulaire élevée en 1537 sur le flanc de l'église, charmante œuvre de la Renaissance voulue par un chanoine épris d'art moderne.

A ce groupe se rattachent aussi la nef de la cathédrale de Bordeaux dont nous avons parlé plus haut, et celle de la cathédrale de Lectoure du XIIᵉ siècle, préparée pour une file de coupoles, mais qui reçut au XIIIᵉ siècle de grandes voûtes bombées; on y ajouta à l'époque flamboyante un chœur à déambulatoire et chapelles rayonnantes.

## POITIERS

Bien qu'elle ait une nef à collatéraux aussi hauts qu'elle suivant un parti fréquent dans l'Ouest à l'époque romane, la cathédrale de Poitiers se rattache également au groupe angevin, ce qui ne saurait nous étonner, étant donné les rapports étroits entre l'Anjou et le Poitou, après le mariage d'Aliénor d'Aquitaine avec Henri Plantagenet en 1152. Ces souverains commencèrent les travaux de la cathédrale en 1162 ; c'est un grand rectangle divisé en trois, nef et hauts collatéraux, avec deux chapelles en guise de transept, et un chevet plat à l'intérieur duquel sont réservées l'abside principale et les deux absidioles. Les deux travées orientales, élevées de 1162 à 1180, ont des voûtes bombées du type de celles de la nef de la cathédrale d'Angers ; les six autres, du XIIIᵉ siècle, ont des voûtes angevines à minces nervures noyées dans l'épaisseur de la voûte fortement bombée. Pas d'éclairage direct du vaisseau central, mais seulement par les fenêtres des collatéraux, sur l'appui desquelles passe une galerie de circulation. Dans le chœur, des stalles du dernier quart du XIIIᵉ siècle, qui sont parmi les plus anciennes qui soient parvenues jusqu'à nous. Au fond du chœur, la grande verrière de la Crucifixion, avec au-dessus l'Ascension, au-dessous le Martyre de saint Pierre et saint Paul, entre la verrière de saint Pierre à droite et celle de saint Laurent à gauche; toutes trois du dernier tiers du XIIᵉ siècle. Vitraux à médaillons historiés de la première moitié du XIIIᵉ siècle, dans les fenêtres des collatéraux du chœur et des croisillons, et de la deuxième moitié du XIIIᵉ et du début du XIVᵉ dans les fenêtres des collatéraux de la nef. Tous ces vitraux se rattachent à la famille des vitraux d'Angers, de Chartres et de Bourges, sauf ceux du chevet qui évoquent les plus anciens des vitraux du Mans. La façade avec ses trois portes entre les deux tours est un peu chargée ; l'exécution, parfois un peu lourde, palpite de vie et de mouvement; on y voit représentés, au centre le Jugement dernier, à droite l'histoire de saint Thomas, à gauche celle de la Vierge. La grande rose au centre rappelle exactement celles de Jean de Chelles au transept de Notre-Dame de Paris, et la sculpture s'inspire de celle des grandes cathédrales du domaine royal. Si la cathédrale est angevine, sa façade est française : elle a été élevée sous les auspices d'Alphonse de Poitiers, frère de saint Louis, entre 1242-1271, par un artiste venu sans doute des chantiers royaux.

Ainsi, toutes les cathédrales gothiques, même celles qui sont liées le plus étroitement au terroir, celles qui semblent le plus éloignées du type classique, se rattachent par leur esprit ou par les détails de leur plan, de leur construction ou de leur décoration à ces grandes cathédrales de l'Ile-de-France et du domaine royal qui, avec l'aide des Capétiens, en communion étroite avec le renouveau spirituel et culturel qui secoue alors le pays, et grâce à la croisée d'ogives, se dressent de plus en plus haut, de plus en plus légères, de plus en plus lumineuses, de Senlis et de Noyon à Laon et à Notre-Dame de Paris, pendant la deuxième moitié du XIIe siècle, pour s'épanouir au début du XIIIe à Chartres et à Bourges et aboutir à Reims et à Amiens au plus haut degré de la perfection dans une composition que remplit souverainement toute la pensée du Moyen Age, pensée mystique, religieuse, théologique, pensée sociale aussi, et dans une décoration iconographique embrassant l'Ancien et le Nouveau Testament, l'histoire de Dieu, de la Vierge et des saints, les fins dernières de l'homme, tout ce qu'il faut savoir, tout ce qu'il faut croire. Ces magnifiques monuments élevés par des maîtres de génie forcèrent aussitôt l'admiration de tous : toutes les provinces de France, tous les pays de l'Europe chrétienne rêvèrent d'avoir des cathédrales comme celles-là ; tous les artistes, peintres et miniaturistes, tapissiers, orfèvres, émailleurs, ivoiriers, fondeurs et sculpteurs cherchèrent à en reproduire les traits dans leurs œuvres.

La cathédrale gothique est vraiment la somme de l'esprit du Moyen Age.

352. - Vie de S. Jean Evangéliste

353. - La Rédemption

LYON

Vitraux de l'abside

TOUL

- Le chœur

BESANÇON

351. - Autel circulaire

357

358

LYON

FAÇADE OUEST
356 à 360.
Soubassement
des portails

35

356

361

LYON

FAÇADE OUEST

361. - La chasse à la Licorne

362-363. - Les Amis

362

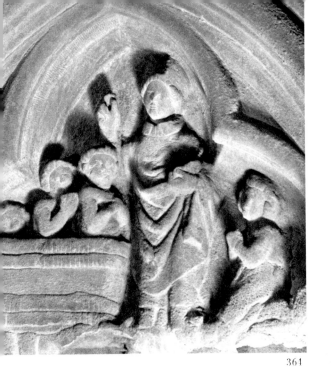

361

365

364. - Miracle de S. Nicolas
365. - La Vierge à la Licorne
366. - Aristote chevauché par Campaspe

366

367

368

369

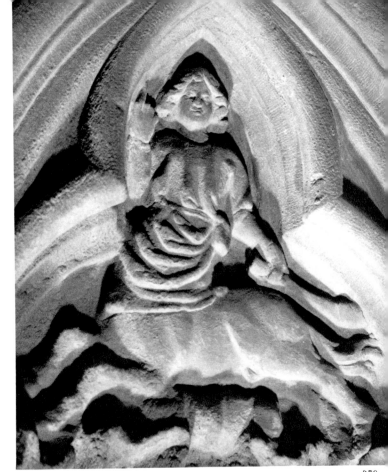

370

371

LYON

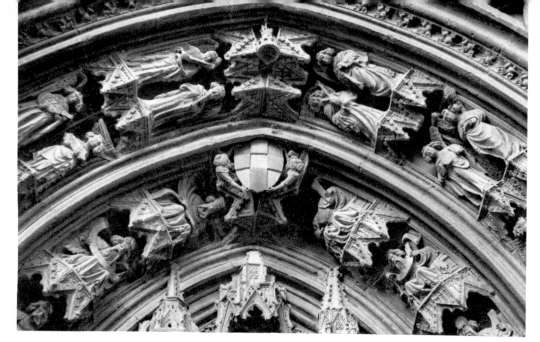

373

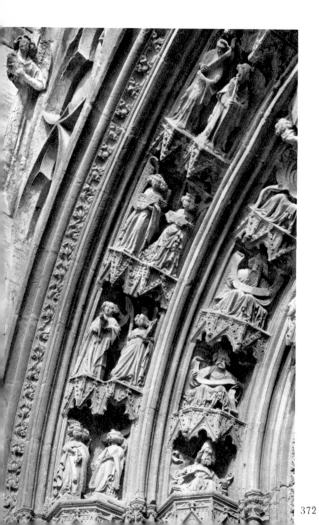

VIENNE

372-373. - Porte droite. Façade oues
Anges musiciens, prophète

374. - Façade ouest

372

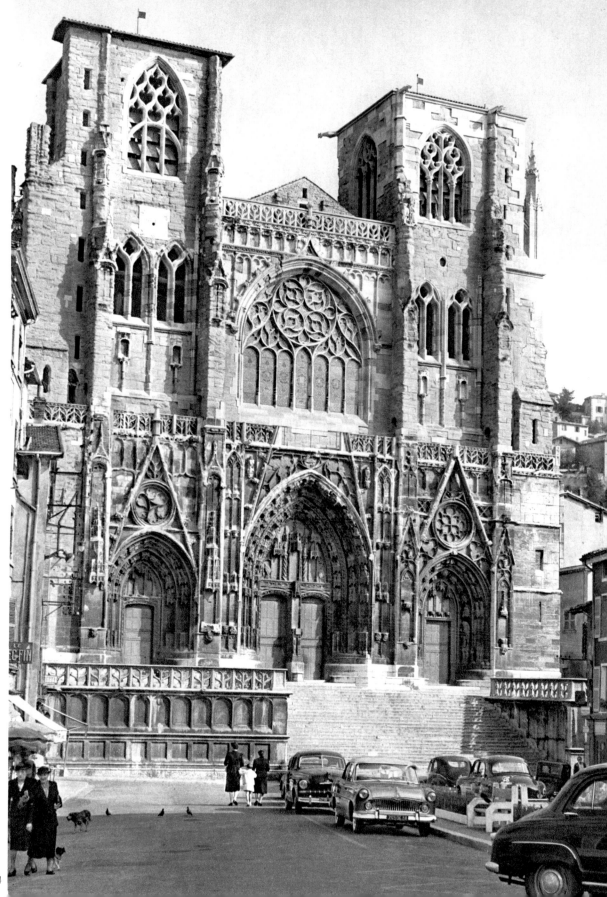

375

376

377

VIENNE
375. - Façade ouest.
porte gauche
376-377. - Séraphins

GRENOBLE
378. - Tabernacle

381

2

3

UEN

TAIL DES LIBRAIRES

le du contrefort

386.
trefeuilles du
assement

385

386

ROUEN

PORTAIL DE LA CALENDE

387. - Tympan

388. - Soubassement du côté gauche

394. - Chœur

393

BAYEUX

391-392. - Reliefs des écoinçons de la nef
et du chœur

393. - Meurtre de Saint Thomas Becket

395

398

396

397

399

400

405. - Le chœur vu de la tour lanterne

403

COUTANCES

403. - La tour lanterne

404. - Vue plongeante sur
le carré du transept

404

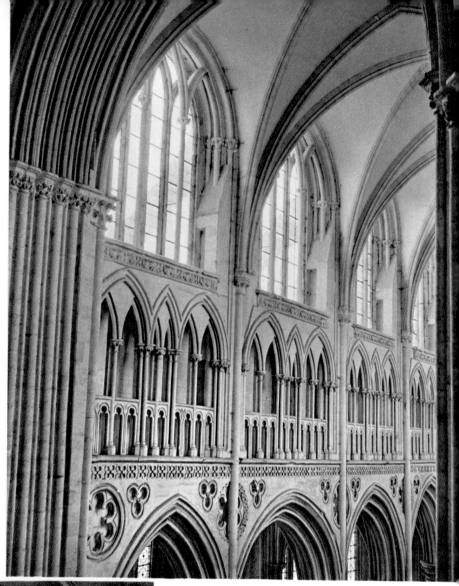

SÉES

406. - Portail droit, façade ouest
407. - Décor de la nef

410

408

409

408-409. - Décor de la
claire-voie du chœur
410. - Rose nord

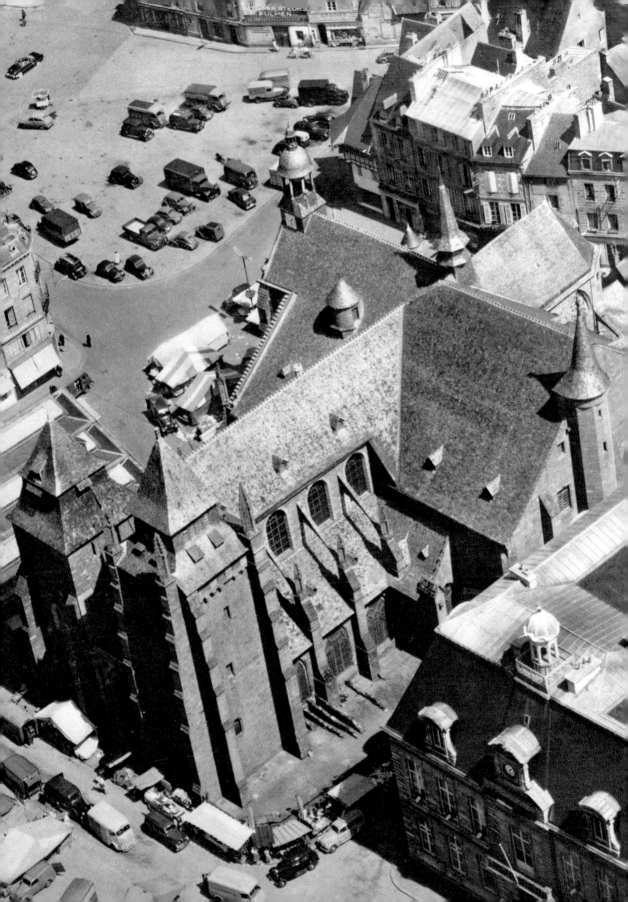

SAINT-POL DE LÉON
415 à 418.
Décor des stalles

415

416

417

418

QUIMPER

419. - Porte Sainte-Catherine

(*pages suivantes*)
421. - Clocher
422. - Chevet

ALBI
420. - Le côté nord, le palais
de la Berbie et le Tarn

424

426

ALBI

425. - Le chœur vu de la porte du jubé

426. - Voûtes du jubé

ALBI

427. - Vierge de l'Annonciation
Revers du jubé

428. - Clôture du chœur, intérieur

129

430

431

432

433

ALBI
FRESQUES AU REVERS
DE LA FAÇADE
434. - Les Elus
435. - Supplice des Envieux

435

436

BÉZIERS

436. - Chevet

SAINT-BERTRAND-DE-COMMINGES

437. - La cathédrale vue du sud

438

SAINT-BERTRAND-DE-COMMINGES

438-439. - Détails des sculptures

CONDOM

440. - Chœur

439

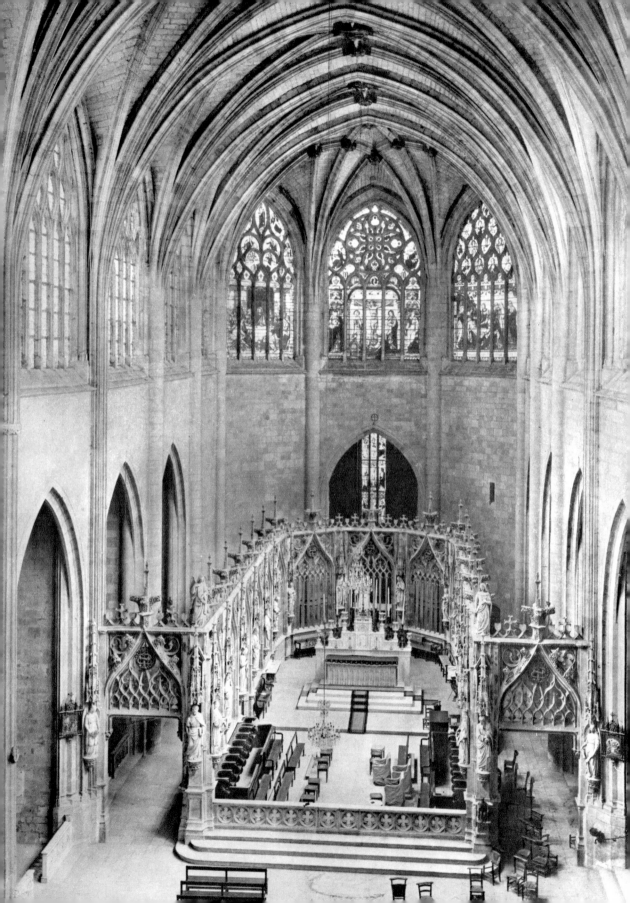

444

442                    443

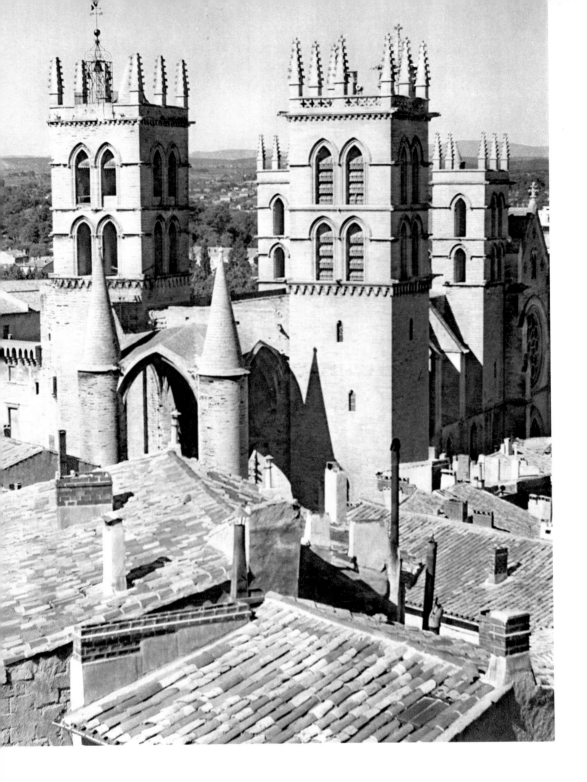

447. - MONTPELLIER

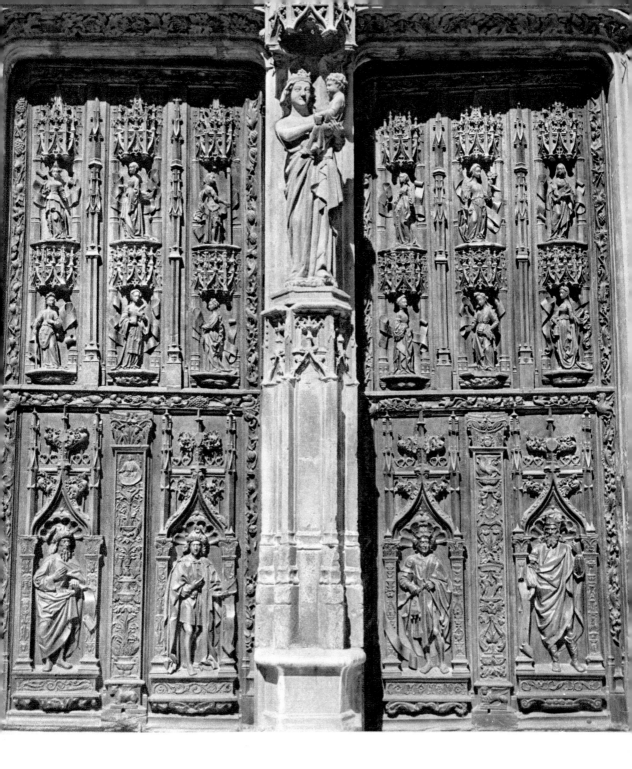

450. - Portail ouest

ANGERS

**PORTAIL OUEST**

454. - Tympan
455. - Figures bibliques

155

456

POITIERS

458. - Vitrail du chœur. La Crucifixion
et l'Ascension

459. - Voûtes de la nef et du chœur

# NOTICES EXPLICATIVES
# CONCERNANT
# LES ILLUSTRATIONS

'OITIERS
60 - Chevet

8  PARIS, ARCS-BOUTANTS ET PINACLES DE LA NEF (vers 1220-1230). Ils ont remplacé les arcs-boutants primitifs à double volée.

9  EVREUX, ARCS-BOUTANTS ET PINACLES DU CHŒUR. On a ajouré le plus possible l'arc-boutant tandis que s'exhaussent de plus en plus les pinacles. (Début du XIVe s.).

10  LAON, CHEVET plat (premier quart du XIIIe s.). Ce plan, rarement utilisé en France pour les cathédrales, est beaucoup plus fréquent en Angleterre.

11  COUTANCES, CHEVET, construit avant 1274. De bas en haut : le second déambulatoire et les chapelles rayonnantes, puis les fenêtres du premier déambulatoire, beaucoup plus élevé, enfin les fenêtres hautes. La tour lanterne (haute de 57 m, 45) couvre la croisée du transept.

12  NEVERS. Le dessin du triforium est encore très simple : une rangée d'arcs tréflés. Des anges dans les écoinçons et des figures aux bases des colonnettes, où elles jouent le rôle de cariatides, rappellent l'art roman. (Construit avant 1221.)

13  LYON (seconde moitié du XIIIe s.). Le dessin du triforium se complique : deux baies prises sous un arc de décharge qui retombe sur un faisceau de colonnettes ; pour les travées les plus tardives, le tympan de l'arc de décharge s'ajoure d'un quatrelobe.

14  CHALONS-SUR-MARNE, CLAIRE-VOIE DE LA ROSE NORD. A la fin du XIIIe siècle, le mur du fond est percé de fenêtres, parfois leur réseau reproduit exactement le dessin du triforium ; l'ensemble prend le nom de claire-voie.

15  SÉES. Ici, dans le dernier quart du XIIIe siècle, la claire-voie entièrement ajourée reproduit le plan des fenêtres hautes et semble les prolonger ; le réseau de celles-ci « rappelle celui des fenêtres aux chœurs d'Amiens et de Beauvais » (p. 321).

16 à 20  FENÊTRES

D'un coup d'œil, on saisit l'évolution du type des fenêtres. Au chœur de REIMS (no 16), deux lancettes accolées sont surmontées d'une rose, (avant 1241). Au chœur du MANS (no 20), au milieu du XIIIe siècle, les fenêtres hautes formées par deux baies jumelées, subdivisées chacune en trois lancettes, s'ornent également de trois trèfles ; certains y verront le symbolisme de la Trinité. Cependant, à la fin du XIIIe siècle, TOUL (no 18), au croisillon nord, reprend en le doublant le parti de Reims. A TROYES, au début du XIVe siècle, (fenêtre des douze Apôtres, chapelle de la nef, côté nord), ce sont maintenant trois baies jumelées ; aux trèfles s'ajoutent les quatrelobes ; le réseau se complique, il faut maintenir et raidir une surface de vitrail toujours plus grande. A AUCH (no 19), au pourtour du chœur, début du XVIe siècle, si le sommet des lancettes reste tréflé, roses et quatrelobes ont fait place aux soufflets et mouchettes.

21 à 27  TRANSFORMATIONS DE L'ART DU VITRAIL DU XIIe AU XVIe SIÈCLE

Depuis les belles figures hiératiques du MANS (no 21), encore romanes de facture, les scènes familières des donateurs de CHARTRES et de BOURGES (nos 22 et 23), la signature de Clément de Chartres sur un vitrail de ROUEN (no 24), les médaillons de TOURS (no 25) où le dessin se détache mal du réseau du fond, on parvient à la sainte Catherine de MOULINS (n° 26) et au saint François d'Assise de BEAUVAIS (n° 27), d'une technique toute différente. (Voir plus loin à EVREUX (n°ˢ 320, 321, 327) les vitraux du XIV° siècle, qui « préparent le XV° siècle par l'élaboration de la perspective et un remarquable enrichissement de la technique » (J. Lafond).

Les n°ˢ 21 à 25 inclus sont faits de petits morceaux de verre de couleur teints dans la masse, réunis par des plombs ; le dessin des visages, des vêtements est obtenu par des traits de grisaille. Les n°ˢ 26 et 27 sont des panneaux de verre peint, gravé ou émaillé parfois ; les plombs sont beaucoup moins nombreux.

21 LE MANS. La Vierge au milieu des Apôtres, vitrail de l'Ascension, détail, (vers 1145) nef, bas-côté sud.

22 CHARTRES. Sculpteurs. L'un se repose et boit, l'autre taille une statue au ciseau à coups de maillet ; vitrail de saint Chéron, détail, chapelle nord de l'abside (entre 1215 et 1225).

23 BOURGES. Les aides préparent le mortier et transportent des matériaux ; les maçons manient truelle et fil à plomb. Vitrail de Lazare et du mauvais riche, détail, déambulatoire, côté nord (entre 1200 et 1215).

24 ROUEN. Le personnage tient une banderole sur laquelle on lit « CLEMENS VITREARIUS CARNOTENSIS M[E FECIT] » Clément, verrier de Chartres, me fit. Seule signature d'artiste verrier du XIII° siècle qui soit connue. Vitrail de l'Histoire de Joseph, détail, déambulatoire (vers 1235-1240).

25 TOURS. La tentation. Chassés du paradis, Adam bêche, Eve file. Vitrail de la Genèse, détail ; fenêtre haute du chœur, côté nord (entre 1257 et 1270).

26 MOULINS. Sainte Catherine ; personnage central du Vitrail des Ducs, où la Sainte est vénérée par les princes et princesses de Bourbon. Chevet, côté nord (vers 1498).

27 BEAUVAIS. Saint François d'Assise. Vitrail de la Déposition de Croix, détail, grande fenêtre du bras nord du transept (daté de 1522). Atelier des Leprince.

28 à 37 DÉCOR VÉGÉTAL ET ANIMAL. Son évolution du XII° au XV° siècle.

Tandis que le chapiteau du chœur d'ANGERS (n° 28) reste encore d'aspect très roman : prédominance des personnages, haut tailloir sculpté ; à LANGRES (n° 29), les feuillages de la corbeille annoncent les crochets (bourgeons, crosses de fougères), caractéristiques du XIII° siècle, seul le mufle de lion entre les deux chapiteaux est un rappel roman. Au MANS (n° 30), monstres et sirènes s'abritent encore sous des feuillages et des crochets, bien dessinés cette fois. A REIMS (n° 31), traité dans le même esprit, le décor est uniquement végétal ; sa disposition souligne les colonnettes cantonnant la pile centrale. A TOUL (n° 32), des pampres chargés de fruits entourent sans discontinuité colonnes et colonnettes. Même copie de la nature à AMIENS (n° 34) où, cependant, des fleurs stylisées restent proches du vase où s'épanouissent les campanules. A ROUEN (n° 33), sur les chapiteaux encadrant un relief traité comme un ivoire, apparaissent les bouquets de feuillage superposés, caractéristiques du XIV° siècle ; à VIENNE (n° 35), roses et églantines sont ainsi disposées. Au XV° siècle, à CHALONS-SUR-MARNE (n° 36), à VIENNE encore (n° 37), succèdent les feuilles de chêne, de chardon, entre lesquelles reparaissent animaux et monstres.

28 ANGERS. Chapiteau à l'entrée du chœur, côté sud (vers 1190).

29 LANGRES. Chapiteau du chœur (entre 1141 et 1153).

30 LE MANS. Chapiteau du déambulatoire, côté nord (entre 1217 et 1254); en dépit de sa date, le décor est plutôt archaïque.

31 REIMS. Chapiteau du chœur, côté sud (entre 1221 et 1241).

32 TOUL. Chapiteau du transept, côté nord (entre 1279 et 1295).

33 ROUEN. Portail de la calende. Début du XIVe siècle.

34 AMIENS. Socle du beau Dieu, façade ouest (entre 1220 et 1236).

35 VIENNE. Bas-côté nord (XIVe s.).

36 CHALONS-SUR-MARNE. Chapiteau du triforium de la nef, côté nord (XVe s.).

37 VIENNE. Décor de la porte gauche, façade ouest (vers 1460).

38 BAYEUX. FAÇADE OUEST. TOUR SUD de six étages, du XIe siècle, remaniée au XIIe, surmontée au milieu du XIIIe siècle d'une flèche de pierre, percée de hautes lucarnes et cantonnée de quatre clochetons ajourés. Les divers étages sont marqués par des retraits successifs.

39 BOURGES. TOUR NORD (1506-1532). Haute de 66 m, elle s'élève d'un seul jet. Elle remplace la tour primitive écroulée en 1506. La tourelle d'escalier fait saillie à l'angle nord-est.

FAÇADES OUEST :

40 CHARTRES (milieu du XIIIe siècle). Façade resserrée entre deux tours — celle du nord mesure 115 m, celle du sud 105 m. — Trois portails surmontés de trois baies et d'une rose. La galerie des rois est perchée au sommet de la façade, comme à REIMS (no 193) ; à PARIS (no 105), elle est juste au-dessus des portails ; à AMIENS, elle est placée sous la rose. D'abord prévue en retrait des tours, la façade a été avancée à leur niveau. Les portails ouvrent tous trois sur la nef.

41 TOURS. Sur un noyau du XIIe siècle, le XVe a monté cette façade aux profonds portails surmontés de hauts gâbles. La rose fait corps avec les baies pour ne plus former qu'une immense fenêtre. Point de galerie des rois, mais une légère arcature à la base du pignon. Au XVIe siècle, la Renaissance a couronné les tours de coupoles assez sveltes pour ne pas écraser le décor des siècles antérieurs.

42 CHRIST EN MAJESTÉ. CHARTRES, PORTAIL ROYAL. Vision de saint Jean dans l'Apocalypse : le Christ assis dans une gloire ovale, entre les symboles des Evangélistes. Au linteau, les Apôtres ; dans les voussures, les vingt-quatre Vieillards et des anges. « Nulle part... le Rédempteur ne s'atteste plus mélancolique et plus miséricordieux sous un aspect plus grave » (Huysmans). Cette scène se retrouve identique au MANS, à BOURGES, à ANGERS (no 453). Tous ces tympans sont contemporains (entre 1150 et 1160) et dérivent, E. Mâle l'a montré, de celui de Moissac. Le même thème sera également repris à Saint-Trophime d'Arles, à Saint-Jacques de Compostelle et dans bien d'autres édifices.

43 à 45 ANGES. Aux voussures des portails figurent les anges. Ils adorent, portent l'encens, des cierges, des couronnes, des instruments de musique, mais chaque époque a marqué ce thème de son propre style. La noblesse et la majesté l'emportent à ANGERS (no 43), où le mouvement se traduit par les jambes croisées, les drapés aux plis fins : réminiscences romanes; les personnages se touchent. A ROUEN (no 44), de légers dais, des cordons de feuillage isolent chaque figure; les vêtements sont traités largement, les visages s'animent. A VIENNE (no 45), le réalisme l'emporte. Sous

des dais monumentaux, ce sont des enfants aux lourdes et amples chapes ou tuniques.

43 ANGERS. Voussure du portail ouest (1155 environ).
44 ROUEN. Portail des Libraires, dernier quart du XIII<sup>e</sup> siècle.
45 VIENNE. Voussures du portail gauche (vers 1460).

46 à 50 ARTS LIBÉRAUX. La cathédrale est le miroir de la Science qui se résume dans le *Trivium* (Grammaire, Rhétorique, Dialectique) et le *Quadrivium* (Arithmétique, Géométrie, Astronomie, Musique). Chaque époque a traité, selon son tempérament, ces thèmes dont les données sont fixées par la tradition. La *Musique* frappe des clochettes, à CHARTRES (n° 46) comme à Laon et à PARIS, copie moderne des médaillons de Laon; mais l'artiste de la première, vers 1150, l'a embarrassée d'un instrument de musique, a soigné le décor du siège, les plis menus du vêtement, tandis que, cinquante ans plus tard, le sculpteur de Laon ne conserve que l'essentiel. De même pour la *Grammaire* qui, verge en main, apprend à lire aux marmousets à CHARTRES (n° 47), à PARIS (n° 48); à LYON (n° 50), au début du XIV<sup>e</sup> siècle, la scène prend un caractère familier et réaliste.
Voir encore le même thème traité à AUXERRE (n° 239).

46 et 47 CHARTRES, Portail royal, porte droite (vers 1150).
48 et 49 PARIS, trumeau de la porte centrale, figures modernes copiées sur celles de Laon.
50 LYON, console de la façade, côté droit (début du XIV<sup>e</sup> siècle).

51 à 54 LES VERTUS. Autre thème favori du Moyen Age. A partir du XIII<sup>e</sup> siècle, le plus souvent, les Vertus sont évoquées par des femmes portant sur un écu un animal symbolique, sauf à STRASBOURG où les grandes statues du portail gauche percent les vices de leurs lances comme au XII<sup>e</sup> siècle en Aquitaine. Le porche sud de CHARTRES (entre 1220 et 1245) est presque contemporain du portail central de PARIS (vers 1220); les voiles de la *Douceur* (n° 51) sont d'un style voisin des admirables voussures de LAON (n<sup>os</sup> 55-56) déjà vieilles de trente ans; la *Force* (n°52) casquée, revêtue du haubert, brandit l'épée. Toutes deux, solidement assises, sont statiques. Quelle souplesse au contraire dans les figures parisiennes ! « Le corps humain n'est plus traité en fonction du rôle qu'il joue dans le cadre qui l'enveloppe... mais pour soi, dans ses attitudes vraies, ses gestes réels » (p. 25). Le XIV<sup>e</sup> siècle à STRASBOURG accentue le réalisme et annonce le maniérisme.

51-52 CHARTRES. Emblème de la Douceur : l'agneau, de la Force : le lion. Porche sud, pilier de droite, face sud.
53 PARIS. L'Humilité porte une colombe, la Sagesse, le prudent serpent. Au registre inférieur, sont figurés en action les vices correspondants : l'Orgueil, un cavalier précipité de son coursier, la Folie, un personnage aux cheveux flottants parcourt la campagne (représentée par un arbre). Portail central, ébrasement de gauche (vers 1220).
54 STRASBOURG. Musée de l'Œuvre Notre-Dame. Statue provenant de la cathédrale. Façade ouest, porte gauche (début du XIV<sup>e</sup> siècle).
55-56 LAON. Voussures de la porte gauche, façade ouest (entre 1190 et 1205).

Pour les Vertus, voir encore AMIENS (n° 216). Pour la Sibylle voir STRASBOURG (n° 255). A AUCH (n° 344) et AIX (n° 450), ce n'est plus seulement la sibylle Erythrée, prophétesse du Jugement dernier, comme l'a montré E. Mâle, mais toutes les autres sibylles qui sont figurées.

57 Occupations des Mois et Signes du Zodiaque

La cathédrale fait large place aux travaux des humbles fidèles; la civilisation française reste essentiellement agricole. « Ces Géorgiques de la vieille France » (E. Mâle) sont en honneur aux soubassements ou aux voussures des portails. Chartres possède même deux calendriers sculptés, le plus ancien au Portail royal et un autre au porche nord. Janvier festoie. Chartres, Senlis, Amiens, Strasbourg (nos 57, 59, 61, 64). C'est même l'antique Janus à deux faces qui est à table au Portail royal et à Amiens. Février, encapuchonné, se chauffe; à Chartres, au Portail royal (no 58), sa tête touche le manteau de la cheminée, son vêtement entrouvert laisse voir un pelisson de fourrure; de hautes flammes brillent dans l'âtre à Senlis, Amiens, Strasbourg (nos 60, 62, 64) où le Verseau sépare Janvier de Février. Mars bêche sa vigne à Amiens (no 63); tandis qu'au portail nord de Chartres (no 65), il la taille, mais en gardant le vêtement d'hiver et le capuchon. Avril est caractérisé par les verdures sobrement esquissées : taille d'un arbre à Senlis (no 67), caresse d'un arbuste fleuri à Chartres, au Portail royal (no 66), ou bouquet d'épis — symbole du blé qui lève — au portail nord (no 69), promenade en forêt le faucon au poing à Amiens (no 72). En Mai, c'est le départ pour la chasse : Chartres, Portail royal (no 66), de même Paris (no 70), tandis qu'Amiens préfère le repos sous les arbres à écouter le rossignol perché sur la plus haute branche (no 73). Juin fauche à tour de bras à Senlis, à Amiens (nos 68 et 74); mais à Paris (no 71), le paysan, pieds nus, rapporte les bottes déjà liées; fait surprenant : le Lion occupe l'autre face du piédroit, c'est plutôt le signe d'Août, ainsi : à Chartres, Portail royal (no 66), à Strasbourg (no 77). Juillet coupe le blé à la faucille, à Chartres, Portail royal, Senlis, Strasbourg, Amiens (nos 66, 75, 77, 78); travail qui s'exécute seulement en Août à Paris (no 76) et au portail nord de Chartres (no 80). A la même époque, au Portail royal, le paysan se prépare à battre le blé (no 66); il manie le fléau à Strasbourg et à Amiens (nos 77 et 78). Septembre voit la récolte des fruits et Octobre la vendange, Amiens (no 78). En Novembre, Chartres, portail nord, le paysan conduit ses porcs à la glandée (no 81, en haut) et il sème à Amiens (no 78), mais Décembre s'affaire à préparer Noël; à Chartres, portail nord, l'homme va abattre un cochon gras (no 81, en bas); à Amiens, il est en pleine action; au-dessus d'un baril, une oie est déjà pendue par les pattes (no 79).

57-58-66 Chartres, Portail royal, porte gauche (vers 1150).

59-60-67-68-75 Senlis, Portail ouest (avant 1190).

70-71-76 Paris, façade ouest, porte gauche (entre 1210 et 1220).

61-62-63-72 Amiens, façade ouest, soubassement de la porte gauche
73-74-78-79 (entre 1220 et 1236).

65-69-80-81 Chartres, Portail nord, baie de droite (entre 1220 et 1245).

64 et 77 Strasbourg, façade ouest, portail droit (début du XIVe siècle).

82-83 Reims, l'Automne, l'Hiver : façade ouest, porte droite. Outre les travaux des Mois, les hommes du Moyen Age ont sculpté les saisons aux portes des cathédrales. Un artiste champenois a glorifié la vigne par cet homme adossé à un cep chargé de grappes et, pour traduire la rigueur de l'hiver, il a imaginé ce personnage venant se chauffer sans même se dévêtir (vers 1250).

# CHAPITRE II

## *NOTRE-DAME DE SENLIS*

84 LE CHEVET. Il s'appuie à la muraille gallo-romaine dont, au premier plan, on devine le tracé — une tour a été transformée en habitation —; les parties hautes de l'édifice : arcs-boutants, fenêtres, ont été faites ou refaites au XVI$^e$ siècle.

85 FAÇADE SUD. Les façades qui terminent le transept au nord et au sud furent élevées de 1506 à 1515 par Jean Dizieult et Pierre Chambiges, fils de Martin Chambiges, architecte des croisillons de Beauvais (n° 228) et de Sens, ce qui explique les ressemblances. Des éléments renaissance (colonnes torses, arcs en anse de panier au-dessus des portes) se mêlent au décor flamboyant.

86 FLÈCHE. Sur la tour du XII$^e$ siècle, on dressa vers 1240 un premier étage, octogonal, cantonné de clochetons ajourés; sur quatre faces de la tour s'ouvre une haute baie; au-dessus, s'élève une grande pyramide à huit pans percée de lucarnes.

87 à 89 PORTAIL DE LA FAÇADE OUEST. Premier grand portail sculpté consacré à la Vierge (avant 1190). Dans les voussures, patriarches, prophètes, ancêtres de la Vierge sont assis dans les rameaux de l'arbre de Jessé (n° 87). Sur la voussure extérieure gauche, de bas en haut, on reconnaît Abraham portant dans son sein les élus aux têtes rondes et le second personnage au-dessus : Moïse tenant les tables de la Loi. Dans la deuxième voussure, les rois de Juda, couronnés. — N° 89, E. Mâle rapproche ce TRIOMPHE DE LA VIERGE de la mosaïque, consacrée au même sujet, commencée en 1140 à Sainte-Marie au Transtévère, à Rome.

90 TRAVÉES DU CHŒUR ET DÉAMBULATOIRE. Les grandes arcades sont portées par des colonnes rondes et des piliers alternés. Au-dessus, de profondes tribunes, voûtées d'ogives; le triforium a disparu quand, au XVI$^e$ siècle, on a refait les parties hautes de l'édifice.

## *NOTRE-DAME DE NOYON*

91 LA NEF VUE DU TRANSEPT (entre 1185 et 1200). Même ordonnance intérieure qu'à Senlis avant les réfections du XVI$^e$ siècle.

92 CHEVET (vers 1150). Des contreforts-colonnes renforcent les murs des chapelles rayonnantes dont les fenêtres ont encore un tracé archaïque. Au-dessus des tribunes, le XVIII$^e$ siècle a monté d'épais massifs de maçonnerie, surmontés de pots à feu, pour contrebuter les voûtes de l'abside.

93 et 94 CLEFS DE VOUTE des tribunes du chœur, du déambulatoire.

95 SALLE CAPITULAIRE (XIII$^e$ siècle), de dimensions monumentales; divisée par une épine de colonnes en deux nefs de cinq travées, ouverte sur le cloître par de larges baies; munie d'une cheminée à la vaste hotte trapézoïdale, elle rappelle la Salle des Hôtes au Mont Saint-Michel,

du début du XIII<sup>e</sup> siècle. Du même style, à six km de Noyon, subsiste l'Infirmerie (1260) de l'abbaye d'Ourscamp.

## NOTRE-DAME DE LAON

96 BŒUF AU SOMMET DES TOURS, façade ouest. Au dernier étage, entre les colonnettes, surgissent seize grandes statues.

97 VUE D'ENSEMBLE prise du nord-est. Remarquer, presque aussi long que la nef, le chœur au chevet plat terminé par un grand pignon et les clochetons qui surmontent les contreforts. La tour lanterne, à un étage, au toit d'ardoises couvre la croisée du transept.

98 LES TOURS dont Rodin dit : « elles sont comme des étendards qui portent au loin le juste orgueil de l'homme ». Sept tours étaient prévues, mais deux d'entre elles, à chaque extrémité du transept, sont restées inachevées. On voit à l'extrême-droite l'une de celles-ci, ornée d'une arcature en plein cintre et surmontée d'une balustrade moderne.

99 FAÇADE OUEST (vers 1200), elle révèle par son ordonnance même les dispositions intérieures de l'édifice. Trois portails ouvrent sur trois nefs; deux grandes fenêtres, de chaque côté de la rose, éclairent les tribunes; une galerie haute répète, à l'extérieur, le triforium et en reproduit le dessin. Deux hautes tours (52 m) achèvent cette très classique façade de cathédrale qui servira de prototype en France et à l'étranger.

100 LE CHŒUR (élevé entre 1205 et 1220 environ). De même style que la nef : élévation à quatre étages, piles rondes, tribunes à baies géminées, triforium d'un dessin très simple, fenêtres hautes à une seule baie en tiers-point, voûtes sexpartites contrebutées à l'extérieur par des arcs-boutants; chapiteaux à double rangée de feuilles recourbées, rappelant ceux de Paris. Chevet plat. Les trois fenêtres du chevet et la rose ont conservé leurs verrières du XIII<sup>e</sup> siècle.

## NOTRE-DAME DE PARIS

101 LA NEF vue de la première travée du déambulatoire; élevée entre 1180 et 1200. « Commencée peu après la cathédrale de Laon, elle en subit fortement l'emprise, mais avec un parti simplifié et élargi » (p. 71). Les fenêtres hautes ont été agrandies vers 1230.

102 DÉAMBULATOIRE, partie la plus ancienne (1163-1177) et sans doute la plus originale. L'architecte a résolu avec talent le problème du voûtement, que posait le double déambulatoire, par des voûtains triangulaires.

103 LE CHŒUR. « Tout est fort et massif sans lourdeur; le gothique naissant garde encore la superbe robustesse, l'aspect solide et puissant des belles constructions romanes » (Denise Jalabert); en arrière de l'autel, monument du Vœu de *Louis XIII* : au centre la *Vierge de Pitié* de Nicolas Coustou; à droite, la statue agenouillée de *Louis XIII* par Guillaume Coustou; à gauche celle de *Louis XIV* par Antoine Coysevox.

104 CÔTÉ SUD. Jamais mieux le terme vaisseau ne s'est appliqué à un édifice. Quant aux arcs-boutants du chevet (début du XIV<sup>e</sup> siècle) — quinze

417

mètres de volée — on les a comparés aux rames des galères. Façade du croisillon sud (1258-1267) : au-dessus du portail, dont surgit le grand gâble ajouré, s'élève une haute claire-voie qui porte une rose immense tenant toute la surface du mur. Elle est surmontée d'un pignon percé lui-même d'une rose.

105 FAÇADE OUEST. « Aucune façade ne donne cette même impression de force, de noblesse, de puissance calme et durable faite pour traverser les siècles » (p. 73). Division tripartite en hauteur comme en largeur. Les contreforts accusent l'ordonnance verticale, tandis que la galerie des rois et l'arcature à la base des tours soulignent les étages.

106 PORTE DE LA VIERGE, TYMPAN, façade ouest, baie de gauche, (entre 1210 et 1220); la plus fameuse des portes de Notre-Dame et une des plus belles qu'ait conçues le Moyen Age (voir p. 74).

107 LINTEAU DE LA PORTE DROITE. Porte Sainte-Anne (vers 1165-1170). « Proportions, attitudes, draperies, tout dénote l'observation attentive de la nature : c'est le gothique naissant, avec quelques formules romanes attardées... » (D. Jalabert). Noter les détails réalistes et pittoresques : les lampes au-dessus de la Vierge qui drape sa couverture; les trois figures au geste admiratif, sortant de la nuée; les costumes des bergers, l'attitude de leurs chiens, les gestes familiers des anges; la calvitie de l'Ancien à la droite d'Hérode. Comparer ce linteau avec celui de Chartres, presque contemporain (nº 166).

108 LA VIERGE (vers 1250), trumeau du portail nord, « la seule statue ancienne de Notre-Dame de Paris, parvenue jusqu'à nous » (p. 76).

109 BARBEDOR ET MAURICE DE SULLY, le doyen du chapitre, secrétaire du roi, et l'évêque fondateur de la cathédrale. Porte droite, dite de Sainte-Anne, fragment du tympan.

110 SAINT MICHEL, relief, ébrasement de gauche, porte gauche (de la Vierge).

111 COURONNEMENT DE LA VIERGE. Porte rouge, côté nord du chœur (vers 1265-1270). La reproduction du même thème rend plus sensible encore l'évolution de la sculpture en cinquante ans. Des cordons d'églantines séparent les rangs des voussures.

112 CLÔTURE DU CHŒUR. Fragment, côté nord (1300-1318), par Pierre de Chelles. Visitation, Annonce aux bergers, Nativité, Adoration des Mages. Les innovations du XIIIᵉ siècle dans l'expression des thèmes traditionnels se retrouvent ici : le geste d'Elisabeth touchant la poitrine de Marie lors de la Visitation, la crèche d'osier suppléant l'autel qui, jusqu'alors, figurait le berceau de l'Enfant à la Nativité, l'attitude des Mages : le premier, genou en terre, couronne ôtée, le second montrant à son compagnon l'étoile, ici guidée par un ange. « Les artistes se sont efforcés d'introduire la vie dans l'art » (E. Mâle). Comparer avec le nº 107.

113 à 115 PORTAIL SUD

113 PRÉDICATION ET MARTYRE DE SAINT ETIENNE, fragment du tympan. « Jean de Chelles crée des œuvres d'un esprit nouveau où apparaissent certains des caractères qui feront la gloire de la statuaire de Reims » (p. 75). « Il a en propre des types extrêmement caractérisés : saint Etienne

lui-même : jeunesse et pureté; en contraste, les bourreaux : brutalité déchaînée; les Pharisiens : astuce, étonnement et dédain; le magistrat désinvolte et supérieur, enfin les auditeurs de bonne foi (groupe au centre), méditatifs et pénétrés. Mais il est peut-être encore plus original dans le sens et le rythme de la composition... » (L. Lefrançois-Pillion). Noter l'armure à l'antique du soldat. Voir aussi Reims, n° 187.

114 VOUSSURES. Anges et saints (martyrs et confesseurs).

115 SCÈNE DE LA VIE DES ÉTUDIANTS (détail). « Ces bas-reliefs sont parmi les premiers de ces petits tableaux de pierre que l'on retrouve à Rouen, puis à Lyon » (p. 76). Voir n°s 356 à 360 et 385-386.

## SAINT-ÉTIENNE DE MEAUX

116 COTÉ ET FAÇADE DU CROISILLON SUD. Le portail est « la copie très exacte dans un style plus réaliste et plus pittoresque du portail sud de Notre-Dame de Paris » (p. 79), mais la façade elle-même est moins évidée qu'à Paris. La baie constituée par deux fenêtres jumelées surmontées d'une petite rose au curieux réseau remplace la grande rose de P. de Montreuil.

## SAINT-ÉTIENNE DE BOURGES

117 CHEVET (avant 1209-1214) « par la légèreté de sa masse, par la composition pyramidale des valeurs, par l'habile gradation des lignes vers le haut donne l'impression la plus émouvante » (p. 80). Au-dessus de la crypte, dont on voit ici deux fenêtres, se développe le second déambulatoire interrompu par les chapelles rayonnantes du chœur coiffées de hautes pyramides de pierre. Au-dessus encore, le premier déambulatoire épaulant le vaisseau central. Les clochetons réunis par une arcature ajourée qui terminent les arcs-boutants, la balustrade à pinacles couronnant le vaisseau central sont l'œuvre du XIXe siècle.

118 COTÉ SUD. Vue prise du jardin de l'ancien archevêché. Pas de transept, mais, au onzième arc-boutant, un escalier surmonté d'une flèche donne accès, par la volée supérieure, aux combles de l'édifice. A gauche, couvert d'un toit d'ardoise à quatre pans, le pilier butant, élevé hors œuvre pour étayer la tour sud. Une grande salle y est aménagée à l'étage.

119 CRYPTE ET TOMBEAU DU DUC JEAN DE BERRY. De très vastes dimensions, largement éclairée, ses robustes piliers (2 m, 30 de diamètre) soutiennent les voûtes qui portent le déambulatoire. Au premier plan, la statue funéraire de Jean, duc de Berry († 1416 à 76 ans), frère de Charles V, mécène le plus fameux de son temps. Le gisant, très réaliste, dû à Jean de Cambrai (début du XVe siècle) a les pieds posés sur un ourson muselé et enchaîné; il provient du tombeau du duc qui se dressait dans la chapelle de son palais de Bourges.

120 LE PREMIER COLLATÉRAL, côté nord. « Cet exhaussement prodigieux du premier collatéral » (p. 80), large de 5 m, 65 pour une hauteur de 21 m, destiné à contrebuter le vaisseau principal et à remplacer les tribunes.

121 TRAVÉE DE LA NEF ET DES BAS-COTÉS. « Cet échelonnement des voûtes et des baies..., cet élan des lignes qu'accentuent encore les minces colonnettes accolées aux hauts piliers... » (p. 80). Les piles qui séparent les

deux collatéraux sont de même plan et de même diamètre que celles de la nef. Le premier collatéral possède lui-même fenêtres et triforium.

122 à 124 Mascarons de l'escalier de la crypte supportant les retombées des voûtes (XIIIᵉ siècle); certains ont été restaurés au XIXᵉ siècle.

125-126 Culots de l'ancienne salle capitulaire, édifiée au XVᵉ siècle contre le porche et le flanc nord de la cathédrale.

127 et 128 Vitraux des fenêtres hautes du chœur (XIIIᵉ siècle).
127 La Vierge et l'Enfant, fenêtre d'axe.
128 Le Prophète Michée, côté nord. Voir aussi aux pages de garde : Sophonie, Jonas, Zacharie, Malachie, de nouveau Michée, Amos, Osée, Aggée. « Inaccessibles, comme en plein ciel, séparées de nous par les hauteurs vertigineuses du vaisseau, ces immenses figures au regard hallucinant... s'effacent dans la lumière qui les traverse et les rend immatérielles, comme des apparitions surhumaines » (L. Grodecki).

129 à 132 Vitraux du déambulatoire (1200 à 1215), à médaillons comme à Chartres, Sens, Auxerre, Rouen... dont le réseau varie à chaque verrière.
129 Détail du Jugement dernier, côté sud. Les élus, tous couronnés, conduits par un ange dans le sein d'Abraham. Les damnés — parmi eux : un roi, un évêque, une femme, — sont entraînés par le démon dans la gueule de Léviathan où d'autres diables les précipitent dans les flammes. Léviathan, monstre biblique, symbole du mal, représente l'Enfer. Voir aux nᵒˢ 142-143, le même thème traité par les sculpteurs soixante ans plus tard.
130 Détail de la Passion, côté sud. Le Lavement des pieds : l'artiste a suggéré l'ensemble des apôtres par quelques personnages. A l'extrême droite, s'opposant à saint Pierre, saint Jean imberbe. Le Christ se détache seul dans la partie gauche, la partie médiane est occupée par saint Pierre, robe troussée, les pieds dans un bassin, la main sur la tête, « non seulement mes pieds, mais aussi les mains et la tête » (Jean, XIII, 9).
131 Détail de l'Histoire du bon Samaritain, côté nord. Le prêtre et le lévite se détournent du voyageur blessé, couché au bord de la route, sous un arbre.
132 Histoire de l'Enfant prodigue, côté nord, partie haute. Registre du bas. L'Enfant prodigue, accueilli par les courtisanes, mène joyeuse vie. Comparer avec les reliefs d'Auxerre (nᵒ 238). Au-dessus, il joue aux dés et perd tout. Plus haut, à gauche, il est chassé à demi-nu; il se met au service d'un propriétaire, garde les pourceaux. Au-dessus, il arrive chez son père qui l'embrasse; une servante apporte un vêtement neuf. Au registre supérieur, le père fait tuer le veau gras, festin du retour, rentrée du fils aîné. Au sommet, le père réunit les deux fils.
133 Vitrail de Jacques Cœur (1448-1450), bas-côté nord du chœur. L'Annonciation, entre saint Jacques et sainte Catherine, patrons des donateurs. Le réseau de la fenêtre reproduit fleur de lis et cœurs. « Beaucoup de lumière et de clarté; les colorations vives des vêtements somptueux, des fonds, du dais, réchauffent la verrière » (p. 82). « Le peintre rêve d'un vitrail qui serait un tableau » (E. Mâle).
134 Les cinq portails de la façade ouest. Ils révèlent l'ordonnance intérieure de l'édifice et rétablissent l'unité de la façade que d'épais contreforts découpent profondément. Derrière le portail central, le « grand hous-

teau » (fin du XIV<sup>e</sup> siècle). Les portails les plus anciens sont ceux de droite (vers 1250); le dernier portail à gauche a été refait au début du XVI<sup>e</sup> siècle en même temps que la tour nord. Toutes les grandes statues ont été détruites par les Protestants en 1562. Au sommet du gâble, au-dessus du portail central, figure de nouveau le Christ-Juge entre deux anges, de part et d'autre de la rose, à genoux, la Vierge et saint Etienne. Dans les écoinçons de la rose, les Vierges sages et les Vierges folles.

135-136 PORTAIL LATÉRAL SUD : restes de la cathédrale antérieure remontés ici au XIII<sup>e</sup> siècle; à comparer avec les n<sup>os</sup> 169 à 171, Chartres et 455, Angers.

135 PRÉFIGURES DU CHRIST. A droite, Moïse portant les tables de la Loi. Ebrasement de droite (vers 1150), « du type des statues-colonnes de Chartres, mais plus modelées peut-être » (p. 82).

136 LE CHRIST du trumeau est postérieur au portail (XIII<sup>e</sup> siècle). Comparer avec le n° 213 (Beau Dieu d'Amiens). Au linteau, les douze Apôtres, comme à Chartres (n° 42). Les portes elles-mêmes datent du XV<sup>e</sup> siècle; les initiales de l'archevêque Renaud Boisseau, aumônier de Jacques Cœur, y figurent.

PORTAIL CENTRAL.

137 à 143 LE JUGEMENT DERNIER (vers 1270-1280), par un atelier « chez qui l'amour du mouvement et du détail pittoresque l'emporte sur la majesté que devrait conserver cette page solennelle et terrible » (p. 83). Comparer avec les n<sup>os</sup> 181, Chartres; 194, Reims; 383, Rouen, Portail des Libraires.

137 à 139 LA RÉSURRECTION DES MORTS, registre inférieur du tympan. Ils ressuscitent tous à l'âge parfait : trente ans. « Le souci de la vérité anatomique, la variété des poses prouvent une science approfondie du corps humain » (p. 83).

140 LE CHRIST-JUGE « exécuté presque en ronde-bosse, fait une saillie inattendue » (Paul Vitry). A ses côtés, les anges portant les instruments de la Passion, la Vierge et saint Etienne agenouillés. Aux voussures, des anges. Au registre inférieur, le Pèsement des âmes, le Paradis, l'Enfer.

141 SAINT MICHEL PESANT LES AMES. « Il a le sourire plein de mansuétude, avec un peu moins d'ironie, des grands anges rémois » (P. Vitry). De la main droite, il tient la balance; le calice, symbole du sang du Christ, dit E. Mâle, ou de la Foi, charge un plateau et l'emporte en dépit d'une tête hideuse et d'un crapaud accrochés à l'autre plateau. De la main gauche, l'archange attire à lui l'âme, sous forme d'un enfant à qui le démon tente de faire un croc-en-jambe.

142 LE PARADIS, symbolisé par Abraham tenant les âmes en son giron. Des anges s'apprêtent à couronner les élus, saint Pierre les conduit. « Il est possible que l'artiste ait voulu associer dans le même hommage les deux âmes les plus pures de son siècle : saint François d'Assise et saint Louis » (E. Mâle).

143 L'ENFER, d'une science du mouvement qui s'oppose à la calme ordonnance du Paradis. Certains démons ont une figure humaine sur le ventre, car « ils ont mis leur intelligence au service de leurs appétits » (E. Mâle). A gauche, un avare, une bourse pendue au cou, puis un moine brandi par un diable comme une massue. Dans le chaudron installé dans la gueule de Léviathan, c'est-à-dire de Satan, brûlent déjà un moine, dont la langue est dévorée par un monstre (la médisance), une femme mordue par un crapaud (la luxure) et, à côté d'elle, un évêque la tête en bas.

144 à 146 Ecoinçons des portails. Au soubassement des grandes statues court une arcature dont les écoinçons déroulent, comme une tapisserie, la Genèse, jusqu'à Noé inclusivement, et les vies de la Vierge et du Christ, « petits tableaux d'une finesse spirituelle et d'une ingéniosité remarquables » (Paul Vitry).

    144 Lamech tire sur Caïn.
    145 La Vendange, signé Aguillon de Droues.
    146 Noé et les siens entrent dans l'arche.

## SAINT-JULIEN DU MANS

147 Arcs-boutants du chœur (1217-1254), « une des plus audacieuses constructions du Moyen Age » (p. 83). Les arcs-boutants de la partie droite du chœur sont doubles au-dessus du premier déambulatoire, triples à l'étage inférieur. Ceux de l'abside se présentent en *Y*, les deux branches tournées vers l'extérieur pour répartir les poussées des voûtes hautes entre deux nouveaux contreforts : « Je ne connais qu'à Beauvais d'autres contreforts lancés dans les airs avec autant de génie et de mesure » (A. Rodin). Nombreuses galeries de circulation, la première en bordure du grand comble, deux autres encadrent le premier déambulatoire, l'une au-dessus, la seconde à la base de ses fenêtres, où elles percent en deux endroits les contreforts. Il y a également deux galeries de circulation au-dessus des chapelles rayonnantes et à la base de leurs fenêtres, où un passage est ménagé dans les contreforts extérieurs de ces chapelles.

148 Bras sud et tour du transept (XIVe siècle). Les premiers étages de la tour (haute de 64 m) appartiennent à la cathédrale romane et sont du XIIe siècle. Les étages supérieurs furent reconstruits au XIVe siècle lorsque s'éleva le transept, sur des bases romanes lui aussi. D'immenses fenêtres occupent chaque travée.

149 Bras nord du transept (XVe siècle) : présente les mêmes caractères que le croisillon sud. Les murs, dans leurs parties hautes, sont complètement évidés. Vitraux du XVe siècle. Comparer le réseau des fenêtres et de la rose, si ténu, avec les autres roses nord de Chartres (n° 175), Amiens (n° 201), Châlons (n° 248), Clermont-Ferrand (n° 278), Sées (n° 410). Au premier plan, les piles de la croisée du transept. Elles appartiennent à la cathédrale romane et ont été exhaussées à la hauteur du nouveau chœur. Au delà, les arcades ouvrant les deux déambulatoires prises sous un grand arc de décharge.

150 Le chœur. Influence normande indéniable : piles rondes, tailloirs circulaires, arcades fortement moulurées. La clef de voûte est à 34 m du sol.

151 Triforium et fenêtres du premier déambulatoire. L'influence normande est encore plus marquée ici par le tracé des arcades, le décor en creux, la profusion des feuillages ornant les écoinçons (voir n° 394, Bayeux). Vitraux du XIIIe siècle, à grandes figures ou à médaillons.

# CHAPITRE III

## SAINT-ÉTIENNE DE SENS

152 TRAVÉES DU CHŒUR (avant 1164). Elévation à trois étages : grandes arcades, triforium, fenêtres. « Les grandes arcades retombent alternativement sur une pile forte et sur deux colonnes jumelles, répondant aux voûtes sexpartites fortement bombées pour ramener les poussées vers le sol » (p. 138); disposition imitée à Cantorbéry dix ans plus tard.

153 SAINT THOMAS BECKET (vers 1195-1200). Ce relief, troisième travée du côté nord, dans le déambulatoire, rappelle le séjour à Sens du saint auquel est consacré le vitrail voisin. Voir aussi n° 393, Bayeux. Saint Thomas Becket, archevêque de Cantorbéry, en conflit avec le roi d'Angleterre Henri II, se réfugia en France de 1164 à 1170. Réconcilié avec le roi, il fut néanmoins assassiné dans sa cathédrale le 29 décembre 1170; son histoire a été portée au théâtre par T.S. Eliot, sous le titre de *Meurtre dans la cathédrale*.

154 SAINT ÉTIENNE. Trumeau de la porte centrale, façade ouest (1215-1220), « de la famille des diacres du croisillon sud de Chartres » (p. 139). Seule statue épargnée en 1793, parce qu'elle avait été coiffée d'un bonnet phrygien.

155 à 160 SOUBASSEMENT DE LA PORTE CENTRALE (1220-1230). Piédroit et ébrasement gauche. Le Miroir de la Nature et le Miroir de la Science.

155 LES VIERGES SAGES, au piédroit, « charmantes jeunes femmes aux belles robes qu'elles retroussent avec élégance » (p. 139); au registre inférieur, l'éléphant, au-dessus un personnage barbu tenant un phylactère (un philosophe ?).

156 à 160 « Le sculpteur inscrit dans les médaillons de la façade l'éléphant de l'Inde, chargé de sa tour, le griffon antique gardien des trésors de l'Asie, l'autruche et le chameau montés par des cavaliers d'Afrique; une sirène symbolise le mystère de l'Océan; un homme nu, couché sur le dos, le légendaire sciapode, lève son pied unique, comme une sorte de parasol, pour s'abriter contre les rayons du soleil » (E. Mâle). Figurent encore, au n° 160, à gauche, un cygne, le combat d'un homme et d'un ours, le basilic, au-dessus de celui-ci, la Philosophie portant les lettres $\theta$ et $\pi$ sur son vêtement, sceptre en main et tenant un livre. A sa droite, après le personnage du n° 155, un autre philosophe (?) tenant l'autre extrémité du phylactère.

TRÉSOR DE SENS

161 COURONNEMENT DE BETHSABÉE PAR SALOMON.

163 COURONNEMENT D'ESTHER PAR ASSUÉRUS. Ces deux panneaux appartiennent à la même tenture (dernier quart du XVe siècle) dite des Trois Couronnements. Au centre le couronnement de la Vierge, non reproduit ici. Tapisserie symbolique, inspirée par la *Bible des Pauvres*, recueil d'images où chaque épisode de la vie de la Vierge et du Christ est accompagné des scènes de l'Ancien Testament qui le préfigure. Tissée de laine et de soie mêlées à des fils d'or et d'argent, ouvrage des Flandres.

162 LA SAINTE CHASSE, ivoire, « le plus beau des coffrets byzantins connus » (Xe siècle).

164 CIBOIRE DIT D'ALPAIS (XIIᵉ siècle), argent doré. « Il rappelle dans son élégant profil et la sobriété de ses ciselures les ciboires presque semblables de l'abbaye Saint-Maurice d'Agaune » en Suisse (Chanoine Chartraire).

## NOTRE-DAME DE CHARTRES

LE PORTAIL ROYAL (1145-1155). « Un des monuments les plus fameux de la statuaire du Moyen Âge » (p. 144).

165 ENSEMBLE DU PORTAIL ROYAL. Aux ébrasements des trois portes se dressent les statues-colonnes figurant les grands personnages de la Bible; au-dessus de leurs têtes, les scènes de l'histoire du Christ sont sculptées sur les chapiteaux. Au tympan de la porte centrale, l'apparition du Fils de l'Homme entre les symboles des Evangélistes; au-dessus, les Apôtres; dans les voussures les anges et les Vieillards de l'Apocalypse. Au tympan de la porte de droite, les scènes de l'Enfance du Christ, la Vierge en majesté portant l'Enfant; dans les voussures, les Arts libéraux et les Sages de l'Antiquité. Au tympan de la porte de gauche, l'Ascension; dans les voussures, les Signes du Zodiaque et les Occupations des Mois.

166 PORTE DROITE. La Vierge en majesté; aux registres inférieurs, scènes de l'Enfance du Christ (Annonciation, Visitation, Nativité, Annonce aux bergers, au-dessus, Présentation au Temple). « L'iconographie est encore en partie romane, l'exécution également, mais dans l'ensemble, apparaît en réaction contre l'agitation des sculpteurs romans du milieu du XIIᵉ siècle un parti d'apaisement, de détente » (p. 145). « Les attitudes sont raides encore, mais laissent percer çà et là le sentiment de la vie; sur le corps long et mince, la tête est fortement accentuée; les étoffes collées au corps dessinent de longs plis parallèles » (M. Aubert, *La Cathédrale de Chartres*). Aux voussures, les anges, les Arts libéraux et les Sages de l'Antiquité. Sous la Musique (nº 46), Pythagore; sous la Grammaire (nº 47), Donat; au-dessus d'elle, Ptolémée, situé lui-même sous l'Astronomie.

167 et 168 CHAPITEAUX DES COLONNES DU PORTAIL ROYAL. « Les artistes se sont laissés aller à toute leur verve, à leur amour de la vie et du pittoresque » (p. 145).

167 Les Apôtres, les disciples d'Emmaüs.

168 De gauche à droite : saint Pierre et Malchus, le Baiser de Judas, l'Entrée à Jérusalem, la Mise au Tombeau. On remarquera que ces scènes ne sont point placées dans l'ordre chronologique, sans doute pour mettre en meilleure place celles qui étaient considérées comme les plus importantes.

169 à 171 STATUES-COLONNES « se confondent avec la colonne à laquelle elles sont accrochées, avec laquelle elles font corps. La statuaire participe de la construction, renforce les lignes de l'architecture » (p. 145). « Ces statues pareilles à des ébauches de corps, à mi-chemin entre la ligne et le volume, tout à la fois suggèrent leur participation au monde et leur absence du monde, ou plutôt leur abstention » (R. Schwob).

169 PORTE GAUCHE, ébrasement gauche. Ces statues appartiennent à deux ateliers; deux d'entre elles, aux vêtements striés de plis profonds, se rattachent à l'art roman; la troisième, plus longue, à la tête ronde, plus petite, aux vêtements plus souples, moulant le buste, est du second atelier, celui de la porte centrale. « On est bien obligé de convenir que tel corps, de la ceinture aux pieds, ne ressemble pas à un corps. Et que pourtant la tête est une tête, que les mains et le ventre sont sensibles

et vrais. Tel détail, la ceinture qui pend, les longues nattes, les broderies sont exactement ce qu'elles veulent être. Et ce sont sans doute
ces parties saillantes qui rappellent l'individu représenté. Sans elles,
nous n'aurions qu'un long bloc, une racine striée, nullement une personne humaine, tandis que, sans cette forme de racine, la personne
représentée n'aurait pas de grandeur » (R. Schwob).

170-171 PORTE CENTRALE. N⁰ 170, ébrasement droit; n⁰ 171, ébrasement gauche.
« C'est l'aspect archaïque grec dans toute sa force et sa simplicité »
(A. Rodin). La reine « rit ingénue et mutine, charmante. Jamais, en
aucun temps, figure plus expressive n'a été ainsi façonnée par le
génie de l'homme » (Huysmans).

172 COTÉ SUD. « Ce jeu d'orgues prodigieux, fait d'une assemblée de colonnettes
régulièrement ordonnées » (R. Schwob). A gauche, le clocher (vers
1170), haut de 105 m ; la flèche seule mesure 45 m. Façade du croisillon (1220-1245), de part et d'autre de celui-ci, deux tours inachevées.
En avant, le porche sud (1230-1250).

173 VITRAIL DU CHŒUR (après 1200). Fenêtre haute, première travée du chœur,
côté gauche. La Vierge en majesté. Au-dessous, armoiries du donateur.

174 LANCETTE DU CROISILLON SUD (1221). Isaïe portant sur ses épaules saint
Mathieu. Au-dessous, la donatrice.

175 ROSE DU CROISILLON NORD (1230-1235) offerte par Blanche de Castille et
saint Louis. Dans les écoinçons, leurs armoiries (lis de France et châteaux
de Castille); au centre de la rose, la Vierge et l'Enfant. Autour, les
anges et quatre colombes; dans les losanges, les rois de Juda ; dans
les quatrelobes, des fleurs de lis; dans les médaillons extérieurs, les
douze petits prophètes. Au-dessous, de gauche à droite : Melchisédech (invisible ici), David, sainte Anne portant la Vierge, Salomon,
Aaron. « Elle n'avait ni l'extraordinaire diamètre de celles de Notre-
Dame de Paris, ni l'incomparable élégance de la rose en étoile d'Amiens;
elle était plus massive, plus petite; allumée de fleurs étincelantes poussées telles que des saxifrages de feu dans les trous du mur » (Huysmans).

PORTAIL NORD

176 PORTE CENTRALE (1200-1215), ébrasement gauche. Melchisédech, Abraham,
Moïse, Samuel, David. « Admirables figures aux traits grandioses,
surhumains » (p. 146). Comparer Melchisédech avec le n⁰ 187, Reims.

177 RENCONTRE DE TOBIE ET DE RAGUEL, père de Sara, quatrième rang des
voussures, porte droite.

178 JUDITH SE COUVRE LA TÊTE DE CENDRES, troisième rang des voussures, porte
droite.

179 LA NATIVITÉ, fragment du jubé (milieu du XIII⁰ siècle) « La Vierge a le geste
charmant d'une jeune maman, fière de son premier-né » (p. 143).

PORTAIL SUD

180 LE CHRIST BÉNISSANT, trumeau de la porte centrale (1200-1215); il tient
l'Evangile de la main gauche : « figure triste et douce profondément
humaine, moins idéalement parfait que le Beau Dieu d'Amiens (n⁰ 213),
mais plus émouvant... plus pitoyable à l'humanité souffrante » (p. 146).
E. Mâle fait observer que ce type du Christ tenant l'Evangile de la
main gauche et bénissant de la droite remonte à l'art chrétien des premiers siècles (Catacombe d'Alexandrie).

181 Le Jugement dernier, tympan de la porte centrale. « Le thème prend ici sa forme définitive que nous retrouverons à Paris, à Reims (n° 194), Amiens, Bourges (n°ˢ 137 à 140) » (p. 146). Le Christ-Juge montre ses plaies, à ses côtés la Vierge et saint Jean Evangéliste le supplient. Autour d'eux, les anges portant les instruments de la Passion. Dans les voussures supérieures, les neuf chœurs des anges; au-dessous, la résurrection des morts. Sur le linteau, saint Michel pesant les âmes (le fléau de la balance a disparu); à sa droite, le cortège des élus se dirige vers Abraham logé au deuxième rang des voussures; à sa gauche, les anges chassent vers l'Enfer les damnés parmi lesquels se voient un moine, une femme, un évêque, un roi. Il faut noter que les mêmes conditions sociales figurent aussi au rang des élus. Dans les voussures, à droite, les démons conduisent encore des damnés vers Léviathan.

182 Les saints Martin, Jérome, Grégoire, porte droite, ébrasement droit (1220-1230). « La statuaire gothique atteint ici à la perfection. Les pieds sont posés sur la tablette horizontale du socle; le corps porte réellement sur les jambes; la statue sort de la gaine où l'enfermait sa fonction de statue-colonne, elle vit » (Marcel Aubert, *La Sculpture française*).

183 Saint Théodore ou saint Maurice. Porche sud (1230-1240). « Le type idéal du chevalier du temps de saint Louis » (p. 146).

184 Sainte Modeste. Porche nord (avant 1260). « Chef-d'œuvre de grâce pudique » (E. Mâle).

## SAINTS-GERVAIS-ET-PROTAIS DE SOISSONS

185 Croisillon sud (fin du XIIᵉ siècle), se termine en hémicycle comme Noyon (n° 92); il comporte encore des tribunes.

## NOTRE-DAME DE REIMS

186 Intérieur (1211-fin XIIIᵉ siècle). Jean d'Orbais en conçut le plan qui fut scrupuleusement suivi par ses successeurs; ainsi le réseau des fenêtres (n° 16) est-il le même aux fenêtres hautes du chœur, à celles des bas-côtés ou des chapelles. « Avec ses 138 m dans œuvre, Notre-Dame de Reims demeure la plus étendue des cathédrales françaises » (Michel Legrand). Elle est d'une unité parfaite. « Au-dessus des grandes arcades, portées par les piliers circulaires à quatre colonnes d'un type qui est celui des cathédrales du XIIIᵉ siècle, et du triforium aux élégantes colonnettes, les fenêtres hautes versent une abondante lumière » (p. 149).

187 Revers de la porte centrale (1245-1257). Le revers de la façade ouest a été couvert d'un réseau de niches superposées garnies chacune d'une statue, décor fort abîmé par la guerre de 1914-1918. Entre chaque rangée, des panneaux sculptés, où l'on reconnaît comme aux chapiteaux de la nef le lierre, le fraisier, la vigne, le chêne, l'arum, le cresson...; ils rappellent les jonchées et les guirlandes qui paraient la cathédrale pour le sacre des rois. « Nos sculpteurs pensèrent que les plantes des prés et des bois de la Champagne... avaient assez de noblesse pour orner la maison de Dieu » (E. Mâle). Au registre supérieur, prédication de saint Jean Baptiste : la cognée mise à la racine de l'arbre; au-dessous, rencontre d'Abraham et de Melchisédech, dite la Communion du che-

valier. Melchisédech, adossé à l'autel, revêtu de la grande chasuble du prêtre, présente l'hostie à Abraham, vêtu comme un chevalier du XIII<sup>e</sup> siècle, tandis qu'à droite, un guerrier est encore vêtu à l'antique. (Comparer avec n° 113. Pour Melchisédech, quelle évolution en moins de quarante ans ! voir n° 176).

188  BRAS NORD DU TRANSEPT, porte droite. Vierge assise portant l'Enfant (fin du XII<sup>e</sup> siècle); provient sans doute de l'ancienne cathédrale. « Ce tympan a servi à l'origine d'enfeu à une sépulture... au sommet de l'arc figure une âme portée par des anges » (L. Demaison). Au piédroit (n° 189), un clerc s'apprête à asperger le gisant.

SCULPTURES DE LA FAÇADE OUEST, appartiennent au troisième atelier de sculpture : « le plus original... il crée des œuvres qui annoncent le XIV<sup>e</sup> siècle » (p. 152).

190  BETHSABÉE au pourtour de la rose.
191  ANGE ENCHAÎNÉ. Voussure de la porte droite. Remarquer, en bas à droite, une marque de tâcheron.
192  CROCHET. « La sève qui porte la vie bouillonne, violente la feuille qui se modèle sous l'effort. Qui a fait ce chef-d'œuvre ? Un Gothique sans nom. Ces beaux trous ! Ces ombres portées ou projetées ! Comprend-on qu'il y ait tant de grandeur dans les bosses et les trous au moyen desquels on a fait le simple portrait d'une plante ?... C'est que la nature est là dans sa plénitude » (A. Rodin).

193  FAÇADE OUEST. « La plus célèbre peut-être des façades gothiques » (p. 150). « Les tours s'ouvrent de haut en bas en des chas effilés d'aiguilles, elles s'élancent, aériennes, se filigranent, et le ciel entre dans ces rainures, court dans ces meneaux, se glisse dans ces entailles, se joue dans les interminables lancettes... ces tours sont puissantes... et elles sont légères. Autant celles de Paris sont immobiles et muettes, autant celles de Reims parlent et s'animent » (Huysmans).

BRAS NORD DU TRANSEPT, PORTE GAUCHE
194  DÉTAIL DU JUGEMENT DERNIER (entre 1225 et 1240). Au sommet du tympan, le Christ-Juge entre la Vierge et saint Jean Baptiste agenouillés. A gauche, un ange portant la lance et la croix. Au-dessous, la résurrection des morts, sur deux rangs « développée avec une complaisance voulue » (p. 150); au registre inférieur, le Paradis, sous la forme de calmes figures assises (évêque, prêtre, roi, reine, femme) en relief, tandis qu'à l'arrière-plan, la foule est exprimée par trois personnages nimbés « d'un rythme tout classique » (p. 150). En bas, des anges aux mains voilées portent les âmes des justes au sein d'Abraham. « Jamais on n'a mieux exprimé le respect de l'âme humaine et la foi dans l'immortalité » (E. Mâle).
195  EBRASEMENT DE DROITE (vers 1230). Saint Jacques, identifié par les coquilles timbrant sa panetière, saint Paul « à l'expression inspirée et énergique, très proches des six statues de la porte droite (n° 196) annoncent déjà par leurs proportions, par les plis nombreux de leurs vêtements, peut-être inspirés de l'Antique, quelques-unes des plus belles statues de la façade ouest » (p. 150).

FAÇADE OUEST (entre 1240 et 1290).
196  PORTE DROITE, ÉBRASEMENT DROIT (vers 1230). Siméon portant l'Enfant

Jésus et saint Jean Baptiste « offrant avec les prophètes de Chartres les plus étonnantes analogies » (E. Mâle). A comparer avec le n° 176.

197 L'ANNONCIATION. La Vierge « sobrement vêtue, presque une paysanne, docile à la voix de l'Ange » (Michel Legrand), appartient à l'atelier d'Amiens, voir n° 217. L'Ange au contraire est de l'atelier proprement rémois « qui annonce l'art du XIVe siècle » (p. 152). Primitivement, cet ange, frère de l'Ange au sourire, devait lui faire pendant; il permuta avec l'ange destiné à la porte centrale, jugé insuffisant. Des marques de pose ont révélé cette mutation.

198 LA VISITATION, chef-d'œuvre de l'atelier inspiré par l'Antique. « Proportions trapues, tête forte et expressive, lèvres épaisses, menton large et rond... les draperies collent sur le corps un peu à la manière des étoffes mouillées antiques » (p. 151). A droite, Salomon, de l'atelier d'Amiens.

PORTE CENTRALE, ÉBRASEMENT GAUCHE.

199 LA PRÉSENTATION AU TEMPLE. « La Vierge d'un charme ingénu, si chastement exquis, tendant l'Enfant à Siméon doux et pensif » (Huysmans). Tous deux de l'atelier d'Amiens, tandis que saint Joseph, à gauche, « sarcastique et un peu trouble » appartient à l'atelier rémois.

PORTE GAUCHE, ÉBRASEMENT GAUCHE.

200 L'ANGE AU SOURIRE. « Ce sourire n'est-il pas l'impression la plus vive que l'on garde de cette statuaire de Reims, si variée ? » (P. Deschamps).

## NOTRE-DAME D'AMIENS

201 BRAS NORD DU TRANSEPT (entre 1220 et 1236). Large transept, muni de bas-côtés comme Chartres, Reims, Beauvais; bandeau de feuillage décoratif sous le triforium; celui-ci est remplacé par une claire-voie au fond du transept dont le mur, dans la partie basse, est orné d'arcatures. Au-dessus de la claire-voie, il est entièrement ajouré. Vitraux du XIVe siècle. Comme à Reims, façade ouest, le tympan du portail est vitré.

202 CLOTURE DU CHŒUR. DÉTAIL (1490); a été restaurée en 1838 par les Duthoit. Les Amiénois accueillent saint Firmin « l'imagier inconnu qui la créa était doué d'une finesse d'observation, d'une bonhomie, d'une verve persuasives et décidées... il mettait en scène de grouillantes foules » (Huysmans).

203 TOMBEAU D'EVRARD DE FOUILLOY, évêque d'Amiens ( † en 1222); dalle de bronze, d'une seule pièce, portée par six lions de même métal. Effigie en demi-relief, « la figure énergique et robuste, aux traits fortement marqués, accuse certainement la ressemblance avec le défunt » (M. Aubert, *La Sculpture française*).

204 à 209 DÉTAILS DES STALLES
A l'origine, le clergé s'asseyait sur un banc de pierre tout autour de l'abside et encadrait la chaire (*cathedra : siège*) de l'évêque. Il en est encore ainsi à Lyon et à Vienne. A l'époque gothique, le plus souvent, le clergé se range des deux côtés du chœur en avant de l'autel; on lui ménage des stalles : rangées de bancs munis d'accoudoirs, de sièges

mobiles dits miséricordes et parfois de hauts dossiers; les clôtures latérales sont appelées « jouées ». « Les plus belles stalles de France sont celles d'Amiens » (R. de Lasteyrie), exécutées de 1508 à 1522. « A côté des scènes de l'Ancien et du Nouveau Testament, d'innombrables sujets de fantaisie » (p. 153).

204 LA NATIVITÉ, L'ADORATION DES MAGES. Jouées du côté sud du chœur.
205 LE COURRIER ANNONCE A LABAN LE DÉPART DE JACOB.
206 LE RENARD PRÊCHANT AUX POULES.
207 PHARAON.
208 GARDIENS ASSISTANT A L'EXÉCUTION DU PANETIER.
209 L'HOMME AU CHIEN.
   « Petites scènes intimes et expressives dans un style tout gothique et réaliste... suprême floraison de cet art familier et pittoresque » (M. Aubert, *La sculpture française*).

210 VUE D'ENSEMBLE. « Une des œuvres les plus parfaites qu'ait élevées le Moyen Age; c'est le sommet rationnel de l'art gothique » (p. 153).

211 LES TROIS PORTAILS DE LA FAÇADE OUEST (1220 à 1236) « constituent l'ensemble le plus complet des Sommes théologique, historique, morale et naturelle » (p. 154).

FAÇADE OUEST :

PORTAIL CENTRAL

212 EBRASEMENT GAUCHE. Les Apôtres. De droite à gauche, on reconnaît saint Paul avec l'épée, saint Jacques le Mineur (bâton de foulon), saint Thomas (croix en forme de tau), saint Mathieu (?), saint Philippe (pierre dont il fut lapidé), saint Simon; puis les Prophètes : Ezéchiel, Daniel imberbe et, isolé, Nahum. Au piédroit du portail, les Vierges sages; au tympan, le Jugement dernier; aux voussures : anges, élus, saints et saintes, Vieillards de l'Apocalypse portant vases et instruments de musique; au-dessus d'Ezéchiel, l'arbre de Jessé; au-dessus de Daniel, les Patriarches : Moïse tient les tables de la Loi. « Partout transparaît une singulière bonhomie, un accent de vie familière » (p.154). « Nahum, aux immenses moustaches nouées derrière la tête, Ezéchiel trop petit pour une robe trop longue qui lui embarrasse les jambes » (L. Lefrançois-Pillion).

213 LE BEAU DIEU adossé au trumeau, « la plus justement célèbre des statues d'Amiens » (p. 154). Comme le saint Firmin (n° 220), « ces figures atteignent au sommet de l'art monumental... dans un sentiment de noblesse, de majesté, de vérité et d'idéalisme à la fois » (M. Aubert, *op. cit*).
   SOUBASSEMENT DES PORTAILS. Une tenture de pierre, les quatrefeuilles, garnit le bas de la façade : ils illustrent les Travaux des mois (nos 61, 62, 63, 72, 73, 74, 78, 79), les Vertus et les Vices, la vie ou les écrits des Prophètes (n° 216), des traits légendaires relatifs aux grandes statues (n° 215).

214 LES ÉPÉES TRANSFORMÉES EN SOCS DE CHARRUE, portail central, ébrasement droit, quatrefeuille sculpté sous Michée : image de la paix qui régnera à la fin des temps (Mich. IV, 3).

215 INCENDIE DES BATEAUX DE TARSE, SUR L'ORDRE D'HÉRODE. Portail droit, ébrasement gauche, sous l'un des Rois Mages. Episode emprunté à la *Légende Dorée* sur le retour des Mages. Ceux-ci se sont embarqués à Tarse, fureur d'Hérode qui ordonne de brûler tous les vaisseaux du port.

Les nᵒˢ 214-215 : scènes familières de la vie au XIIIᵉ siècle. Le bateau dont la proue figure une tête d'oiseau rappelle les drakkars normands. Voir TAPISSERIE DE BAYEUX, nᵒ 395.

216 SCÈNES DE LA VIE DES PROPHÈTES. LES VERTUS ET LES VICES. Portail central, ébrasement gauche. De gauche à droite, sous Nahum, en bas, le Prophète maudit Ninive : « On dirait l'avers agrandi d'une médaille romaine. Le geste de la pitié et celui de l'anathème se confondent presque dans une expression étrangement complexe et profondément une » (A. Rodin); au-dessus, il s'éloigne de la ville anéantie (Nahum, III, 1-7). Sous Daniel, en bas, le festin de Balthazar; au-dessus, Daniel dans la fosse aux lions (Dan. V, 17-28 et VI, 17-24). Sous Ezéchiel : la vision des roues (Ez. X et XI); au-dessous, la nouvelle Jérusalem et Dieu, à la porte, toise et cordeau en main pour la mesurer (Ez. XL). « Images naïves et charmantes, mais qui n'ont rien retenu de la grandeur des originaux qu'elles prétendent traduire » (E. Mâle). Ensuite, de gauche à droite : la Prudence, un serpent sur son écu; au-dessous, la Folie : un homme mange un caillou, comparer avec Paris (nᵒ 53); la Chasteté portant la palme et le phénix; la Luxure : deux amoureux s'embrassent; la Charité fait l'aumône et tient une brebis; l'Avarice thésaurise; l'Espérance lève la main vers la couronne des élus; le Désespoir se suicide; la Foi au calice surmonté d'une croix; l'Idôlatrie : un homme vénère un démon.

### PORTAIL DROIT OU DE LA MÈRE-DIEU

217 L'ANNONCIATION, LA VISITATION, ébrasement droit. Influence de Paris et de Chartres, très sensible : « quel dialogue, grave et tendre, pathétique, s'échange entre ces figures deux fois saintes de vérité et de beauté » (A. Rodin).

218 LA REINE DE SABA, ébrasement gauche. « Toute jeune, presqu'enfantine, dépourvue de tout pittoresque oriental, une petite fille de chez nous » (L. Lefrançois-Pillion). La couronne est une réfection moderne. La reine de Saba, figure de l'Eglise, est à côté de Salomon qui représente le Christ. Tous deux se retrouvent à Chartres, portail nord, et à Reims, contreforts de la façade ouest (nᵒ 198).

### PORTAIL GAUCHE OU DE SAINT-FIRMIN, consacré aux saints d'Amiens.

219 SAINTE ULPHE vécut, peut-être au VIIIᵉ siècle, en solitaire, aux environs d'Amiens; sur son tombeau, s'éleva un monastère.

220 SAINT FIRMIN, trumeau du portail. « Fait un geste où il y a de l'éternel. Jamais, peut-être, on n'exprima mieux le fond de l'être : c'est une âme » (E. Mâle).

### PORTAIL DE LA VIERGE DORÉE, croisillon sud : « Marque une rupture avec le style antérieur dont, justement, la façade ouest était le monument le plus représentatif » (L. Lefrançois-Pillion).

221 TYMPAN. HISTOIRE DE SAINT HONORÉ. Au linteau, les Apôtres « engagés deux par deux en un colloque où il faut voir sans aucun doute le partage entre eux des articles du Credo » (L. Lefrançois-Pillion). Dans les voussures, anges thuriféraires, prophètes, figures du Christ. L'Histoire de saint Honoré se lit de bas en haut, de gauche à droite. Vocation et sacre du saint. Découverte des corps des martyrs d'Amiens. Saint Honoré célèbre la messe. Guérisons opérées au tombeau de saint

Honoré. Procession de ses reliques. Le Crucifix qui inclina la tête au passage de la châsse.

222 SAINT JACQUES « part l'air vainqueur, pour la conquête du monde » (p. 155).

223 LA VIERGE DORÉE. « Amiens a senti passer le souffle de Reims » (p. 155).

## SAINT-PIERRE DE BEAUVAIS

224 PORTE SUD. Vantaux renaissance (avant 1562). Sous de lourdes architectures à pilastres et à frontons, sont sculptées, à gauche du trumeau, la guérison d'un boiteux par saint Pierre (scène mutilée), à droite, la conversion de saint Paul.
Un fin décor dans le goût de la première Renaissance couvre la partie inférieure des vantaux.

225 INTÉRIEUR. « Au-dessus des grandes arcades portées par de minces et longs piliers, la claire-voie semble prolonger les larges et hautes fenêtres » (p. 155), qui mesurent 18 m de haut. La clef de voûte est à 48 m du sol. De la construction primitive, seules subsistent les arcades de l'hémicycle; après l'accident de 1284, on doubla le nombre des piles dans les travées droites du chœur pour établir les voûtes sexpartites; le tracé des grandes arcades fut par conséquent modifié. De petites roses pleines dans l'écoinçon des arcs en lancette rappellent la hauteur primitive des grandes arcades. A l'abside, vitraux du XIVe siècle.

226-227 ARCS-BOUTANTS ET LEURS PILES. « Depuis le milieu du XIIIe siècle, les arcs-boutants à double volée de ce chevet, étagés sur deux rangs et décorés de crochets, sont restés intacts » (V. Leblond). No 226, pile intermédiaire établie en porte-à-faux sur les voûtes du déambulatoire; no 227, contrefort extérieur du chevet.

228 FAÇADE SUD. Entièrement flamboyante, commencée en 1500 par Martin Chambiges, terminée quarante-huit ans plus tard; a servi de prototype au croisillon sud de Senlis (no 85), mais l'ampleur des dimensions de Beauvais, l'absence d'une galerie en saillie sur les tourelles limitant la façade, le gâble de la fenêtre où s'inscrit la rose, la multiplicité des lignes verticales : claire-voie et arcature décorative, accentuent encore l'élan de l'ensemble.

## CHAPITRE IV

## SAINT-CYR-ET-SAINTE-JULITTE DE NEVERS

229 LA TOUR. Le soubassement et le premier étage datent du XIVe siècle. Les murs sont très peu décorés; une seule fenêtre sur la face est, corniche de feuillages, gargouilles. Les deux autres étages (entre 1509 et 1528) sont beaucoup plus ornés : grandes ouvertures, piliers d'angles aux niches surmontées de gâbles qui abritent des statues. Décor encore tout gothique.
Voir aussi les tours de Bourges (no 39); Rodez (no 288); Rouen (no 390).

230 VUE AÉRIENNE. Le vaisseau central (1215-1334) est coupé en son milieu par le transept qui, lui-même, mesure la moitié de ce vaisseau, d'où une harmonie de proportions encore plus remarquable ici qu'ailleurs. La tour, commencée au XIII<sup>e</sup> siècle, ne fut terminée que trois cents ans plus tard. Comparer avec Troyes (n° 244) et Limoges (n° 281).

231 à 233 CONSOLES DANS LE BRAS SUD DU TRANSEPT (milieu du XIV<sup>e</sup> siècle).
Art infiniment expressif et puissant, « en dépit de prétextes religieux assez lâches; c'est un art profane « laïque » que nous rencontrons ici » (L. Lefrançois-Pillion).
231 SCÈNE GALANTE. Pourrait illustrer maint roman courtois. Ne lit-on pas dans *Flamenca* que « le roi tient l'héroïne de très près, *la man el se* » ? A Lyon (n<sup>os</sup> 362-363), se marque plus de réserve.
232 FIGURE DÉCORATIVE. La rapprocher de l'Automne (n° 82) à Reims. L'évolution (draperies, modelé) est frappante.
233 LA LUXURE sous les traits d'une jeune femme chevauchant un bouc. Ce thème, si fréquent au XV<sup>e</sup> siècle, paraît ici, croyons-nous, pour la première fois. Voir au n° 238, la figure traditionnelle du même péché.

234 DÉAMBULATOIRE. Sans doute on a, pour asseoir le chœur et son pourtour, utilisé les murs et les piles de la crypte romane antérieure (Ch. Porée). « Chaque travée est voûtée sur six branches d'ogive, avec galerie de circulation à l'appui des fenêtres... disposition commune aux églises de Champagne et à beaucoup d'églises de Bourgogne » p. 215.

SCULPTURES DE LA FAÇADE OUEST (fin XIII<sup>e</sup> siècle-début XIV<sup>e</sup> siècle). « Charme, grâce, avec une note de fantaisie que l'on retrouve dans les plus beaux manuscrits du temps d'origine parisienne, dans certaines boîtes de miroir, œuvres d'ivoiriers également parisiens » (L. Lefrançois-Pillion).

235 HISTOIRE D'ADAM ET EVE. Portail gauche. Création de l'homme, création de la femme. Devant l'arbre de la Science du bien et du mal, Dieu leur interdit d'en manger le fruit. « L'artiste s'est haussé à la majesté du texte de la Genèse. La robe dont le Créateur est revêtu est drapée avec une simplicité pleine de noblesse et de majesté, les nus de nos premiers parents sont admirables » (Paul Deschamps).

PORTAIL CENTRAL
236 DÉTAIL DE L'HISTOIRE DE JOSEPH. Vendu aux marchands, il sort de la citerne, à droite, sa robe est rapportée à son père.
237 EBRASEMENT GAUCHE. Les Prophètes (?) (mutilés par les Protestants en 1567). Au soubassement, l'Histoire de Joseph : « petites scènes prises dans des cadres polylobés comme le réseau d'un vitrail », p. 215.
238 EBRASEMENT DROIT. DÉTAIL. Au centre, la Luxure : elle allaite deux dragons. C'est dans le style élégant du XIV<sup>e</sup> siècle l'héritière de la Femme aux serpents conçue par l'art roman. Dans les médaillons, Histoire de l'Enfant prodigue. En haut, à gauche, il festoie; à droite, le bain, on ne voit ici que la servante tenant un coussin. En bas, le banquet du retour; à gauche, les serviteurs apportent les mets; à droite, l'Enfant prodigue à table. Détail pittoresque et réaliste : la cruche au premier plan. Comparer avec le vitrail de Bourges, n° 132.

239 EBRASEMENT DROIT. Les Arts Libéraux; de gauche à droite, la Philosophie, couronne en tête, la Grammaire et deux écoliers, mutilés, la Dialectique dont un serpent enserre la taille, la Rhétorique, sans attribut défini. Voir le même thème aux n°s 46 à 50. Au registre inférieur, David et Bethsabée. A gauche, le roi, de son palais figuré par un portique orné d'une tenture, aperçoit Bethsabée au bain. Elle est assise, deminue; une servante verse l'eau d'une aiguière et en même temps lui frictionne la poitrine; à droite, Urie au combat.

240 LA CIRCONCISION DE SAINT JEAN-BAPTISTE. Détail du tympan.

241 L'ANNONCIATION. Voussure du portail gauche. Mêmes qualités aux tympans et voussures de ces deux portails : scènes animées, mais traitées largement dans le style du XIIIe siècle.

242-243 ANGES DES VOUSSURES. Portail du croisillon sud. Parents des anges de Bourges (n°s 141 et 142); ils ont un reflet de ceux de Reims (n°s 191, 197, 200).

## SAINT-PIERRE DE TROYES

244 VUE AÉRIENNE. Chœur élevé entre 1208 et 1240. Les arcs-boutants du chevet, à deux étages, reposent « uniquement sur des massifs de maçonnerie coincés entre les chapelles, à l'intérieur du déambulatoire » (V. de Courcel). Dans les travées droites du chœur et dans la nef, les arcs-boutants sont à double volée et leur support intermédiaire est porté par les piles médianes des doubles collatéraux. « Les fenêtres du chœur sont le premier exemple de l'ajourage total d'une travée » (V. de Courcel). Elles sont en outre prolongées par une haute claire-voie. La tour nord, commencée en 1510 sur les plans de Martin Chambiges, s'éleva lentement; l'étage au-dessus du comble fut bâti entre 1559 et 1568. Le couronnement classique, inachevé, date du début du XVIIe siècle.

245 BAS-COTÉ SUD. Entre les deux collatéraux, piles médianes, octogonales cantonnées de quatre colonnettes; les voûtes, dont la clef est à 12 m 50 du sol, datent de 1390.

246-247 FAÇADE OUEST. DÉCOR A LA BASE DE LA ROSE (entre 1520 et 1545), du gothique flamboyant le plus pur. Singe, dragon, alternent avec les feuillages. Au n° 247, lion décharné, étiré, stylisé, pour répondre à la volute de la feuille gaufrée.

## SAINT-ÉTIENNE DE CHALONS-SUR-MARNE

248 ROSE ET CLAIRE-VOIE. Bras nord du transept (XIIIe s.). Le dessin de la claire-voie se répète simplifié dans la rose, où un oculus remplace le quatrelobe à chaque baie; le tracé des arcs a été légèrement modifié pour couvrir l'espace entre la rose centrale à douze lobes et la circonférence. Deux arcs en tiers-point et cinq quatrelobes supportent la rose. Les verrières sont du XIIIe siècle mais ont été restaurées à la fin du XIXe siècle. A la claire-voie, les Apôtres; dans les arcs de chaque côté de la rose, à gauche la Synagogue, à droite l'Eglise. Au centre de la rose, le Christ en majesté entouré des symboles des Evangélistes. De grands rinceaux de vigne décorent les lancettes de la rose.

249 LA NEF VUE DU CHŒUR. Partie la plus ancienne de la cathédrale (XIII<sup>e</sup>-XIV<sup>e</sup> s.). Au-dessus des grandes arcades court un décor de petits arcs tréflés retombant sur des modillons : réminiscence romane. A la base des fenêtres hautes, frise de draperies et de feuillages. Façade largement éclairée par la grande rose et sa claire-voie. Vitraux de 1384. Les clefs de voûte de la nef sont à 41 m du sol.

250 CROISÉE DU TRANSEPT ET CHŒUR élevés entre 1486 et 1520, en harmonie avec la nef, en un style volontairement archaïque. Chœur surélevé dû à l'existence d'une crypte.

251-252 VITRAIL DE VALENTIN BOUSCH. Antoine, duc de Lorraine, de 1508 à 1544, et Renée de Bourbon, sa femme. Sur son armure, le duc porte une cotte d'armes à ses armoiries. Vitrail daté de 1523, donc exécuté du vivant du duc. Fenêtre du chœur.

253 BRAS SUD DU TRANSEPT. Grande verrière (1521-1527); décor renaissance de Valentin Bousch. En bas, sept saints, évêques de Metz. Au deuxième registre, de gauche à droite, les saintes Barbe et Catherine, la Vierge portant l'Enfant, puis les saintes Anne, Madeleine, Hélène, Apolline et Marguerite. Au-dessus, sept saints évêques de Metz et le chanoine Otto Savin, donateur.

## *NOTRE-DAME DE STRASBOURG*

254-255 FAÇADE OUEST. Conçue par Erwin de Steinbach, commencée par lui en 1277, continuée par son fils Jean de 1318 à 1339. Prédominance des lignes verticales encore accusée par le réseau d'arcatures placé en avant du mur. Contreforts très saillants, flanqués de pinacles évidés en niches, au niveau de la rose, où s'abritent des statues de cavaliers (modernes). De grands gâbles surmontent les portails, qui, très mutilés à la Révolution, ont été restaurés au XIX<sup>e</sup> siècle. PORTAIL CENTRAL : au trumeau, la Vierge; aux piédroits, les Prophètes et la Sibylle (la première vers la porte, à l'ébrasement gauche); scènes de l'Ancien Testament et miracles du Christ dans les voussures (refaites); au tympan, la Passion (XIII<sup>e</sup> siècle). Au sommet du grand gâble, la Vierge assise; au-dessous, Salomon; sur les gradins, douze lions.
PORTAIL NORD : aux piédroits, les Vertus terrassant les Vices.
PORTAIL SUD, aux piédroits, le Séducteur et les Vierges folles, à gauche; l'Epoux et les Vierges sages, à droite; au tympan, le Jugement dernier. « Si l'art de Strasbourg diffère de l'art spécifiquement français, encore plus diffère-t-il de tout précédent proprement allemand : c'est une greffe, c'est une mutation d'espèce » (L. Lefrançois-Pillion).

256 SOMMET DE LA FLÈCHE, terminée en 1439, œuvre de Jean Hültz, de Cologne. Formée de huit arêtiers, composés de clochetons en retrait les uns sur les autres qui s'appuient sur cinq colonnes; le sommet du lanternon (restauré) est à 142 m au-dessus du sol.

257 INTÉRIEUR DE LA FLÈCHE. Les deux étages octogones ont été élevés dans le premier quart du XV<sup>e</sup> siècle par Ulrich d'Ensingen. On voit les amorces des 16 branches d'ogives qui devaient voûter la salle du premier étage.

Le second étage, en retrait sur le premier, est couvert d'une voûte en étoile très décorative. On devine à travers les baies les quatre tourelles d'escalier.

258 CÔTÉ SUD. Revers des tours de la façade ouest, celle du nord surmontée de la flèche. Les arcs-boutants sont simples, contrebutés par de lourds contreforts aux pinacles ornés de statues (modernes pour la plupart). Les lignes de l'architecture sont soulignées d'un décor de crochets, autour des fenêtres hautes, aux gâbles et aux arêtes des pinacles, ou de balustrades sculptées refaites à l'époque moderne.

259 LE PILIER DES ANGES, croisillon sud. Au-dessus des quatre Evangélistes, accompagnés chacun de son attribut logé sur le piédestal, les anges du Jugement sonnent de la trompette, « le curieux mouvement de leurs ailes devient presque un motif ornemental » (Gabrielle Thibout).

260 ELÉVATION DE LA NEF. Piles dont le plan est en losange, formées de quatre colonnes aux angles et de faisceaux de colonnettes; chapiteaux à crochets caractéristiques du XIII$^e$ siècle ou à rangées de feuillages; clairevoie dont les écoinçons des baies sont ornés d'animaux dans les deux premières travées. Les fenêtres hautes occupent tout l'espace du mur entre les retombées des voûtes. Vitraux (XIV$^e$ siècle) d'un style archaïque, comportant de grandes figures en costume du XIII$^e$ siècle.

261-262 SAINT MATHIEU ET SAINT LUC. Détail du pilier des Anges. « Leur tête, très expressive, rappelle celle des Apôtres et des Prophètes de la cathédrale de Chartres, les plis de leurs vêtements sont du même style » (E. Lefèvre-Pontalis).

263 LA MORT DE LA VIERGE (1250-1255), tympan du croisillon sud, « se distingue par un maniérisme précoce » (E. Lefèvre-Pontalis). Tandis que deux des Apôtres soulèvent le corps de la Vierge pour l'ensevelir, le Christ, qui emporte l'âme de sa Mère sous la forme d'une petite figure aux mains jointes, bénit de la droite sa dépouille. Au premier plan, l'image de la douleur, peut-être sainte Marie-Madeleine. « L'influence des ateliers de Reims du milieu du XIII$^e$ siècle se reconnaît ici, notamment dans le modelé délicat des visages et dans les étoffes collantes aux plis menus » (p. 218).

264-265 DÉTAILS DU PILIER DES ANGES. N$^o$ 264 : Ange portant la croix; n$^o$ 265, Ange à la lance. Placés au-dessus des anges sonnant de la trompette, ils accompagnent le Christ. Très individualisés et expressifs.

266 LA SYNAGOGUE. Les yeux bandés, baisse la tête et tient une lance à la hampe brisée.

267 L'EGLISE. Couronnée, portant le calice, elle prend appui sur la croix ou plutôt sur le labarum.
Statues originales, musée de l'Œuvre Notre-Dame. « Elles disaient très haut aux Juifs que la Bible n'avait plus de sens pour la Synagogue, aux Chrétiens qu'elle n'avait plus de mystère pour l'Eglise » (E. Mâle). Elles accompagnent souvent la Crucifixion et expriment l'idée que la mort du Christ a substitué l'Eglise à la Synagogue; celle-ci n'a pas su comprendre les Prophéties, c'est pourquoi elle a les yeux bandés.

268 à 272 FRISE A LA BASE DES TOURS (XIV$^e$ s.). En haut, TOUR NORD : de gauche à droite, deux personnages luttent avec deux lions, puis, symboles et figures du Christ : le lion et ses lionceaux, la chasse à la licorne,

Jonas rejeté par le monstre (détail, n° 270), le Serpent d'airain, le pélican, le phénix, l'aigle fixant le soleil et ses aiglons, une scène de chasse. Au bas de la page, TOUR SUD : grotesques, centaure, archer sur un lion, sirène, monstres musiciens, lutteurs, duels de sphinx, etc... Deux détails de cette faune (n°ˢ 269 et 271).

273 LA PASSION, tympan du portail central. Façade ouest (XIIIᵉ siècle). Se lit de bas en haut, de gauche à droite : Entrée du Christ à Jérusalem, la Cène, Baiser de Judas, Arrestation de Jésus et, en même temps, guérison de Malchus. Comparution devant Pilate, Flagellation. Au second registre : Couronnement d'épines, Portement de croix, Crucifixion, (sujet restauré); l'Eglise reçoit le sang du côté du Christ dans le calice; à la gauche de celui-ci, la Synagogue; au pied de la croix, le squelette d'Adam; Déposition de croix, l'Ange et les Saintes Femmes au tombeau, les soldats dorment encore, pendaison de Judas, la gueule d'Enfer et ses démons d'où le Christ délivre Adam et Eve; les Apparitions à Marie-Madeleine, aux Apôtres et à saint Thomas. Dernier registre : l'Ascension, refaite de même que les sculptures des voussures. A rapprocher de Rouen, n° 387.

274 LE SÉDUCTEUR ET LES VIERGES FOLLES. Façade ouest, porte droite, ébrasement gauche, voir l'ensemble n° 255. Le Séducteur, coiffé d'un chapel de roses, tient une pomme, mais sur son dos courent des reptiles. Les Vierges folles, un cercle d'or dans les cheveux, à l'allure provocante ou maussade, se montrent sans manteau, tandis que les Vierges sages qui leur font face, à l'ébrasement droit, ont la tête couverte et se drapent dans leur mante (n° 277). Les statues en place sont des copies; les originaux sont conservés au musée de l'Œuvre Notre-Dame (n°ˢ 276-277).

275 APÔTRE, provenant du jubé. Musée de l'Œuvre Notre-Dame. Le jubé, de la fin du XIIIᵉ siècle, a été détruit au XVIIᵉ siècle.

## NOTRE-DAME DE CLERMONT

278-279 ROSES DU TRANSEPT (XIVᵉ siècle). A la rose du croisillon nord (n° 278), une couronne formée par trois rangs de quatrelobes reporte les poussées des rayons principaux vers l'extérieur et renforce l'armature de la rose qui s'inscrit dans un carré ajouré. La rose du croisillon sud (n° 279), d'un dessin plus délicat, a moins bien résisté au temps. Certains meneaux se sont écrasés; on l'a restaurée il y a une cinquantaine d'années. Toutes deux ont conservé leurs vitraux anciens. Comme dans bien d'autres édifices, les tons bleus dominent au nord, tandis que la rose méridionale est éclatante de pourpre et d'or. Comparer les autres roses nord reproduites ici : Le Mans (n° 149), Chartres (n° 175), Amiens (n° 201), Châlons-sur-Marne (n° 248), Sées (n° 410); et les roses sud : Beauvais (n° 228), flamboyante, Carcassonne (n° 286), Rodez (n° 287).

## SAINT-ÉTIENNE DE LIMOGES

280 LE CHŒUR. Construit en cinquante ans environ (1273-1327), il présente une grande homogénéité : piliers formés de faisceaux de colonnettes,

chapiteaux à double rangée de feuillages, triforium — et non claire-voie — dont le dessin reproduit les grandes lancettes des fenêtres hautes.

281 VUE AÉRIENNE. Le plan cruciforme apparaît nettement dans cette photo d'avion. Transept sans bas-côtés, assez étroit par rapport au reste de l'édifice. Le narthex (XIXᵉ siècle), qui joint la nef au clocher, est très visible en avant de la façade occidentale. CLOCHER : dans l'état actuel, le porche et les deux premiers étages romans, ont été enchemisés dans un massif en pierres de taille au XIVᵉ siècle. Seule subsiste une ouverture sur la faça ouest, la porte actuelle; au-dessus de cet épais massif, s'élèvent les quatre étages gothiques (après 1242).

## SAINT-JUST DE NARBONNE

282 CHEVET (1272-1319) de proportions très amples, se caractérise par les dalles couvrant le déambulatoire et les chapelles rayonnantes et formant ainsi une terrasse autour du vaisseau principal. Un chemin de ronde, ouvrage de défense, muni de créneaux et de merlons, entoure l'abside; il relie les contreforts les uns aux autres et les couronne. Noter aussi les dimensions des fenêtres hautes et des chapelles rayonnantes. Deux d'entre elles présentent un réseau flamboyant, réfection du XVᵉ siècle comme l'a démontrée R. de Lasteyrie.

TRÉSOR DE NARBONNE

283 TAPISSERIE DE LA CRÉATION. De très grandes dimensions (7 m 85 × 4 m 20), travail flamand du XVᵉ siècle, d'un coloris somptueux et d'une étonnante fraîcheur de dessin. Sont reproduits ici les deux tiers de la tenture, dont le centre. La Trinité est figurée sous les traits de trois personnages identiques, couverts de lourdes chapes et portant la couronne impériale. En haut, à gauche, Dieu crée le ciel et la terre; au-dessous, les arbres et les plantes; à côté, il lève la main vers le soleil, la lune et les étoiles; à droite, il crée oiseaux et poissons; au-dessus, la Trinité entourée d'anges; de part et d'autre de son trône, la Paix portant un lis et la Justice armée d'un glaive.

284 PLEURANT. « N'est-ce pas un des chanoines qui, avec les évêques, sous deux registres superposés d'arcatures, décoraient le tombeau de l'archevêque Pierre de La Jugie, mort en 1376 ? » (p. 220).

## SAINT-NAZAIRE DE CARCASSONNE

285 CHŒUR terminé au début du XIVᵉ siècle; plan méridional : abside sans déambulatoire ni chapelles rayonnantes, élévation simplifiée à deux étages seulement, l'un décoré d'arcades trilobées, l'autre constitué par les fenêtres, très hautes, dont les lancettes reproduisent le dessin de l'arcature au-dessous. Trois trèfles remplissent le sommet des fenêtres, les branches d'ogive de l'abside sont aussi ajourées de petites roses tréflées. Aux piles qui reçoivent la retombée des voûtes, sont accrochées très haut les niches abritant la Vierge, les Apôtres, les Saints du diocèse (premier quart du XIVᵉ siècle). Les vitraux des cinq fenêtres de l'abside sont anciens. « Trois d'entre eux, celui du centre et ceux des extrémités sont des vitraux légendaires, formés de petits médaillons super-

posés, ils datent du début du XIV<sup>e</sup> siècle... Les vitraux des deux fenêtres intermédiaires sont du XVI<sup>e</sup> siècle... Ce sont d'excellents morceaux qui se rattachent à l'école de Toulouse. Les personnages sont placés dans des cadres d'architecture » (Pierre Morel).

286 BRAS SUD DU TRANSEPT bâti aux alentours de 1269. A gauche, piles rondes, à chapiteaux circulaires ornés d'une double couronne de feuillages « analogues, comme parti général, aux chapiteaux des piliers ronds de la nef, mais d'un style caractéristique de la fin du XIII<sup>e</sup> siècle » (Pierre Morel). Le mur de fond du croisillon est décoré de deux rangs d'arcatures et de trèfles : le dessin de la rose, très simple, se compose d'une roue de trilobes et de quatrelobes alternés d'une grande légèreté.

## NOTRE-DAME DE RODEZ

287 PORTAIL SUD (XV<sup>e</sup> siècle) peu profond; le sommet du tympan est remplacé par un fenestrage flamboyant; dans le gâble, dont les rampants sont ornés de choux frisés, une rose à soufflets et à mouchettes. Dans le mur du croisillon, une autre rose, de plus grandes dimensions, est aussi de réseau flamboyant. Toute la statuaire a été détruite à la Révolution.

288 CLOCHER construit hors œuvre, au flanc nord du chœur. Les deux premiers étages, massive tour carrée, sont du XIV<sup>e</sup> siècle. François d'Estaing fit élever les trois derniers étages en seize ans (1510-1526). De grès rouge comme la cathédrale, il culmine à 90 m du sol; quatre baies percent le troisième étage (une sur chaque face). Aux angles, s'amorcent quatre tourelles octogonales, leur base est ornée de statues. Le quatrième étage, souligné par une galerie à la base de la baie, s'alourdit d'un riche décor. Les Apôtres se logent dans les niches des tourelles. Le cinquième étage, nettement en retrait, est décoré d'une arcature réunissant les tourelles et formant une sorte de loggia.

DÉTAILS DES STALLES (1478)

289-290 L'ANNONCIATION. Jouées, côté ouest. Sous deux dais apportés par deux angelots, la Vierge et saint Gabriel, nanti d'une étole, se font face, sans se regarder, de chaque côté du chœur. André Sulpice a fortement mouluré les volutes « où s'enlèvent des feuillages nerveusement refouillés » (L. Bousquet).

291 à 293 MISÉRICORDES DES STALLES. Canards aux cous enlacés, chat faisant le gros dos, charmantes fillettes aux coiffures fantaisistes... la verve de l'artiste s'est donné libre cours.

294 TOMBEAU DE RAYMOND D'AIGREFEUILLE († 1361) dans une des chapelles de l'abside. « La facture du gisant présente d'étroites ressemblances avec celui du pape Clément VI à l'abbatiale de la Chaise-Dieu, fait qui n'a rien de surprenant, l'évêque ayant vécu dans l'intimité des papes à la cour d'Avignon » (Louis Bousquet).

## SAINTE-MARIE DE BAYONNE

295 CHEVET (seconde moitié du XIII<sup>e</sup> siècle); rappelle beaucoup celui de Reims (même réseau aux fenêtres des chapelles rayonnantes, voir n° 16). Les

statues ornant la balustrade ont été refaites à l'époque moderne. Les flèches de la cathédrale, à l'arrière-plan, sont l'œuvre du XIX<sup>e</sup> siècle.

296 BRAS NORD DU TRANSEPT. Le triforium et la claire-voie, très développés, remplissent tout l'espace au-dessous des fenêtres hautes. Les combinaisons variées de trèfles qui garnissent les roses du réseau reproduisent celles des fenêtres hautes. Les piles de la croisée du transept sont formées de multiples colonnettes.

297 PORTE DU CLOITRE (XIII<sup>e</sup> siècle) très originale, donne accès au bras sud du transept. Iconographie traditionnelle. Au tympan droit, le Christ-Juge, accompagné des anges portant les instruments de la Passion, est entouré des symboles des Evangélistes. Dans les voussures, la Résurrection des morts, et, au cordon intérieur, en bas, l'Enfer; au tympan gauche, la Vierge en majesté entourée d'anges. Au-delà des voussures, six anges agenouillés porteurs de cierges, à gauche; d'encensoirs, à droite. Aux piédroits, les Apôtres, du même style que ceux de Bordeaux.

298-299 DÉTAILS DE LA RÉSURRECTION DES MORTS. N° 298, sommet de la voussure intérieure; n° 299, troisième et quatrième claveaux de la voussure extérieure, en partant du bas. « Ces sculptures présentent un curieux mélange d'archaïsme un peu gauche et de maniérisme relativement récent » (Elie Lambert).

## SAINT-ANDRÉ DE BORDEAUX

300 TOUR PEY BERLAND (milieu du XV<sup>e</sup> siècle). Clocher isolé, derrière le chevet que l'on aperçoit en partie, à droite. Tour carrée dont les contreforts se terminent en pinacles à la naissance de la flèche, couronnée par une statue moderne. Hauteur totale : 50 m.

301 INTÉRIEUR. Nef unique, galeries de circulation à la base des deux rangées de fenêtres; voûtes barlongues dans les travées proches du transept, à liernes et tiercerons dans les autres. Transept et chœur dans le style des cathédrales du nord. A comparer avec le n° 280, Limoges.

302 APOTRES, ébrasement gauche de la Porte royale (vers 1260) : ainsi nommée parce qu'elle n'était utilisée que par les rois et les grands personnages. Viollet-le-Duc a copié ces statues des ébrasements au portail central de Notre-Dame de Paris. « La douceur, voilà le trait caractéristique qui fait l'unité de la pensée artistique de la Porte royale » (P. Courteault).

303 LA CÈNE ET L'ASCENSION. Tympan du portail, croisillon nord (avant 1314). Ces thèmes si souvent représentés au XII<sup>e</sup> siècle (voir n° 165, baie de gauche du Portail royal à Chartres), négligés au XIII<sup>e</sup> siècle, sont repris ici avec un souci de la réalité, caractéristique de l'époque. « Doute, angoisse, commencement de scepticisme peut-être, voilà ce qui est traduit avec un très vif sentiment des nuances dans l'expression des visages de la Cène » (P. Courteault). A l'Ascension, moins adroit que l'imagier de Chartres, l'artiste de Bordeaux fait disparaître le Christ dans les nuées : l'effet produit n'est guère heureux.

304 SAINTE ANNE ET LA VIERGE (début du XVI<sup>e</sup> siècle) adossée à un pilier du chœur, primitivement placée sur un autel dédié à sainte Anne. Statue

439

de confrérie, témoin d'un culte populaire qui s'est développé à la fin du Moyen Age. Sainte Anne porte la guimpe et le bandeau des veuves; la Vierge, au contraire légèrement décolletée, les cheveux ondés, entremêlés de perles, est une petite princesse, qui, d'un geste enfantin, s'accroche au manteau de sa mère.

## SAINTE-MARIE DE DAX

PORTAIL DE L'ANCIENNE CATHÉDRALE, remonté au fond du croisillon nord (seconde moitié du XIIIe siècle) :

305 UN APOTRE, ébrasement gauche, le dernier vers l'extérieur « magnifique et énergique figure au regard pénétrant » (Fr. Salet).

306 LES APOTRES, ébrasement droit; de gauche à droite : saint Paul, chauve, à la longue barbe, est très traditionnel; saint Jacques le Majeur, à la panetière ornée de coquilles; saint Jean, imberbe; saint Jacques le Mineur, portant le bâton de foulon instrument de son martyre; le suivant, mutilé, ne peut être identifié; saint Thomas avec l'équerre, l'extrémité en est cassée.

## SAINT-ÉTIENNE DE TOULOUSE

307 FAÇADE OUEST très composite. La rose (vers 1220) imitée de Notre-Dame de Paris (no 105). En avant, le portail (milieu du XVe siècle), désaxé par rapport à la rose; il a perdu sa statuaire à la Révolution; le tympan n'avait jamais été sculpté. Enfin, le clocher terminé en 1531, à l'aspect de forteresse, dû au cardinal d'Orléans. Le chemin de ronde est à 55 m au-dessus du sol.

308 INTÉRIEUR. Au premier plan, une des trois travées de la nef sans bas-côtés, achevée en 1213 et, désaxé par rapport à cette nef, le chœur et le collatéral sud limité par le pilier d'Orléans.

309 PILIER D'ORLÉANS. Le cardinal Jean d'Orléans, archevêque de Toulouse (1503-1533), le fit dresser à l'entrée du chœur, côté sud, pour en contrebuter la voûte.

VITRAUX

310 LA VIERGE. Détail du vitrail offert, dit la tradition, par l'évêque Dominique de Florence (1411-1442). Troisième chapelle à droite du chœur. M. Jean Lafond fait observer que le style de ce vitrail le date au premier quart du XIVe siècle.

311-312 LE DAUPHIN ET SAINT LOUIS DE TOULOUSE. Première chapelle au sud de la chapelle d'axe, vitrail daté (1438); grandes figures sur fond de grisailles. Le Dauphin, futur Louis XI figure son saint patron, et, à côté, saint Louis de Toulouse, petit neveu de saint Louis, Franciscain, évêque de Toulouse, mort en 1297.

## SAINT-GATIEN DE TOURS

313 ROSE DE FAÇADE OUEST. Au niveau des fenêtres de la nef, la façade ouest (XVe siècle) est complètement évidée. Les meneaux de la rose, losange

aux côtés courbes, « ondulent et s'infléchissent pour former de véritables pétales » (Fr. Salet). Comparer avec Metz, nº 249, et les autres
roses des façades ouest, vues de l'extérieur : nᵒˢ 40, Chartres; 99, Laon;
105, Paris; 193, Reims; 254, Strasbourg; 307, Toulouse; 349, Toul;
355, Lyon; 457, Poitiers.

314 CLAIRE-VOIE ET VERRIÈRES DU CHŒUR : « Une des plus belles réussites du
temps de saint Louis » (Fr. Salet). Les fenêtres hautes reproduisent
le dessin de la claire-voie (trèfles ou quatrefeuilles); voûtes de l'abside
à six branches d'ogive seulement comme à Sées (nº 15). Verrières à
médaillons imitant celles de la Sainte-Chapelle. (Voir aussi détail nº 25).

315 VUE PRISE DU CLOITRE DE LA PSALLETTE. Tour nord. Sur un noyau roman,
le XIIIᵉ siècle élève un étage percé de hautes baies géminées; à l'étage
supérieur, le XVᵉ siècle reproduit la même disposition; mais un meneau
en Y divise chaque fenêtre que surmonte un gâble à choux frisés. Le
XVIᵉ siècle coiffe le tout d'une coupole octogonale où des gargouilles
se mêlent encore au décor renaissance.

316 TOMBEAU DES ENFANTS DE CHARLES VIII ET D'ANNE DE BRETAGNE : Charles
Orland († 1495) et Charles († 1496). Provient de la basilique Saint-
Martin. Le soubassement orné aux angles de dauphins est l'œuvre
d'un artiste italien; les anges tenant les armes de France ne sont que
des « putti » munis d'ailes; des scènes mythologiques s'insèrent dans
les rinceaux. Les gisants et les anges qui les accompagnent sont l'œuvre
d'un sculpteur français, sans doute élève de Michel Colombe. Comparer avec les nᵒˢ 331 et 332. La cordelière de saint François — Anne
de Bretagne était tertiaire franciscaine — ceint la dalle de marbre
noir.

## NOTRE-DAME D'EVREUX

317 COTÉ NORD, de nuit. Les diverses étapes de la construction sautent aux
yeux; d'abord la nef (parties hautes achevées vers 1250, mais arcs-
boutants et pinacles ont été refaits au XIXᵉ siècle), puis le chœur, élevé
avant 1310, le transept un siècle plus tard; ensuite la tour lanterne
de la croisée du transept et la profonde chapelle absidale, dues en
partie à la munificence de Louis XI et caractéristiques de l'art normand.
La façade du croisillon nord (début du XVIᵉ siècle), est encore d'un
gothique flamboyant très fleuri, on peut la comparer avec les façades
latérales de Senlis (nº 85) et de Beauvais (nº 228); enfin la tour nord,
dite le Gros-Pierre, plus jeune d'un siècle, présente les trois ordres
superposés, puis la chambre des cloches, en retrait, couronnée par
une coupole et un lanternon.

318 ARCS-BOUTANTS DU CHEVET. Deux rangs d'arcs-boutants superposés. Les
arcs supérieurs, ajourés de trèfles et quatrefeuilles, caractéristiques
du XIVᵉ siècle, les arcs inférieurs ajourés aussi, mais au dessin flamboyant, ont un siècle de moins. Voir encore le nº 9.

319 CROISÉE DU TRANSEPT ET INTÉRIEUR DE LA TOUR LANTERNE. Vue prise du
bras nord du transept. On aperçoit la dernière travée du chœur : grande
arcade (XIIᵉ siècle), triforium d'un dessin très simple, mais bordé

d'une balustrade à quatrefeuilles qui s'oppose à la haute claire-voie du transept. A la tour lanterne « le maître de l'œuvre est passé fort ingénieusement du plan carré au plan octogonal par des trapèzes couverts de nervures au dessin flamboyant qui montent vers une galerie aux baies élevées » (G. Bonnenfant) elle-même surmontée de l'étage des fenêtres, où celles-ci alternent avec des arcades aveugles offrant un réseau identique. La vignette de la page de faux-titre reproduit la perspective de cette tour lanterne.

320 VITRAIL DE JEAN DU PRAT. Détail de la fenêtre centrale de l'abside. L'évêque, donateur du vitrail (1328-1334) aux pieds de la Vierge et de saint Jean Baptiste son patron. A gauche, l'inscription : *Frater Joh[anne]s de Prato episcopus ebroisseniss* (sic); comme le n° 327, ce vitrail appartient à un atelier se rattachant à l'art de Saint-Ouen de Rouen.

321 VITRAIL DE PIERRE DE MORTAIN. Partie d'un vitrail à quatre lancettes. Le jeune prince (1366-1412), fils du roi de Navarre Charles le Mauvais, est présenté à la Vierge par son patron saint Pierre, vêtu en pape, représentation exceptionnelle à cette époque (vers 1395-1400). Les dais imitent l'architecture; on cherche les effets de perspective. Œuvre d'un atelier parisien.

322 CLOTURE DE LA CHAPELLE DU ROSAIRE, première chapelle nord de l'abside. Les clôtures des chapelles du déambulatoire s'échelonnent du règne de Louis XII à celui de Louis XIV, œuvres de huchiers normands; art mineur sans doute, mais plein de saveur, surtout ici où aux éléments gothiques (arc en accolade au-dessus de la porte, soufflets et mouchettes dans les panneaux ajourés) se mêlent des apports renaissance : rinceaux et chapiteaux des colonnettes, figures des Vertus cardinales. Vitraux : datés de 1307 à 1310, grisailles enchâssant de petites scènes colorées, « ensemble parfaitement homogène dont l'élégance ne va pas sans quelque sécheresse » (J. Lafond).

323 à 326 LES VERTUS CARDINALES, thème nouveau, qui se rencontre pour la première fois dans un Bréviaire enluminé pour Charles V, devenu très populaire du XVe siècle, en particulier sous Louis XII. Leurs attributs, assez surprenants de prime abord, ont sans doute été imaginés par un poète rouennais vers 1470, pense Emile Mâle; les Vertus cardinales se retrouvent sur un vitrail de la cathédrale de Rouen.

323 LA JUSTICE tient le glaive et la balance.

324 LA PRUDENCE le miroir et un serpent.

325 LA TEMPÉRANCE, ici, remplit une coupe; son attribut habituel, l'horloge, se voit à Nantes, n° 335.

326 LA FORCE porte une tour d'où elle arrache un serpent. Un bouclier est suspendu à son cou.

327 VITRAIL DE RAOUL DE FERRIÈRES. Le chanoine donateur († en 1330) dont le nom est inscrit sous la Vierge, présente à celle-ci le modèle de la fenêtre « un des chefs-d'œuvre de la peinture sur verre de la première moitié du XIVe siècle » (L. Grodecki).


## NOTRE-DAME DE MOULINS

L'évolution constatée à Evreux (nos 320, 321, 327) se poursuit. Le vitrail est devenu un tableau peint sur verre. Les personnages ne se détachent plus sous des dais, ils surgissent d'un décor d'église. Des figures meublent parfois l'arrière-plan, comme au n° 329. Les grisailles, dominant l'ensemble des vitraux au XIV^e siècle, se réduisent aux fonds d'architecture. Voir aussi le n° 26, sainte Catherine.

328  VITRAIL DU CARDINAL DE BOURBON (fin XV^e siècle). Détail. Le Christ en croix entre la Vierge et saint Jean. Des anges recueillent le sang du Sauveur dans des calices.

329  VITRAIL DES PETITDÉ (fin XV^e siècle). Fragment. Le donateur Pierre Petitdé présenté par son patron à la Vierge sous un dais, entourée d'anges adorateurs.

330  VOUTES DU CHŒUR (seconde moitié du XV^e siècle). Très originales. Les retombées se font sur des piliers engagés dans le chevet plat et disposés en quinconces par rapport aux piles du chœur proprement dit. Chaque compartiment est voûté au moyen d'une ogive à trois branches d'où un enchevêtrement de lignes brisées d'un effet très décoratif. Le plan de ce chœur, flanqué de deux bas-côtés qui forment un déambulatoire encastré dans le chevet plat, semble d'origine champenoise; il existe dès le XII^e siècle à Saint-Quiriace de Provins; il sera utilisé au XVI^e siècle à Saint-Jean-au-marché de Troyes et à Saint-Etienne de Beauvais.


## SAINT-PIERRE DE NANTES

331  TOMBEAU DE FRANÇOIS II DUC DE BRETAGNE ET DE MARGUERITE DE FOIX parents d'Anne de Bretagne par Michel Colombe (sculpté de 1502 à 1507), érigé dans la chapelle des Carmes, transporté à la cathédrale sous la Restauration. Influences françaises et italiennes s'y mêlent. A la tradition de notre pays appartiennent les gisants, les anges qui tiennent les coussins, les Apôtres et les pleurants du soubassement. L'art italien se manifeste par l'emploi de marbres de diverses couleurs (le vêtement des pleurants est vert foncé, les visages sont blancs), par le décor des pilastres et de leurs chapiteaux, par le style de la Prudence (n° 334) et de la Force (n° 336). Comparer avec le tombeau de leurs petits-fils, n° 316.

332  LES GISANTS. Ils ont les yeux fermés; au XIII^e siècle, les statues funéraires avaient les yeux grands ouverts; mais les traits restent idéalisés selon la tradition; pourtant, depuis cent ans on connaissait les gisants réalistes, cadavres à demi décomposés, comme celui du cardinal Lagrange, en Avignon. Les souverains, couronne en tête, sont revêtus de manteaux d'apparat, celui de la duchesse, entrouvert laisse voir le surcot bordé d'hermine du XV^e siècle; mais elle est coiffée du chaperon brodé de perles en vogue sous Louis XII.

333  LA JUSTICE, ceinte de la couronne royale, porte le glaive.
334  LA PRUDENCE, au double visage, tient le miroir.
335  LA TEMPÉRANCE, l'horloge en mains; une guimpe voile sa gorge.
336  LA FORCE, cuirassée et casquée à l'italienne, étrangle le dragon qu'elle arrache sans effort de la tour.

Pour la première fois, les Vertus cardinales ornent un tombeau. « Il a fallu le grand talent et le grand cœur de Michel Colombe pour les rendre belles... il a répandu sur leur visage une inaltérable sérénité. A soixante-quinze ans, il savait mieux que personne combien il est difficile d'être tempérant, prudent, juste, fort contre soi-même. C'est dans son expérience et dans les secrètes réserves de la vie morale qu'il a trouvé ces images des Vertus » (E. Mâle). Voir aussi le tombeau des Cardinaux d'Amboise à Rouen, nº 379.

337 à 340  VOUSSURES DES PORTAILS. Des cordons de feuillages très découpés, des moulures prismatiques, caractéristiques du XVe siècle séparent chaque rang de voussure. Les comparer avec les nos 87, Senlis; 114, Paris; 221, Amiens; 241 à 243, Auxerre. Chaque claveau est rempli par un tableautin à plusieurs personnages qui se meuvent dans des décors variés, l'artiste s'efforce de rendre la perspective.

337-338  SCÈNES DE LA VIE DE SAINT PAUL. Façade ouest, porte droite. A gauche, de bas en haut, saint Paul accompagné d'hommes d'armes se fait donner l'autorisation d'arrêter les chrétiens; il procède aux arrestations, il est terrassé sur le chemin de Damas; à droite, de bas en haut : saint Paul à Damas, sa prédication, son évasion, au moyen d'un couffin; nº 338 navigation de saint Paul.

339-340  SCÈNES DE LA VIE DE SAINT YVES. Portail sud. Nº 339, saint Yves visite un prisonnier; nº 340, de bas en haut : saint Yves et les plaideurs; il couche à la belle étoile, ayant mis un mendiant dans son lit.

341 à 343  SCULPTURES DES PILIERS AU REVERS DE LA FAÇADE; restaurées il y a cent ans. De gauche à droite : rencontre de Jacob et de Rachel, voyage de Rebecca, les troupeaux de Laban.


## SAINTE-MARIE D'AUCH

344-345  VERRIÈRE DU TOUR DU CHŒUR PAR ARNAUT DE MOLES (entre 1507 et 1513). « Un des chefs-d'œuvre de la peinture française » (L. Grodecki). Toute l'histoire du monde y est enclose avec les concordances chères au Moyen Age et popularisées, comme l'a montré E. Mâle, par le livre du Dominicain Filippo Barbieri dont se servait aussi, au même moment, Michel-Ange pour la voûte de la Sixtine. Les plaques de verre de très grandes dimensions (45 cm de côté parfois) sont souvent gravées, incrustées, même parfois doublées, en particulier pour rendre la somptuosité des rouges et des violets.

344  Noé, Jacob, saint Pierre, la sibylle Erythrée qui ici prophétise l'Annonciation; seconde chapelle du chœur, côté nord.

345  De gauche à droite : le patriarche Joseph, saint André, le prophète Joël; au-dessous, Joseph vendu par ses frères. Le patriarche Josué, la sibylle Europe l'épée nue en mains, elle annonce le massacre des Innocents et la Fuite en Egypte, cette dernière scène est figurée au registre inférieur, et le prophète Amos. Le patriarche Caleph, saint Barthélemy, le prophète Abdias; au-dessous, martyre de saint Barthélemy. Sauf les Apôtres vêtus à l'antique, les personnages portent des costumes chamarrés empruntés aux représentations des Mystères.

346  ENSEMBLE DES STALLES exécutées en chêne entre 1520 et 1529. Soufflets et mouchettes, arcs en accolade alternent avec rinceaux et masques renaissance. Leur iconographie répète celle des vitraux du chœur. Derrière les stalles, revers du buffet d'orgues, moderne.

347 PANNEAUX DES STALLES, côté de l'Evangile. De gauche à droite, saint Luc, la Force, même attribut qu'à Nantes n° 336 et à Evreux n° 326, saint Jean Evangéliste, sainte Madeleine, saint Pierre, sainte Marthe, Noé (semblable au n° 344), la Foi.

## SAINTE-CROIX D'ORLÉANS

348 FAÇADE OUEST voulue par Louis XIV « conforme à l'ordre gothique », les travaux en furent très lents et durèrent jusqu'à la Révolution. Trouard, successeur de Gabriel, emprunta les éléments de la décoration aux grandes cathédrales : les pyramides des contreforts imitent celles de Reims, la galerie à jour celle de Paris, les escaliers aux angles des tours ceux de Strasbourg.

### CHAPITRE V

## SAINT-ÉTIENNE DE TOUL

349 FAÇADE OUEST, construite en quarante ans environ (1460-1496) d'un flamboyant très homogène. L'ordonnance reste traditionnelle; les tympans des portails sont ajourés comme déjà à Reims deux siècles plus tôt. La rose de la façade s'inscrit dans un grand arc en tiers-point surmonté lui-même d'un immense gâble qui encadre un Christ et la Madeleine au pied de la croix. Ces deux œuvres sont des réfections modernes postérieures à la guerre de 1870 qui endommagea la façade.

350 LE CHŒUR élevé entre 1221 et 1260, peu profond, sans déambulatoire. Une seule travée en avant d'une abside à sept pans. Celle-ci est éclairée de hautes fenêtres dont le réseau est copié sur celui de Reims (n° 16). Il n'y a ni triforium, ni claire-voie. Les piles de la croisée du transept ont aussi le même plan qu'à Reims (n° 186); leurs chapiteaux (n° 32) en restent également très proches (voir n°s 31 et 186).

## SAINT-JEAN DE BESANÇON

351 AUTEL CIRCULAIRE, provient de l'ancienne église Saint-Etienne. Creusé en rose, porte au centre le chrisme traversé d'une croix reposant sur un agneau debout et que surmonte une colombe. Autour se lit la légende : « Hoc signum praestat populis caelesta regna ».

## SAINT-JEAN DE LYON

352-353 VITRAUX DE L'ABSIDE. Les sept fenêtres basses de l'abside sont ornées de vitraux à médaillons (7 par vitrail) aux larges bordures « où survivent des souvenirs de l'iconographie byzantine » (p. 316).

445

352 SCÈNES DE LA VIE DE SAINT JEAN. Second vitrail, au nord. De bas en haut, guérison d'un boiteux au Temple, martyre du saint plongé dans l'huile bouillante, saint Jean à Pathmos, vision de l'Apocalypse (Apoc. I, 13-18).

353 LA RÉDEMPTION. Vitrail central. Chaque scène de la vie du Christ est accompagnée de ses symboles, insérés dans la bordure. De bas en haut : l'Annonciation entre Isaïe, qui l'a annoncée, et la jeune fille à la licorne; la Nativité entre le Buisson ardent et la Toison de Gédéon; la Crucifixion entre le sacrifice d'Abraham et le Serpent d'airain; les Saintes Femmes au tombeau (pour la Résurrection) entre Jonas vomi par le monstre et le lion ranimant ses lionceaux. Ces thèmes se retrouvent avec quelques variantes à Bourges, à Chartres, au Mans, à Tours, à Rouen.

354 LE CHEVET bâti en bordure de la Saône de 1165 à 1180. L'édifice est assis sur un soubassement romain emprunté aux édifices de l'ancien forum. Les fenêtres hautes datent du XIII\u1d49 siècle. Deux tours (hautes de 44 m) s'élèvent à chaque extrémité du transept. Commencées au XII\u1d49 siècle, elles furent achevées, celle du nord au XIII\u1d49 siècle, celle du sud, au début du XV\u1d49 siècle. Sur la colline, derrière la cathédrale, la basilique de Fourvière.

355 FAÇADE OUEST (XIV\u1d49 siècle). L'ordonnance est toujours à trois étages en hauteur et en largeur; mais Lyon se distingue par une parfaite rectitude. Pas de saillies profondes, à peine deux faibles décrochements pour souligner les étages. De grands gâbles légèrement ornés surmontent les portails, l'arcature décorative qui correspond au triforium à l'intérieur est à peine esquissée; le dessin de la rose, très original (le comparer avec les autres roses ouest n\u1d52\u02e2 40, 99, 105, 193, 254, 307, 313, 349, 457) prend toute sa valeur. Le grand pignon ajouré domine les tours que devaient surmonter deux flèches octogonales. La cathédrale a perdu sa statuaire détruite en 1562 par les bandes du baron des Adrets.

356 à 360 SOUBASSEMENT DES PORTAILS. Mais les piédroits, au-dessous des niches vides, ont conservé leurs médaillons qui couvrent les ébrasements comme d'une tapisserie (début du XIV\u1d49 siècle). Voir aussi Auxerre, n\u1d52\u02e2 235 à 238 et Rouen n\u1d52\u02e2 385, 386, 388. Véritable encyclopédie; à côté des Signes du Zodiaque et des Travaux des Mois, des récits de la Genèse et de la vie de saint Jean Baptiste, on y trouve des traits de la vie des saints, les animaux symboliques des Bestiaires (comme à Sens n\u1d52\u02e2 156 à 160), des scènes familières, voire grotesques inspirées des fabliaux, des figures purement décoratives ou des monstres dus à la verve des artistes; le tout, sans ordre apparent.

356 Porte droite, côté gauche; de haut en bas, une femme assise (Vertu? un des Arts libéraux?); un moine bénit une femme; deux lutteurs nus; la mort perce un roi de son dard; combat contre un dragon.

357-359 Portail gauche, côté gauche. Scènes familières.

358 Portail central. Scène burlesque.

360 Portail gauche, côté gauche. On distingue des scènes de martyre : en haut, à gauche et à droite; des épisodes de la vie courante : combat, médecins examinant un urinal; des portraits, des monstres, des figures décoratives; des animaux symboliques : le Dragon représente le diable, l'Eléphant, image de la chasteté (il ne peut concevoir qu'après avoir mangé la mandragore), la Foulque qui se nourrit de poisson frais,

« comme le bon chrétien de la parole de Dieu », l'Ibis se repaît de cha-
rogne et d'excréments, symbole du pécheur qui ne touche jamais aux
aliments spirituels, une jeune fille chevauchant un lion pourrait être
la Force.

368 PORTAIL CENTRAL, COTÉ DROIT. Cavalier sur un monstre moitié cheval et
moitié loup.

361 à 371 DÉCOR DES CONSOLES, FAÇADE OUEST « d'un art fin et délicat qui rappelle
celui des coffrets d'ivoire et des valves de miroir » (XIVe siècle).
console à gauche du portail central : nos 361, 364, 371;
console à droite du portail gauche : nos 363, 365 et 50;
console à gauche du portail gauche : nos 362, 367, 369, 370;
console à l'extrémité gauche de la façade : no 366.

361 et 365 La Chasse et la Vierge à la licorne, animal fabuleux
cher aux *Bestiaires* qui le décrivent ainsi : corps de cheval,
tête de cerf, portant au milieu du front une corne resplendissante
qui transperce tout ce qu'elle atteint. Ne peut être capturée
que par une pucelle; dès qu'il la voit, l'animal vient s'endormir
sur ses genoux et le chasseur le perce de sa lance; figure du
Christ qui a pris de la Vierge notre chair et s'est laissé crucifier.

362 Echange de caresses.

363 Une dame couronne de roses son ami.

364 Saint Nicolas ressuscite les trois enfants mis au saloir. E. Mâle a
montré que cette légende, très populaire depuis le XIIIe siècle,
provient d'un épisode de la vie du saint, mal compris par les
Occidentaux. En Orient on aimait représenter saint Nicolas
délivrant des prisonniers; le Saint, de taille surhumaine, dominait
une tour d'où émergeaient trois petites têtes. La tour fut prise
pour un saloir et les prisonniers pour des enfants.

366 Vengeance de la courtisane Campaspe à l'égard d'Aristote amoureux. L'amour fait perdre la raison.


## SAINT-MAURICE DE VIENNE

372-373 ANGES MUSICIENS. PROPHÈTES. Porte droite, façade ouest. A la clef de la première voussure deux anges portent les armoiries de Robert de Genève
pape d'Avignon de 1378 à 1393. « Les têtes encadrées d'épaisses touffes
de cheveux, les lourds manteaux, les belles robes aux larges plis sont
preuves d'esprit bourguignon, mais d'un bourguignon apaisé par le
souffle méditerranéen » (p. 317); « il n'existe nulle part ailleurs une
plus intéressante collection des instruments de musique de la première
moitié du XVe siècle » (Marcel Reymond).

374 FAÇADE OUEST. Construite aux XIVe et XVe siècles. Beaucoup plus ornée que
celle de Lyon (no 355) elle la rappelle cependant : tours trapues, plus
ajourées à Vienne qu'à Lyon; second étage en retrait, grands gâbles
décorés au-dessus des portails, légère arcature à la hauteur du triforium; mais la façade de Vienne dont les parties hautes sont en mo-
lasse, pierre friable du pays, a en outre beaucoup souffert d'un incendie au milieu du XIXe siècle. L'étage des portails, en calcaire de Fay

(Ain) plus dur, a conservé intactes les sculptures épargnées par les iconoclastes huguenots en 1562 et 1567.

375 PORTE GAUCHE, FAÇADE OUEST. A la voussure extérieure des anges musiciens, thuriféraires, porteurs d'eau bénite (voir nº 45); à la voussure intérieure des séraphins enveloppés de leurs ailes. Au sommet du tympan, deux angelots porteurs d'une couronne étoilée, destinée à la Vierge (disparue); « remarquer le glissement des anges, ailes repliées... leurs visages sérieux et attentifs » (M. Faure).

376-377 SÉRAPHINS, portraits réalistes d'enfants pris sur le vif. Comparer avec ceux du Jugement dernier de Chartres, nº 181, cordon intérieur des voussures.

## NOTRE-DAME DE GRENOBLE

378 TABERNACLE érigé entre 1455 et 1457. Les tabernacles n'apparaissent pas avant le XIIIe siècle. Auparavant on conservait la réserve eucharistique dans une boîte ou une colombe émaillée suspendue à une crosse fixée en arrière de l'autel; suspension encore en usage à Saint-Pol de Léon. Celui de Grenoble, en pierre calcaire, est sans doute le plus grand. Haut de 14 m, il couvre plus de la moitié d'une travée.

## NOTRE-DAME DE ROUEN

379 TOMBEAU DES CARDINAUX D'AMBOISE dans la chapelle de la Vierge (premier tiers du XVIe siècle). La même sépulture fut érigée pour Georges d'Amboise (1460-1510), premier ministre de Louis XII, archevêque de Rouen et pour son neveu et successeur Georges II d'Amboise (1488-1550) qui fit exécuter le monument de son vivant. Œuvre avec quelques éléments gothiques (les priants, les Vertus) mais surtout renaissance. Sur une dalle de marbre noir, les défunts agenouillés sont tournés vers l'autel. Au soubassement, dans des niches à coquilles séparées par des pilastres : la Foi, la Charité, la Prudence, la Tempérance, la Justice, la Force; ces dernières s'inspirant nettement du tombeau de Nantes, la Tempérance surtout. Sur la corniche, les Apôtres groupés deux par deux. Profusion de rinceaux, de masques, de putti; des caissons ornent le dais abritant les statues; entre elles, un grand relief : saint Georges terrassant le dragon.

380 ELÉVATION DE LA NEF (première moitié du XIIIe siècle). Au-dessus des grandes arcades, des tribunes avaient d'abord été prévues, leurs baies ouvrent sur les bas-côtés dont on aperçoit les voûtes, au-dessus, une galerie de circulation sous un arc surbaissé et les fenêtres hautes. « Le profil des nervures et des moulures est profondément découpé et refouillé comme celui des piles, les maîtres d'œuvre normands recherchent les oppositions violentes des jeux d'ombre et de lumière » (p. 318).

381 VITRAIL DE SAINT JULIEN L'HOSPITALIER. Fragment. Côté nord du chœur. Donné par les Poissonniers, on les voit exerçant leur commerce dans les médaillons du bas; a inspiré à Flaubert son célèbre Conte. On

sait qu'un vitrail voisin et de même style porte la signature de Clément de Chartres (n° 24). Les rapports avec les vitraux des fenêtres basses de cette cathédrale sont indéniables (première moitié du XIIIᵉ siècle).

382 HISTOIRE DE SAINT JEAN-BAPTISTE. Portail gauche, façade ouest (XIIIᵉ siècle). De gauche à droite : festin d'Hérode, danse acrobatique de Salomé ; à l'extrême-droite, décollation du saint ; à gauche, remise de la tête du Précurseur par Salomé à sa mère.

PORTAIL DES LIBRAIRES

383 JUGEMENT DERNIER, fragment (fin XIIIᵉ siècle).
Résurrection des morts, cortège des élus et des damnés. Pour Mme Lefrançois-Pillion, c'est la même équipe d'artistes qui a œuvré au tympan et au soubassement (nᵒˢ 385 et 386) ; mêmes attitudes contrastées, mêmes draperies flottantes. « L'ensemble du relief, très méplat, contrairement à la tendance contemporaine, très massé suivant une formule absolument opposée à celle du tympan de la Passion (n° 387) est d'une qualité remarquable, rempli de trouvailles iconographiques d'une sensibilité neuve... Un ou deux plans d'un relief plus atténué encore prolongent, derrière élus et damnés la houle des têtes pressées à l'infini » (L. Lefrançois-Pillion).

384 GABLE DU CONTREFORT EST. Des anges emportent les âmes des élus ; au-dessus, dans le quatrefeuille, martyre de saint Pierre.

385-386 QUATREFEUILLES DU SOUBASSEMENT « tout un monde, où se coudoient quelques données historiques ou symboliques... avec les inventions les plus fantaisistes de la caricature et du grotesque. Tout concorde à faire supposer l'utilisation d'un de ces répertoires de motifs à toutes fins qui paraissent avoir été très répandus dans les ateliers dont les artistes se sont aidés pour des ensembles d'iconographie dispersée et relativement libre que constituent les chapiteaux, les modillons, les éléments de stalles, voire les bordures de pages de manuscrits » (L. Lefrançois-Pillion). Au registre supérieur on reconnaît Adam bêchant et Ève filant et à droite Ève allaitant son fils. Voir aussi à Lyon, nᵒˢ 356 à 360.

PORTAIL DE LA CALENDE

387 TYMPAN (XIVᵉ siècle) restauré en partie. « La grande nouveauté c'est la multiplicité des épisodes et des personnages, son trait le plus saillant étant le groupement de nombreuses figures autour de la croix et la présence de ces anges éplorés sortant à mi-corps de « nébules » qui sont bien vraisemblablement en France le premier écho de l'iconographie giottesque » (L. Lefrançois-Pillion). Pas d'ordre rigoureux dans la présentation des scènes. On reconnaît au second registre : l'Arrestation du Christ (à la fois le baiser de Judas et saint Pierre frappant Malchus) ; Judas pendu, la Flagellation, le Portement de croix auquel fait suite la Mise au tombeau. Au-dessus ; la Pâmoison de la Vierge, le coup de lance au côté du Christ en croix. Au registre inférieur : les Saintes Femmes au tombeau, l'Apparition à Madeleine, la Descente aux Limbes et la délivrance des Justes, l'Ascension et la Pentecôte. « Depuis un demi-siècle les Italiens représentaient la Crucifixion telle que nous la voyons au portail de la Calende » (E. Mâle) ; notamment Nicolà Pisano à la chaire du baptistère de Pise.

449

388 SOUBASSEMENT DU COTÉ GAUCHE (fin XIIIe siècle). « Nuances de l'appareil, conception iconographique, style du relief, tout confirme cette date, 1280 » (L. Lefrançois-Pillion). Histoire de Jacob.

FAÇADE OUEST

389 GRAND GABLE (début XVIe siècle). De chaque côté du grand portail aux profondes voussures, deux contreforts surchargés de statues et d'ornements (un seul est visible ici); une arcature ajourée formant tribune les réunit traversée par le grand gâble, très décoratif qui s'élance au-dessus du portail. Cet ensemble forme une saillie en avant de la façade proprement dite. Soufflets, mouchettes, choux frisés se multiplient, c'est une « dentelle de pierre » encore toute gothique.

390 TOUR DE BEURRE (1485 à 1507). Son nom lui vient des aumônes de carême employées à l'ériger. De plan presque carré, cantonnée de contreforts aux angles et au milieu de chaque face; percée de hautes baies, ajourées à partir de l'avant-dernier étage, elle se dresse sans lourdeur. Chaque étage s'élève en léger retrait sur celui qui précède, le plan octogonal allège encore le dernier étage. Voir les tours quasi contemporaines : Bourges (no 39); Nevers (no 229); Rodez (no 288); Bordeaux (no 300), tour Pey-Berland un peu antérieure.

## NOTRE-DAME DE BAYEUX

391-392 BAS-RELIEFS DES ÉCOINÇONS DE LA NEF ET DU CHŒUR :

391 Nef, côté nord (XIIe siècle). Lion et oiseau. Les écoinçons entre les grandes arcades sont décorés de motifs empruntés à l'art des manuscrits anglo-saxons, irlandais ou à celui d'Extrême-Orient tel qu'on pouvait le connaître par les ivoires et les petits bronzes. Le fond de vannerie semble emprunté aussi à l'art irlandais. Décor en chevron des grandes arcades, caractéristique de l'art normand.

392 Triforium du chœur, côté nord (XIIIe siècle). Dans le personnage soupesant une bourse et dont un démon étreint la main, certains ont pensé voir Judas.

393 MEURTRE DE SAINT THOMAS BECKET. Souci de réalisme. Sens du mouvement. Détail du tympan, portail du croisillon sud (fin XIIIe siècle). Voir aussi no 153, Sens.
Ces trois détails permettent de saisir l'évolution de la sculpture en Normandie en moins de 150 ans.

394 CHŒUR (seconde moitié du XIIIe siècle). « Ni tâtonnement, ni maladresse dans cette construction parfaite de proportions et d'équilibre. Dans les médaillons qui accostent les arcades à intervalles réguliers, dans les subdivisions du triforium dont tous les arcs ont été tracés avec la même ouverture de compas, dans les quatrelobes et les trèfles, qui s'élargissent ou s'étirent en longueur suivant la dimension des écoinçons à ajourer, aucune place n'a été laissée à la fantaisie. Nous sommes ici en présence d'un style savant, d'une maturité précoce. L'artiste est doublé d'un calculateur réfléchi » (J. Vallery-Radot). « Moulures en creux, haut triforium, fenêtres à galerie de circulation, tous caractères normands » (p. 320). Les voûtes sont ornées de fresques représentant les évêques de Bayeux (XIIIe siècle).

Trésor de Bayeux. Tapisserie de la reine Mathilde.
Bande de toile longue de plus de 70 m, haute de 0 m 50, brodée à l'aiguille de laines de huit couleurs (fin du XIᵉ siècle). Faite sur l'ordre de la reine Mathilde, femme du Conquérant, ou sur celui de son frère Eudes, évêque de Bayeux, relate la conquête de l'Angleterre par le duc de Normandie.

395 Traversée de la Manche. Le bateau de droite est encore un drakkar, le second un vaisseau de charge; les boucliers sont suspendus aux extrémités, les gouvernails sont à l'arrière, à droite et à gauche de chaque côté du bateau.

396 Débarquement des chevaux. Les chevaliers se hâtent vers Hastings.

397 De gauche à droite Wadard chef des éclaireurs, un Saxon, hache sur l'épaule menant un poney par la bride. Préparatifs de festin « ici on cuit la viande et ici les serviteurs remplissent leur office » dit l'inscription. La viande est présentée en brochettes. Table en demi-cercle, un serviteur « corne » l'eau, c'est-à-dire annonce le repas à son de trompe, l'évêque bénit la nourriture et la boisson.

398 Charge des archers et des chevaliers normands a Hastings (14 octobre 1066) casque à nasal, armure de mailles, grand bouclier oblong qui couvre l'homme.

399 Mêlée, les Saxons sont armés de haches et lancent des carreaux, visibles sur le nᵒ 398. L'inscription porte « Ici tombèrent ensemble dans le combat Anglais et Français. »

400 Bordure au-dessous de la mort d'Harold. La bordure, qui jusqu'à la bataille d'Hastings est un bestiaire varié, devient une sorte d'annexe de la bande principale : entassement des armes et des morts, dépouillement de ceux-ci. « La tapisserie de Bayeux est une chanson de geste illustrée » (J. Vallery-Radot).

401 Façade sud. A l'extérieur du bras sud du transept s'ouvre un portail dont le tympan raconte l'histoire de saint Thomas Becket (voir nᵒ 393); au-dessous, deux portes géminées, au sommet trilobé, donnent accès au sanctuaire. Décor de gâbles, de trèfles, de fleurons qui rappellent ceux du chœur. Voir au nᵒ 38 le clocher sud de la façade ouest.

## NOTRE-DAME DE COUTANCES

402 Coté sud. Au premier plan, fenêtres des chapelles (XIVᵉ siècle) ouvrant sur le bas-côté et comprises entre les contreforts achevés par des pinacles très simples; en arrière, d'autres pinacles surmontant les culées des arcs-boutants primitifs. Tours de la façade ouest (milieu du XIIIᵉ siècle), très révélatrices de l'art local : de dimensions considérables, accompagnées de tourelles d'escalier monumentales, celle du sud forme un petit clocher accolé à la tour principale; de hautes et minces colonnettes aux étages inférieurs, accentuent encore l'élancement du monument; au-dessus de la nef, les tours passent au plan octogonal; l'étage est percé de hautes baies très moulurées, il est accompagné de quatre clochetons ajourés dans toute leur hauteur et non moins moulurés. De hautes flèches de pierre, percées de grandes lucarnes achèvent les tours. Comparer avec nᵒ 38, Bayeux; le clocher sud de Chartres (nᵒ 40); Senlis (nᵒ 86); Limoges (nᵒ 281) mais la flèche manque. Saint-Pol de Léon (nᵒ 414) et Poitiers (nᵒ 457) rappellent les étages inférieurs de Coutances. Voir aussi le chevet et la tour lanterne, nᵒ 11.

403 et 404 Tour lanterne, la plus ancienne de ce type. Le jet des faisceaux de colonnettes qui se détachent presque du corps de la pile est à peine brisé par les petits chapiteaux sur lesquels retombent les arcades de la croisée. Des encorbellements triangulaires à l'angle des grandes piles permettent de passer du plan carré à l'octogone. Au-dessus d'un premier étage, décoré d'une série d'arcades en tiers-point subdivisées en deux lancettes et bordées d'une balustrade à colonnettes, le second étage, également limité par une balustrade toute semblable, est lui-même orné d'une arcature plus simple, aussi en tiers-point. Les hautes fenêtres constituent le dernier étage. Comparer avec le nᵒ 319, Evreux.

405 Le chœur vu de la tour lanterne (milieu du XIIIᵉ siècle) très vaste, comme dans les grandes cathédrales d'Ile-de-France; les piles de l'abside sont formées par deux colonnes cylindriques jumelées, caractéristique normande. On aperçoit à l'arrière-plan deux piles trapues du second déambulatoire. Une galerie de circulation court à l'appui des fenêtres hautes, bordée d'une balustrade.

## SAINT-GERVAIS ET SAINT-PROTAIS DE SÉES

406 Portail droit, façade ouest. Sa disposition rappelle Bayeux (nᵒ 401) mais à Sées, c'est la porte elle-même qui se découpe en trilobe. Le tympan est orné d'une rose évidée accompagnée de trèfles et d'un quatrelobe à jour. Le cordon de feuillage autour de la porte, les rinceaux à crochets des voussures, les petits trèfles en creux de la rosace sont bien normands. Deux figures mutilées remplissent les écoinçons au-dessus de l'arcade trilobée.

407 Décor de la nef (début du XIIIᵉ siècle) très normand : forte moulation des grandes arcades, tracé de l'arcature du triforium et balustrade qui le coupe, comme à Coutances, décor en creux de rosaces et de trèfles. Galerie de circulation en avant des fenêtres hautes soulignée ainsi que le triforium d'un bandeau de feuillage. Voir aussi nᵒ 394, Bayeux.

408-409 Décor de la claire-voie du chœur, voir le nᵒ 15, chœur de Sées, inspiré par l'art des grandes cathédrales. Le passage à travers les piles est orné de sujets variés, purement décoratifs, du même style que les frises des piliers de la croisée du transept, mais qui ne paraissent pas avoir été retouchées au XIXᵉ siècle. Nᵒ 408 : acrobate, nᵒ 409 : grotesque.

410 Rose nord (dernier tiers du XIIIᵉ siècle) « en ailes de moulin » « la membrure extrêmement légère de l'ensemble fait songer à un fin réseau de dentelle » (R. Gobillot). De petites roses ornent les écoinçons du carré où s'inscrit la rose, et que joint, sans discontinuité, la haute claire-voie. La verrerie est presque entièrement moderne. Voir les autres roses nord : Le Mans (nᵒ 149); Chartres (nᵒ 175); Amiens (nᵒ 201); Châlons-sur-Marne (nᵒ 248); Clermont-Ferrand (nᵒ 278).

## SAINT-ÉTIENNE DE SAINT-BRIEUC

411 Vue aérienne. Edifice composite, sa façade occidentale et les deux tours forment une véritable forteresse qui soutint plusieurs sièges. Des

hourds de pierre couronnent la tour sud. Typiquement bretonne, une immense toiture couvre à la fois le transept, la sacristie au nord, et au sud la chapelle Saint-Guillaume, ajoutée au XVe siècle. Une tourelle octogonale, donnant accès à la librairie, fait saillie à l'extrémité du croisillon sud. Au-dessus de la croisée, très breton aussi, un clocheton couvert d'ardoises. Une horloge sous un léger dôme classique surmonte le pignon nord du transept.

## SAINT-SAMSON DE DOL

412 PORCHE ET CLOCHER SUD. Véritable construction indépendante, accolée à l'extrémité sud du transept, très caractéristique de l'art breton, ce porche s'ouvre par trois arcades dont deux d'entre elles, à l'est et à l'ouest, sont décorées d'un réseau très proche de celui employé à la fenêtre du croisillon sud. De petits personnages s'alignent dans les voussures; les reliefs sculptés des écoinçons sont des réfections modernes. La tour, terminée au XVIe siècle, dont le dernier étage comporte une arcature qui s'amortit en anse de panier, est accotée d'une tourelle d'escalier coiffée d'un lanternon à dôme.

## SAINT-TUGDUAL DE TRÉGUIER

413 LA CATHÉDRALE ET LE CLOITRE. Souvent situés au nord des cathédrales, beaucoup de cloîtres ont disparu surtout dans les grandes villes. Celui de Tréguier subsiste intégralement, quadrilatère irrégulier, en partie bordé, au sud, par le chœur de Saint-Tugdual; bâti en moins de vingt ans (1450-1468), il est d'un style très homogène, d'un flamboyant discret. A gauche, deux travées du chœur, la tour dite du Sanctus surmontant la croisée du transept, le bras nord de celui-ci, toutes constructions datant de 1380 à 1425 et la tour Hasting, romane (XIIe siècle).

## SAINT-POL DE LÉON

414 COTÉ SUD, la nef des XIIIe et XIVe siècles, édifiée en pierre de Caen et non en granit comme les autres cathédrales bretonnes, normande à la fois par son matériau et son style, possède néanmoins des traits bretons. Grand porche sud, faisant saillie sur les chapelles des bas-côtés, pignons à deux rampants de celles-ci, couvertes d'un toit en bâtière, et formant un décor en dents de scie. Les tours (XIVe siècle), elles, sont en granit, décorées de hautes arcatures et de longues baies très moulurées, fort normandes d'aspect (voir le n° 402, Coutances), tout comme les flèches ajourées à lucarnes et lanternons d'angle inspirées de Saint-Etienne de Caen. La tour nord comporte à la base de la flèche une balustrade tréflée que l'on retrouvera très souvent en Bretagne notamment, à Saint-Pol même, au Kreisker.

415 à 418 DÉCOR DES STALLES (XVIe siècle) encore très gothique par le choix des sujets : monstres, figures grotesques des accoudoirs, arcs en accolade des dossiers mais avec des motifs décoratifs : rosaces, rubans, fuseaux qui annoncent une nouvelle source d'inspiration, n° 415 en particulier.

453

416 Canard jouant de la clarinette.

417 Samson et le lion.

418 Monstre à tête de femme dont la queue se termine en tête de dragon qui mord le hennin qui la coiffe.

## SAINT-CORENTIN DE QUIMPER

419 PORTE SAINTE-CATHERINE (XV<sup>e</sup> siècle) sur le flanc sud de la cathédrale; ainsi nommée à cause de la statue de la martyre qui orne le contrefort gauche. Un ange aux grandes ailes éployées soutient le trône de la Vierge qui élève un livre fermé de la main droite, tandis que l'Enfant joue avec un oiseau. Deux anges encensent la Mère et le Fils. Dans les voussures, anges chanteurs et musiciens. E. Mâle a montré le rôle prépondérant des anges dans l'art du XV<sup>e</sup> siècle, dû au développement de leur culte à cette époque.

## SAINTE-CÉCILE D'ALBI

420 LA CATHÉDRALE, COTÉ NORD, LE PALAIS DE LA BERBIE ET LE TARN, DE NUIT. « Est-ce une église ou une forteresse dominée par un puissant donjon de 78 mètres au-dessus du sol, de 110 mètres au-dessus du Tarn?... Les murs sont flanqués de contreforts demi-circulaires qui ressemblent à des tours, les fenêtres étroites sont placées très haut et défient l'escalade... Près de cette forteresse il y en a une autre, la demeure de l'évêque qui forme un ensemble de donjons et de courtines inexpugnables » (E. Mâle).

421 LE CLOCHER. « Haute tour aux murs épais, percés d'étroites meurtrières, munis de tourelles d'angle, gros donjon puissant, où pourront se retirer les chanoines si l'église-forteresse est menacée » (p. 325). La partie haute du clocher, au delà du dernier étage marqué par un arc de décharge, a été élevée au XV<sup>e</sup> siècle par l'évêque Louis d'Amboise, frère du cardinal Georges d'Amboise (voir n° 379).

422 LE CHEVET, partie la plus ancienne; il comporte, fait exceptionnel ici, deux étages de fenêtres; murs et contreforts émergent d'un épais talus caractéristique de l'architecture militaire contemporaine. Le couronnement de l'édifice et le clocheton sont des réfections modernes. A gauche, au pied du grand escalier qui donne accès à la cathédrale, porte de Dominique de Florence, du nom de l'évêque qui la fit édifier (début du XV<sup>e</sup> siècle), elle s'appuie sur une tour de l'enceinte. En arrière, sommet du baldaquin.

423 LE BALDAQUIN (début du XVI<sup>e</sup> siècle), porche de pierre blanche accolé au flanc sud de la cathédrale « c'est par un arc-de-triomphe qu'on entre dans cette farouche bastille... Nous retrouvons là les pinacles ciselés, les balustrades à jour, les courbes et les contrecourbes. Floraison exubérante qui défie la description. A cette flore créée par l'homme se mêlent quelques statues refaites au siècle dernier » (E. Mâle). La voûte actuelle est une restitution de Daly qui restaura le baldaquin.

424 LE JUBÉ (vers 1500) dû à Louis d'Amboise, sauvé à la Révolution par un ingénieur d'Albi, Mariès, qui écrivit à Roland : « Je les [le jubé, les

peintures, le chœur] mets, Monsieur le Ministre, ainsi que l'édifice imposant qui les renferme sous votre protection tutélaire ». Le jubé devait néanmoins perdre une grande partie de sa statuaire en 1794. C'est un des très rares jubés parvenus jusqu'à nous, la plupart ont été détruits au XVIII<sup>e</sup> siècle par les chanoines. Mérimée qui n'aimait pas les jubés écrivait pourtant « celui de Sainte-Cécile est si élégant, si parfait... que l'on a honte d'être raisonnable en présence de cette magnifique folie. » Taillé dans une pierre tendre qui durcit à l'air, le sculpteur a pu se livrer à la débauche ornementale du flamboyant à son terme. Le jubé coupe en deux parts égales l'immense vaisseau de la cathédrale et la clôture du chœur qui lui fait suite crée un déambulatoire auquel donnent accès les deux portes latérales. Un crucifix moderne domine la porte centrale; mais les statues de la Vierge et de saint Jean sont anciennes ainsi que les figures d'Adam et d'Ève au-dessous. Il en est de même des deux anges disposés au hasard dans les niches de part et d'autre de la baie centrale.

425 LE CHŒUR VU DE LA PORTE DU JUBÉ. Jusqu'aux stalles, la clôture, formée de baies ajourées, au réseau flamboyant, est peuplée de statues d'apôtres, entre chaque baie; la Vierge, sous un haut dais trône au milieu de l'abside, à sa droite saint Jean Baptiste remplace saint Mathias. Au-dessus des stalles, c'est un mur plein, très orné, voir le n° 428.

426 VOUTES DU JUBÉ. Celui-ci forme une tribune à laquelle donnent accès deux escaliers, où était lus l'épître et l'évangile en demandant au préalable la bénédiction de l'officiant « *Jube Domine benedicere* » d'où le nom de cette tribune. Liernes, tiercerons, clefs pendantes multiplient les jeux de lignes et s'allient à la somptuosité du décor.

427 VIERGE DE L'ANNONCIATION, revers de la porte sud du jubé. Une des rares statues conservées. Son style, où perce un rien de maniérisme, s'accorde aux choux frisés et contrecourbes du décor qui l'entoure.

428 CLOTURE DU CHŒUR, INTÉRIEUR. « On sait avec quel bonheur le XV<sup>e</sup> siècle a usé de ce thème des angelots porteurs d'instruments de la Passion, d'armoiries, de banderoles, d'instruments de musique. Nulle part on n'a dépassé la grâce savoureuse et un peu mélancolique des angelots d'Albi. Ils se détachent en clair sur des panneaux de pierre peinte, alternativement d'un rouge éteint et d'un bleu passé, que relèvent des rinceaux aux tons d'or et d'ivoire. Au-dessus d'eux s'envolent vers la voûte, comme un chant joyeux, des dais à pinacles d'une légèreté inouïe » (Jean Laran).

429 à 433 FIGURES DU POURTOUR DU CHŒUR. A l'extérieur, chaque pilier de la clôture abrite aussi une statue sous dais; mais ce sont les Prophètes et Annonciateurs du Christ. L'Ancien Testament préfigure le Nouveau; pensée déjà exprimée maintes fois, à Chartres, Reims, Amiens, notamment (n<sup>os</sup> 176, 196, 212). « L'espérance et l'attente sont hors du chœur, la certitude, dans le chœur » (E. Mâle). Depuis la fin du XIII<sup>e</sup> siècle, les théologiens ont cherché une concordance encore plus étroite; à chaque article du credo proféré par un Apôtre, correspond un verset biblique exprimé par un Prophète. Ce thème, illustré d'abord par les miniaturistes, passe au XV<sup>e</sup> siècle dans l'art monumental; le chœur d'Albi, en est, en France, la plus belle expression. Toutes ces

statues sont de pierre peinte et ont conservé leur polychromie; si elles offrent des caractères communs : taille courte et corps tassés, plis des vêtements nombreux et profonds qui rappellent l'art bourguignon, les divers artistes ont marqué leurs œuvres de leur propre sceau; le SAINT PHILIPPE, nᵒ 431, a gardé sa bonhomie dans la pure tradition française, mais M. Laran croit voir dans le SAINT JUDE (nᵒ 433) « avec son attitude contournée, avec son visage... un caractère italien. » Tous et toutes sont des portraits et le réalisme s'épanouit dans les costumes, inspirés des représentations théâtrales, et les coiffures et bijoux d'ESTHER (nᵒ 429) et de JUDITH (nᵒ 430). Pour les costumes, comparer avec ceux des verrières et des stalles d'Auch, nᵒˢ 344 à 347.

434-435 FRESQUES AU REVERS DE LA FAÇADE. Sans doute ont-elles été commandées par Louis d'Amboise et datent-elles de la fin du XVᵉ siècle, de tradition purement française. Si la partie centrale du Jugement dernier a été détruite au XVIIᵉ et au XVIIIᵉ siècles, du moins subsistent le Paradis et l'Enfer.

434 LES ELUS, fragment. Une certaine gaucherie se manifeste dans les sages rangées d'Apôtres en haut, et même dans l'assemblée des saints ordonnée selon l'ordre social comme dans les danses macabres contemporaines, pape (hors de la photo), cardinal, évêque, empereur, roi, femme (veuve ici), moine et religieux, enfin les bons laïcs, que l'on voit aussi à l'arrière-plan; sous la banderole portant la citation de l'Apocalypse (XX, 12), conduits par un ange qui sonne de la trompette, des élus portent sur la poitrine le livre de Vie.

435 LE SUPPLICE DES ENVIEUX, détail de l'Enfer. Un panneau est affecté à chacun des péchés capitaux. L'artiste a pu s'inspirer de l'*Art de bien vivre et de bien mourir* d'Antoine Vérard, comme le pense E. Mâle mais entre l'image « claire, raisonnable, sans mystère » du graveur parisien et les mouvements convulsifs des damnés qui se débattent dans le fleuve glacé, tourmentés par des monstres frères des créations de Jérôme Bosch, il n'y a de commun que le « motif ».


## SAINT-NAZAIRE DE BÉZIERS

436 CHEVET : abside à sept pans, percée de hautes fenêtres, couronnée d'une balustrade coupée par les pinacles surmontant les contreforts (fin du XIIIᵉ siècle); en avant, bordée elle aussi d'une balustrade, mais à quatrefeuilles, la chapelle des saints Nazaire et Celse (XVᵉ siècle), aujourd'hui sacristie; en arrière, l'abside de la chapelle de la Vierge ouvrant sur le bras nord du transept; la tour du clocher est montée sur ce bras nord. Ravagées par l'incendie en 1354, les parties hautes du clocher furent refaites dans la seconde moitié du XIVᵉ siècle. Le dernier étage de la tour comporte une arcature reposant sur des culots sculptés. Un campanile en fer forgé, très méridional (à peine visible sur la photo), surmonte la chambre des cloches.


## NOTRE-DAME DE SAINT-BERTRAND-DE-COMMINGES

437 LA CATHÉDRALE VUE DU SUD (nef, XIᵉ siècle, chœur, XIVᵉ siècle). Epaulée d'épais arcs-boutants, surmontés de petits gâbles; le clocher-porche fortifié, garni de hourds de bois est un reste de la cathédrale antérieure (XI-XIIᵉ siècles); en avant le cloître (XI-XIIᵉ siècles).

438-439 DÉTAILS DES SCULPTURES; très abondantes car les huchiers du XVIᵉ siècle ont beaucoup œuvré pour l'évêque Jean de Mauléon. Clôture du chœur, jubé, chaire à prêcher, buffet d'orgues, stalles, retables, « œuvres sans doute d'un atelier toulousain en relation avec la péninsule ibérique » (p. 325), sont toutes très marquées par la Renaissance (niches à coquilles, pilastres couverts de rinceaux, à chapiteaux corinthiens) mais d'inspiration médiévale.

438 FRAGMENT DE RETABLE. A gauche, saint Sébastien, à droite, saint Bertrand.

439 DÉTAIL DES STALLES, achevées en 1536. Sur les jouées, saint Mathieu et saint Luc face à face; au-dessous, sainte Catherine.

## SAINT-PIERRE DE CONDOM

440 Edifice méridional, à nef unique, sans transept; des chapelles, établies entre les contreforts, ouvrent directement sur la nef; seule fait saillie, la chapelle d'axe. Les nervures des voûtes (1507-1531) pénètrent dans les piles sans l'intermédiaire de chapiteaux. Clôture du chœur moderne, inspirée d'Albi.

## SAINT-JEAN DE PERPIGNAN

441 à 444 RETABLE DE LA MAGRANA. Ensemble et détails. La cathédrale de Perpignan est fort riche en retables. Celui-ci est l'un des plus beaux. Peint vers 1500, encore de style flamboyant, l'iconographie reste celle du Moyen Age. Œuvre d'un Primitif catalan, l'apport italien se limite aux compositions architecturales. « Le goût catalan pour la somptuosité des costumes s'exprime par les riches brocarts de saint Joseph et du premier des Rois Mages. Les couleurs sont celles qu'employaient les peintres catalans du milieu du XVᵉ siècle. Les vêtements développent cette variété et cette richesse de plis chère à l'opulence flamande » (M. Durliat). On y reconnaît la main de deux artistes : l'un, auteur de la prédelle et du panneau de gauche, plus minutieux, l'autre, ayant un sens très vif de la décoration, témoigne d'un métier plus large. Au centre, statue de la Vierge, moderne. Prédelle : saint Joachim chassé du Temple, Rencontre de saint Joachim et de sainte Anne, Pietà, Naissance de la Vierge, sa Présentation au Temple. Panneau de gauche : l'Annonciation, la Nativité, l'Adoration des Mages. Panneau de droite : Jésus ressuscité apparaît à sa mère, il est suivi des justes qu'il vient de libérer des Limbes. La Pentecôte, la Mort de la Vierge. Au sommet du panneau central, son Couronnement.

442 RENCONTRE DE SAINT JOACHIM ET DE SAINTE ANNE dans un décor à l'antique. La Porte Dorée est un arc-de-triomphe; l'ange qui rapproche les têtes des époux se retrouve dans un petit panneau de l'école provençale au Musée de Carpentras.

443 NAISSANCE DE LA VIERGE. Scène d'intérieur, familière, à laquelle la présence d'anges musiciens, au-dessus du lit, au fond, à gauche, à l'extrême-droite, veut donner un sens religieux.

444 ADORATION DES MAGES. Décor à l'antique, ouvrant sur un paysage. Les personnages sont des portraits.

Ces trois panneaux sont l'œuvre du même artiste « qui partage avec les miniaturistes l'amour du détail précis et de taches de couleurs autonomes » (M. Durliat).

457

## SAINT-MAURICE DE MIREPOIX

445 LE CLOCHER (début du XVI<sup>e</sup> siècle); situé hors œuvre, se compose d'une tour massive, cantonnée de contreforts, sur laquelle a été monté un octogone à deux étages, percés de baies sans moulures, au réseau flamboyant, très simple. Une flèche, aux arêtes ornées de crochets, domine l'ensemble. Les chapelles autour du chœur sont établies entre les contreforts qui ne font plus qu'une très légère saillie sur le mur extérieur.

## SAINT-ANTONIN DE PAMIERS

446 LA TOUR reconstruite à l'époque moderne dans le style toulousain : haut clocher octogonal en briques, aux étages en léger retrait, percé d'arcades en mitre, jumelées.

## SAINT-PIERRE DE MONTPELLIER

447 FACE SUD. L'édifice n'est pas orienté; son axe est nord-sud. Au-dessus des toits émergent les quatre tours de l'ancienne abbatiale fondée par le pape Urbain V, élevée en un temps record (1364-1368) et devenue cathédrale à partir de 1536. Le porche, en saillie, unique en son genre, s'appuie sur deux énormes piliers ronds (4 m 55 de diamètre) coiffés de poivrières comme les défenses d'une forteresse; ils reçoivent très haut les retombées de la croisée d'ogives du porche. Deux tours massives encadrent celui-ci; celle de l'est, détruite lors des guerres de Religion a été reconstruite, il y a un siècle. Deux autres tours semblables s'élèvent à l'autre extrémité de la nef. Des contreforts pleins, très lourds, montent jusqu'au toit en terrasse de la nef.

## SAINT-SIFFREIN DE CARPENTRAS

448 VUE AÉRIENNE. Chapelles aménagées entre les contreforts de la nef qui, de ce fait, sont englobés dans l'édifice; néanmoins, au-dessus de la terrasse qui couvre les chapelles, leurs parties hautes émergent; chœur sans déambulatoire, un peu plus étroit que la nef. Couverture de dalles posées sur les reins des voûtes. Sur le flanc sud, portail dit Porte Juive dont l'arc en accolade se termine sous la corniche en magnifique fleuron. Clocher octogonal, flèche à crochets, édifiés par Revoil au XIX<sup>e</sup> siècle.

## SAINT-SAUVEUR D'AIX-EN-PROVENCE

449 CLOITRE (fin XII<sup>e</sup>, début XIII<sup>e</sup> siècle), au sud de la cathédrale, encore tout roman d'aspect (colonnes de marbre jumelées, arcs en plein cintre, piliers carrés aux angles) non voûté; cependant apparaissent quelques chapiteaux à feuilles plates ou à crochets (les 2<sup>e</sup> et 4<sup>e</sup> à partir de la droite).

450 PORTAIL OUEST. Vierge de Pierre Soquet (fin XVe siècle). Portes de Jean Guiramand, de Toulon et des frères Bouilly. « Elles ont un abondant décor gothique, et la disposition des personnages en niches fleuronnées, abritées, est traditionnelle; deux bandes renaissance séparent les statues à l'étage des prophètes. Mais la Renaissance se manifeste dans l'aisance des attitudes, le drapé excellent, l'art des figures, à la fois classique et réaliste; les portraits des Sibylles sont délicieux et très profanes, ceux des Prophètes d'une ferme vigueur » (A. Villard). Voir aussi les nᵒˢ 344 et 345, Auch. E. Mâle observe que, le plus souvent, les Sibylles décorent les portails des églises; « les Prophétesses des Gentils virent de loin la Cité de Dieu, mais elles n'y entrèrent pas, leur place était au seuil du Temple. »

451 à 453 RETABLE DU BUISSON ARDENT PAR NICOLAS FROMENT originaire d'Uzès. « Belle composition à grands personnages et minutie des Livres d'Heures sur un thème iconographique très abstrait » (A. Villard), cher aux mystiques de l'abbaye parisienne de Saint-Victor. L'Ange apparaît à Moïse alors qu'il fait paître les troupeaux de son beau-père (Exode III, 1-2) et lui montre le buisson ardent, figure de la Vierge, rosier fleuri sur lequel trônent Marie et son Fils « qui tient le miroir sans tache, autre symbole de sa Mère immaculée » (M. Vloberg). En grisaille, dans les écoinçons, la Chasse à la licorne, autre attribut marial, et les Ancêtres de la Vierge; de part et d'autre le roi René et son épouse Jeanne de Laval, accompagnés de leurs Saints patrons; au fond, Tarascon et Beaucaire. En grisaille, sur le socle court l'inscription « *Rubum, quem viderat Moyses incombustum, conservatam agnovimus laudabilem virginitatem, sancta Dei Genitrix* » : « Le Buisson que Moïse vit brûler sans se consumer, O Sainte Mère de Dieu, nous le savons, c'est ta virginité conservée, digne de nos louanges ».

## SAINT-MAURICE D'ANGERS

PORTAIL (1155-1165) « se rattache au groupe des portails à statues-colonnes de Chartres et du Mans » (p. 328).

454 TYMPAN, mutilé dès le XVe siècle. Le Dieu de l'Apocalypse entre les symboles des Evangélistes, aux voussures : anges adorateurs et Vieillards de l'Apocalypse. En bas, au registre inférieur des voussures, de part et d'autre du portail, deux Apôtres, ceux du trumeau ont disparu, puis deux anges (voir nᵒ 43, le détail de ceux-ci). Certaines parties du portail ont été restaurées.

455 FIGURES BIBLIQUES. Comparer avec Chartres (nᵒˢ 169 à 171) et Bourges (nᵒ 135) où figure aussi Moïse; ici, à droite.

456 INTÉRIEUR. Nef unique (première moitié du XIIe siècle) inspirée par les églises à files de coupoles d'Aquitaine, couverte de voûtes d'ogives fortement bombées (1149 à 1153). Transept du XIIIe siècle, chœur postérieur à 1274, dont les voûtes « fortement bombées et raidies par une ossature d'ogives et de liernes pénétrant profondément dans la voûte qu'elles ne portent pas sous laquelle elles se profilent en un mince tore : voûte proprement angevine « à » croisée d'ogives et non plus « sur » croisées d'ogives » (p. 328).

457 FAÇADE OUEST extrêmement large, car les deux tours, plantées hors œuvre font saillies sur la façade et les côtés. Trois portails surmontés de gâbles sobrement décorés du type d'Amiens. Ebrasements couverts d'une série d'arcs aveugles sous les niches à dais comme à Bourges. Entre les contreforts qui épaulent la nef centrale, un réseau d'arcs en tiers-point, subdivisés par des colonnettes, décore l'étage au-dessous de la rose et vient buter à droite contre une tourelle d'escalier octogonale. La grande rose, inscrite dans un carré aux écoinçons pleins, rappelle celles du transept de Paris. Une haute galerie ajourée court à la base du pignon encadrée de deux pinacles; au-dessus des portails latéraux, de grandes fenêtres en tiers-point éclairent les collatéraux et des baies, aussi étroites que celles des tours, trouent l'étage supérieur sous la corniche de quatrefeuilles.

Les tours, robustes et trapues, sur plan carré, sans contreforts, sont ornées par deux rangs d'arcatures aveugles très élancées, déjà rencontrées à Coutances; mais ne peut-on penser plus simplement que le Maître de l'œuvre s'est inspiré du décor du chevet? Des clochetons d'angle, ajourés à la tour sud, amorcent un parti octogonal, exécuté plus tard à la tour nord où s'élève un étage percé de huit baies en plein cintre sous des arcs en accolade.

458 LA CRUCIFIXION ET L'ASCENSION. Fragment de la verrière centrale du chœur (fin du XIIᵉ siècle). « De la Crucifixion romane le vitrail de Poitiers nous offre le plus magnifique exemple. Ce grand Christ crucifié sur une croix rouge qui semble de la couleur du sang (allusion à la strophe du *Vexilla regis* célébrant la croix ornée du sang du Roi) est d'une farouche beauté. La Vierge et le porte-lance, saint Jean et le porte-éponge sont à la place que l'antique tradition de l'Orient leur assigne. Mais dans tout l'art oriental il n'y a pas une œuvre qui approche de la grandeur tragique de celle-ci et de son aspect de vision » (E. Mâle). Au-dessus de la Crucifixion, l'Ascension « Deux groupes d'Apôtres (au nombre total de dix) qu'accompagne la Vierge, lèvent la tête vers le sommet du vitrail, où apparaît un Christ gigantesque, dans une gloire en fuseau, accostée de deux anges qui sont dessinés d'après un même carton inversé » (L. Grodecki)

459 VOUTES DE LA NEF ET DU CHŒUR « voûtes angevines à minces nervures noyées dans l'épaisseur de la voûte fortement bombée. Les bas-côtés sont aussi élevés que la nef centrale. Pas d'éclairage direct de celle-ci, mais seulement par les fenêtres des collatéraux sur l'appui desquelles passe une galerie de circulation » (p. 330).

460 LE CHEVET (entre 1162 et 1180) encore très roman « cette masse énorme vertigineuse, ce mur droit, épais, orné de sobres arcatures. Il semble rappeler, a-t-on dit, que devant Poitiers vint se briser l'effort de l'Islam » (Fr. Eygun).

CARTE
PLANS ET COUPES

CARTE DES CATHÉDRALES GOTHIQUES FRANÇAISES
établie d'après celle du
Centre de Documentation des Monuments historiques

Les croquis, tous exécutés à la même échelle,
correspondent aux plans et coupes reproduits ci-après.

# LIMOGES    BORDEAUX    LYON

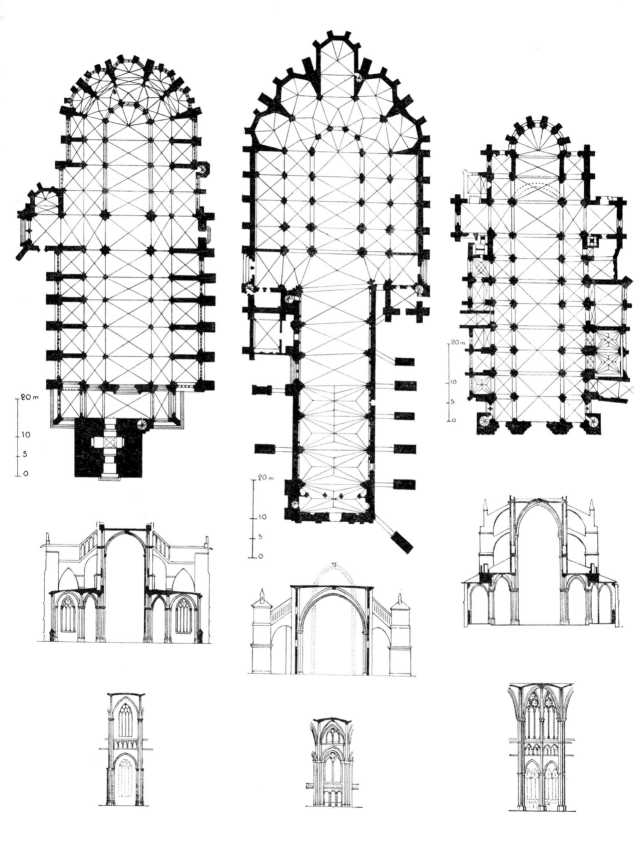

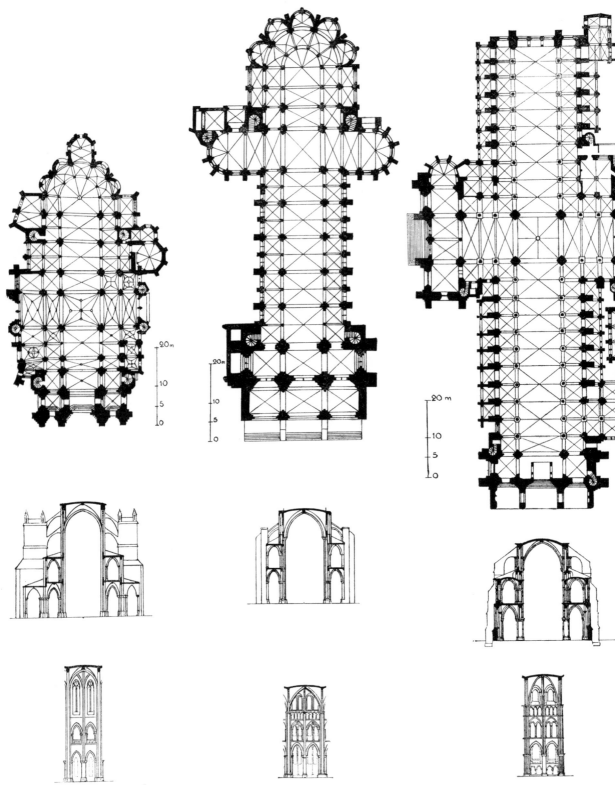

SENLIS NOYON LAON

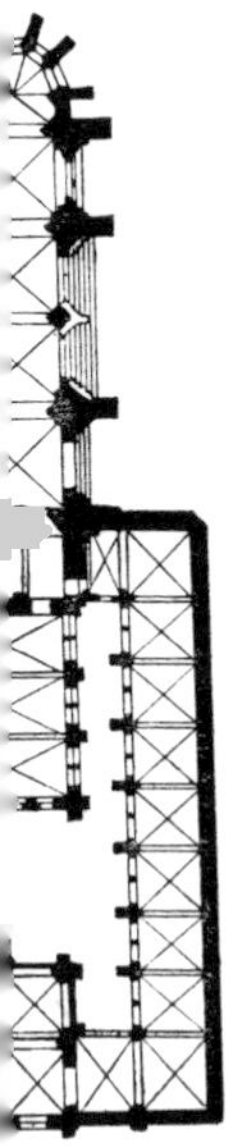

PARIS

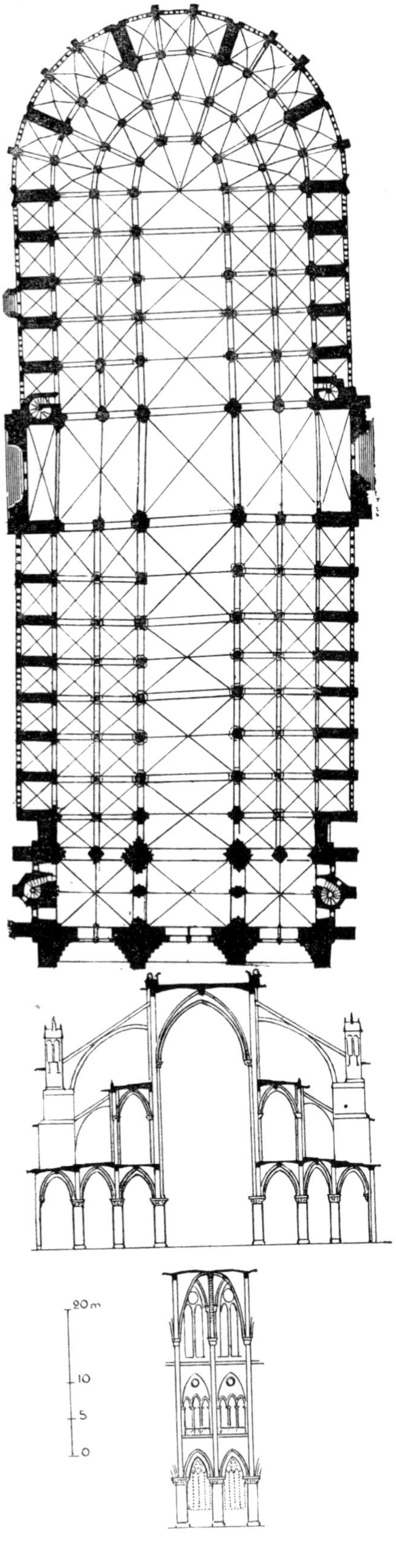

BOURGES

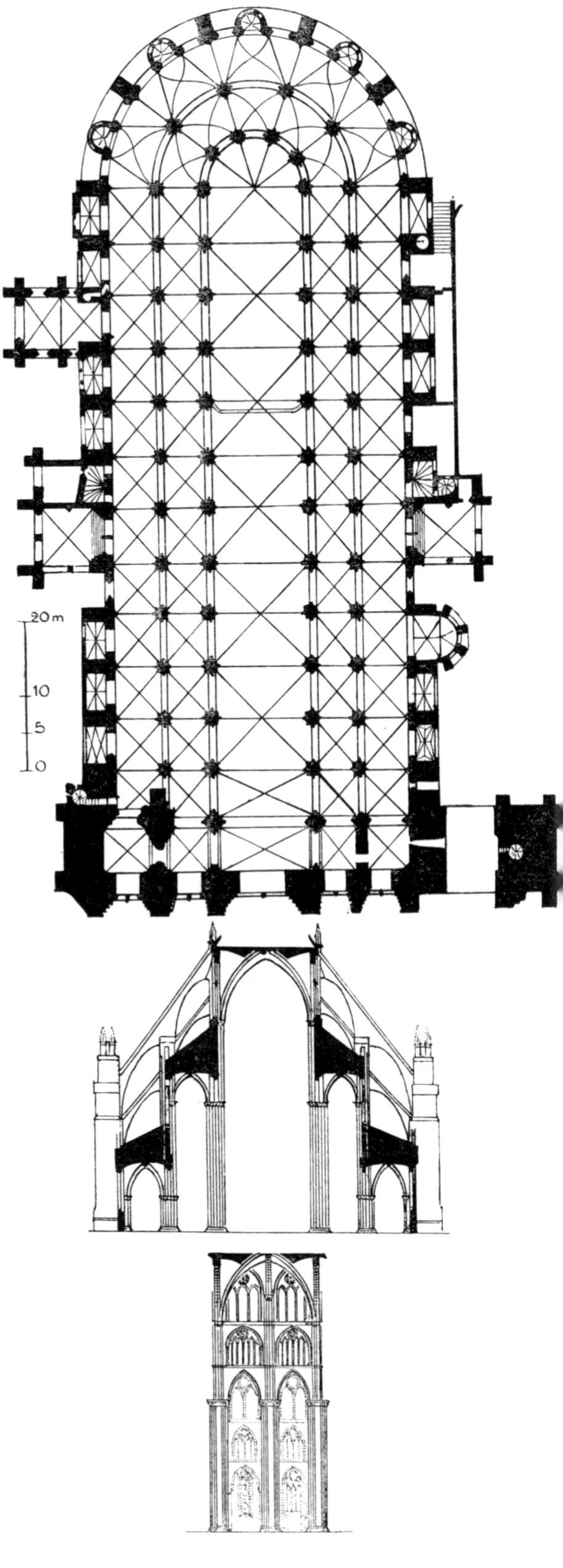

20 m

10

5

0

20 m

10

5

0

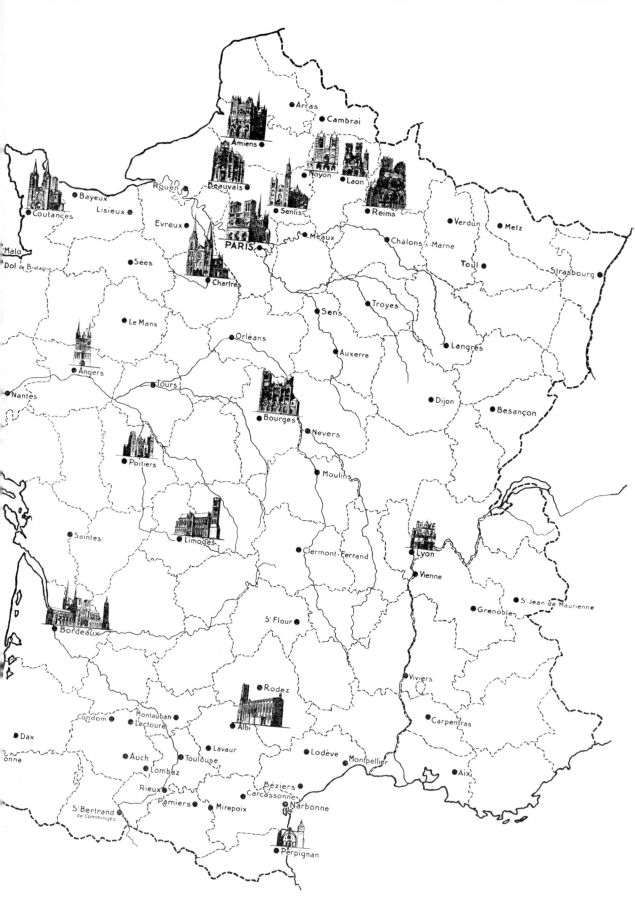

Arras

Cambrai

Amiens

Beauvais

Noyon  Laon

Rouen

Senlis

Reims

Verdun  Metz

Bayeux

Lisieux

Coutances

Evreux

Meaux

Châlons-s-Marne

Malo

Dol de Bretagne

Sées

PARIS

Toul

Strasbourg

Chartres

Sens

Troyes

Le Mans

Orléans

Auxerre

Langres

Angers

Tours

Bourges

Dijon

Besançon

Nantes

Nevers

Poitiers

Moulins

Saintes

Limoges

Clermont-Ferrand

Lyon

Vienne

Grenoble

St-Jean de Maurienne

Bordeaux

St Flour

Viviers

Rodez

Carpentras

Dax

Montauban

Lectoure

Albi

onne

Auch

Lavaur

Lodève

Montpellier

Aix

Toulouse

Lombez

Béziers

Rieux

Carcassonne

Pamiers

Mirepoix

Narbonne

St Bertrand
de Comminges

Perpignan

ALBI

PERPIGNAN

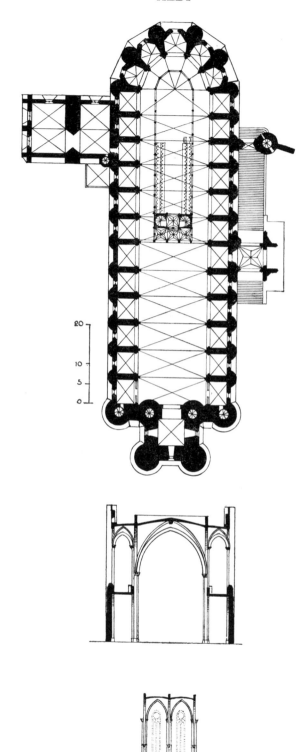

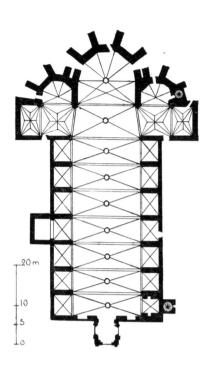

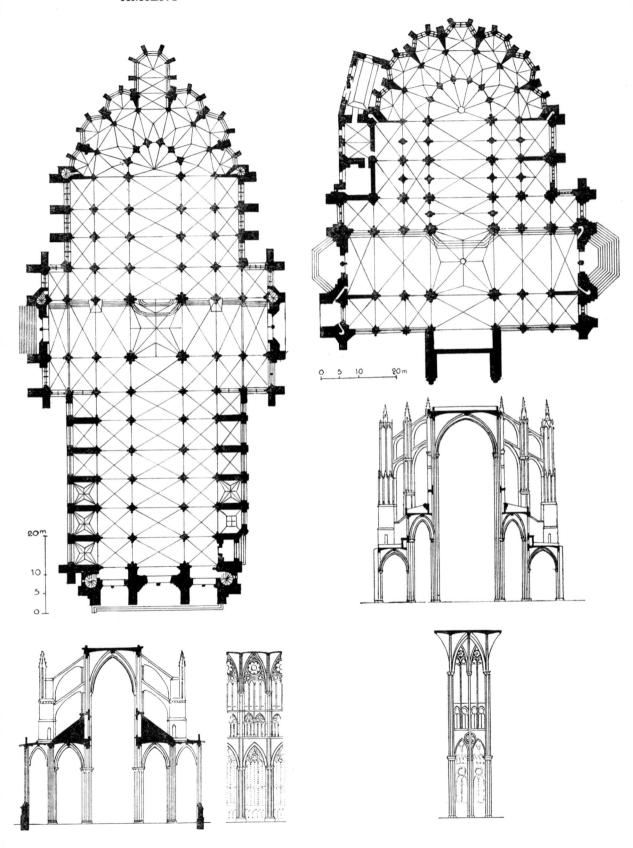

AMIENS

BEAUVAIS

20 m
10
5
0

0  5  10      20 m

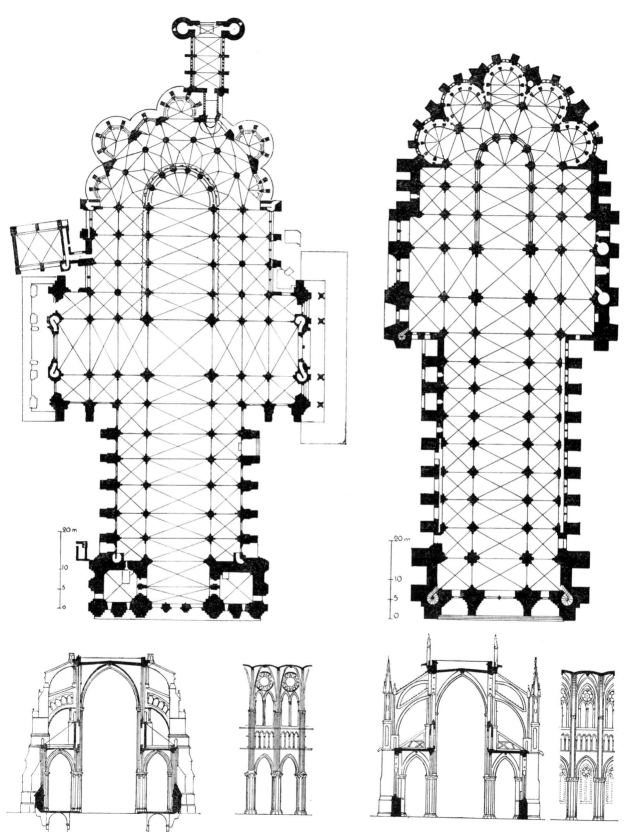

CHARTRES                                    REIMS

## COUTANCES

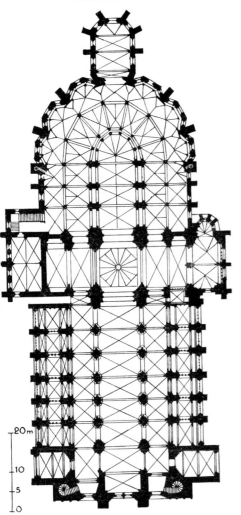

## ANGERS

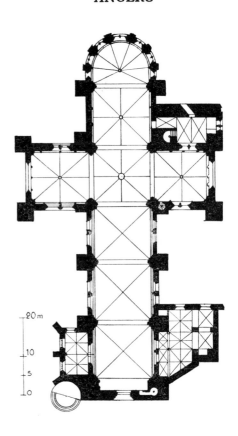

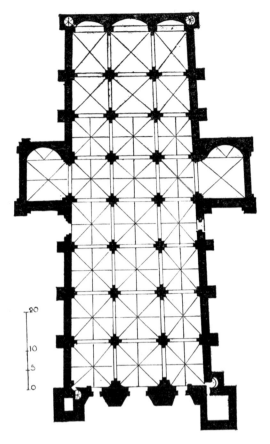

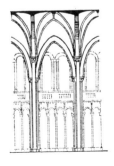

# INDEX DES
# TERMES TECHNIQUES

*Arc brisé:* arc fait de deux arcs qui se coupent ;
dit en *tiers point* lorsque la retombée des arcs se fait sur la ligne des centres, on peut inscrire à l'intérieur de l'arc un triangle équilatéral ;
*en lancette* quand il est plus aigu ;
*brisé* quand il est plus obtus.

*Arcature:* série d'arcs juxtaposés, purement décoratifs.

*Arêtier:* ligne de jonction de deux surfaces venant de directions différentes.

*Astragale:* moulure saillante profilée entre le fût d'une colonne et le chapiteau qui la surmonte.

*Barlong:* rectangulaire.

*Bâtière* (toit en) : toit à deux pentes, à la façon d'un bât.

*Chrisme:* monogramme du Christ figuré par les lettres χ et ρ.

*Claveau:* pierre taillée en forme de coin utilisée pour construire un arc.

*Corbeille:* partie évasée du chapiteau.

*Crochet:* décoration en forme de feuille recourbée à son extrémité.

*Croisillon:* bras du transept.

*Culée:* pile sur laquelle s'appuie un arc-boutant.

*Culot:* motif sculpté soutenant la retombée d'une voûte.

*Déambulatoire:* bas-côté tournant autour du chœur.

*Doubleau:* arc lancé perpendiculairement à l'axe d'un vaisseau pour en renforcer la voûte.

*Ebrasement:* élargissement en biais de l'encadrement d'un portail.

*Ecoinçon:* surface déterminée par la juxtaposition de deux arcs et d'une droite ou d'un arc et de deux droites.

*Epannelage:* action de donner à une pierre la silhouette de sa décoration que le ciseau dégagera ensuite.

*Formeret:* arc parallèle à l'axe d'un vaisseau, le long des murs gouttereaux.

471

*Gâble:* pignon triangulaire décoratif surmontant une fenêtre ou une porte.

*Gouttereau* (mur) : mur couronné de gouttières et percé de fenêtres.

*Hourd:* galerie en charpente disposée en encorbellement au sommet des murailles.

*Jouée:* fermeture latérale de chaque rangée de stalles.

*Lancette:* voir arc brisé.

*Lierne:* nervure de pierre qui relie la clef de la croisée d'ogives à la clef d'un doubleau ou d'un formeret, ou à la tête d'un tierceron.

*Linteau:* pierre horizontale réunissant deux jambages de porte et formant le plus souvent la base du tympan.

*Mascaron:* tête faisant fonction de culot.

*Meneau:* légers montants de pierre qui séparent les formes de fenêtres gothiques.

*Merlon:* partie pleine du parapet entre deux créneaux.

*Miséricorde:* saillie sous le siège mobile d'une stalle qui permet de s'asseoir tout en paraissant être debout.

*Modillon:* petit bloc soutenant la tablette d'une corniche.

*Mouchette:* figure du réseau en forme de flamme.

*Narthex:* dans la primitive architecture chrétienne, sorte de vestibule précédant la basilique.

*Oculus:* fenêtre ronde, sans réseau intérieur.

*Parclose:* cloison de bois séparant deux stalles.

*Phylactère:* banderole à inscription.

*Piédroit:* montant d'une porte.

*Pinacle:* couronnement d'un contrefort, d'un appui vertical.

*Pot à feu:* ornement représentant un vase d'où sortent des flammes.

*Prédelle:* compartiment inférieur d'un retable renfermant un sujet ou une série de sujets.

*Quatrelobe* ou *quatrefeuille :* ornement architectural formé de la réunion de quatre lobes circulaires ou en arcs brisés.

*Rampant:* bord extérieur d'un gâble.

*Registre:* chacun des compartiments horizontaux d'un tympan, d'une verrière, etc.

*Rinceau:* ornement sculpté ou peint en forme de branche ondulée projetant des pousses de l'un et l'autre côté.

*Soufflet:* quatrefeuille étiré en losange aux côtés incurvés qui caractérise l'art flamboyant.

*Stylobate:* soubassement continu décoré de moulures qui porte une rangée de colonnes.

*Tailloir:* tablette surmontant la corbeille d'un chapiteau.

*Tierceron:* arc qui, dans certaines voûtes gothiques, va de la naissance d'une ogive à l'extrémité d'une lierne.

*Tiers-point:* voir arc brisé.

*Tore:* moulure saillante en forme de demi-cylindre.

*Triforium:* galerie de circulation au-dessus des grandes arcades et arcature qui donne de cette galerie dans le vaisseau central.

*Trumeau:* support soulageant la portée du linteau d'une baie ou d'une porte et la divisant en deux parties.

*Voussure:* courbure d'une voûte ; arc concentrique d'une porte ou d'une fenêtre.

*Voûtain:* compartiment de voûte.

*Voûte d'arête:* voûte faite de l'intersection de deux voûtes en berceau.

*Voûte d'ogives:* voûte dont les arêtes sont renforcées de nervures saillantes.

*Voûte en berceau:* voûte constituée par une série d'arcs continus, formant un demi-cylindre posé sur des murs parallèles.

# BIBLIOGRAPHIE SOMMAIRE

AUBERT (Marcel), *Notre-Dame de Paris, sa place dans l'histoire de l'architecture du XIIᵉ au XIVᵉ s.*, Paris, 1919

AUBERT (Marcel), *La cathédrale de Chartres*, Paris-Grenoble, 1952

AUBERT (Marcel), *La cathédrale de Metz*, Paris, 1930

AUBERT (Marcel), *La sculpture française au Moyen Age*, Paris, 1946

AUBERT (Marcel), *Le vitrail en France*, Paris, 1949

DESCHAMPS (Paul), *La cathédrale d'Auxerre*, Paris, 1948

DU COLOMBIER (Pierre), *Les chantiers des cathédrales*, Paris, 1953

DURAND (Georges), *Monographie de la cathédrale d'Amiens*, Amiens, 1901-1903

DURLIAT (Marcel), *Arts anciens du Roussillon*, Perpignan, s. d.

FOCILLON (Henri), *L'Art d'Occident*, 1938

GRODECKI (Louis), *Vitraux de France du XIᵉ au XVIᵉ siècle*, Paris, 1953

HUYSMANS (J.-K.), *La Cathédrale*, Paris, 1898

LASTEYRIE (Robert de), *L'Architecture religieuse en France à l'époque gothique*, Paris, 1926, 2 vol.

LEBLOND (V.), *La cathédrale de Beauvais*, Paris, 1926

LEFRANÇOIS-PILLION (L.) et LAFOND (J.), *L'Art du XIVᵉ siècle en France*, Paris, 1954

LEFRANÇOIS-PILLION (L.), *Maîtres d'œuvre et tailleurs de pierre des cathédrales*, Paris, 1949

LEFRANÇOIS-PILLION (L.), *Les sculpteurs français du XIIIᵉ siècle*, Paris, 1931

MÂLE (Emile), *L'Art religieux du XIIᵉ siècle en France*, 3ᵉ édition, Paris, 1928

MÂLE (Emile), *L'Art religieux du XIIIᵉ siècle en France*, 6ᵉ édition, Paris, 1925

Mâle (Emile), *L'Art religieux de la fin du Moyen Age en France*, 3ᵉ édition, Paris, 1925

Mâle (Emile), *La cathédrale d'Albi*, Paris, 1950

Mâle (Emile), *Notre-Dame de Chartres*, Paris, 1948

Morel (Pierre), *Carcassonne, la Cité*, Grenoble, 1939

Réau (Louis), *L'Art gothique en France*, Paris, 1945

Rodin (Auguste), *Les cathédrales de France*, Paris, 1921

Schwob (René), *Le Portail royal*, Paris, 1931

Thibout (Gabrielle), *La cathédrale de Strasbourg*, Paris, 1939

Thibout (Marc), *Les églises gothiques en France*, 1957

Verrier (Jean), *La cathédrale de Bourges et ses vitraux*, Paris, s. d. (1941)

Vitry (Paul), *La cathédrale de Reims*, 2 vol., Paris, 1915

*Vitrail français* (le), Paris, 1958

> par Marcel Aubert, André Chastel, Louis Grodecki, Jean-Jacques Gruber, Jean Lafond, François Mathey, Jean Taralon, Jean Verrier.

*Congrès archéologiques de France:*

> Agen, Auch, 1901. Poitiers, 1903. Beauvais, 1905. Carcassonne, Perpignan, 1906. Auxerre, 1907. Avignon, 1909. Angers, 1910. Reims, 1911. Moulins, Nevers, 1913. Strasbourg, Metz, Colmar, 1920. Limoges, Brive, 1921. Valence, Montélimar, 1923. Clermont-Ferrand, 1924. Rouen, 1928. Toulouse, 1929. Aix, Nice, 1932. Nancy, Verdun, 1933. Lyon, Mâcon, 1935. Figeac, Cahors, Rodez, 1937. Bordeaux, Bayonne, 1939. Tours, 1948. Saint-Brieuc, 1949. Montpellier, 1950. Poitiers, 1951. Perpignan, 1954. Troyes, 1955. La Rochelle, 1956. Quimper, 1957.

Collection des *Petites monographies des grands édifices de France*

> Aubert (M.), *Senlis*. Bégule (L.), *Lyon*. Boinet (A.), *Amiens*. Boinet (A.), *Bourges*. Bonnenfant (G.), *Evreux*. Broche (L.), *Laon*. Chartraire (Chanoine E.), *Sens*. Colmet-Daage (P.), *Coutances*. Courtault (P.), *Bordeaux*. Demaison (L.), *Reims*. Deshoulières (Fr.), *Meaux*. Fage (R.), *Limoges*. Fleury (G.), *Le Mans*. Jalabert (D.), *Paris*. Laran (J.), *Albi*. Leblond (V.), *Beauvais*. Lécureux (L.), *Saint-Pol de Léon*. Loisel (A.), *Rouen*. Maillet (G.), *Châlons-sur-Marne*. Porée (Ch.), *Auxerre*. Ranquet (H. du), *Clermont-Ferrand*. Rey (R.), *Toulouse*. Salet (Fr.), *Tours*. Urseau (Chanoine Ch.), *Angers*. Vallery-Radot (J.), *Bayeux*.

# TABLE DES NOMS DE LIEUX

Les chiffres suivant immédiatement les noms de lieux indiquent les pages consacrées à chaque cathédrale ; les chiffres gras correspondent aux numéros des illustrations et de leurs notices (pp. 409 à 460).

476

# LES PHOTOGRAPHIES ILLUSTRANT CET OUVRAGE

## sont dues à

M. Alinari, Florence
Photographie N° 76.

Archives Photographiques, Paris
Photographies N⁰ˢ 23, 26, 27, 35, 64, 65, 77, 80, 127, 128, 133, 145, 177-178, 251-252, 269, 270, 271, 277, 288, 310, 311, 312, 320, 321, 327, 328, 329, 379, 380, 381, 419, 438, 440.

M. B. Arthaud, Paris
Photographies N⁰ˢ 48, 49, 53, 110, 257, 378.

M. Mikaël Audrain, Nantes
Photographies N⁰ˢ 1, 2, 9, 11, 15, 20, 21, 25, 28, 30, 33, 38, 41, 43, 44, 57, 58, 67, 68, 74, 75, 84, 85, 86, 87, 88, 89, 90, 91, 93, 94 et 95, 96, 97, 99, 100, 147, 148, 149, 150, 151, 213, 214, 217, 218, 219, 220, 222, 300, 301, 302, 303, 304, 313, 314, 315, 316, 318, 319, 322, 323 à 326, 331, 332, 333, 334, 335, 336, 337, 338, 339, 340, 341 à 343, 382 à 395, 402 à 411, 454 à 457, 459, 460.

M. Bertault-Foussemagne, Paris
Photographies N⁰ˢ 4, 134, 185, 250, 345, 346, 347, 349, 415, 437, 439.

M. Serge Boiron, Paris
Exclusivité Mazda
Photographie N° 104.

M. Borremans, Paris
Photographies N⁰ˢ 10, 98, 116, 211, 228, 317, 348.

M. Bretocq, Rosay (Eure)
Photographies N⁰ˢ 31, 190, 192.

M. Couvrat, Poitiers
Photographie N° 458.

M. Jean Crommelynck, Herblay
(Seine-et-Oise)
Photographies N⁰ˢ 66, 81, 165, 166, 168, 172, 221, 223, 449, 450.

M. Dortes, Le Perreux-sur-Marne
Photographies N⁰ˢ 19, 205, 208, 209, 215, 280, 344.

Editions de la Cigogne, Reims
Photographie N° 210.

M. Franceschi, Aulnay-sous-Bois
Photographies N⁰ˢ 54, 260, 276.

M. Félix Germain, Grenoble
Photographie N° 374.

M. Fr. Hébert-Stevens, Paris
Photographies N⁰ˢ 71, 107, 109, 111, 113, 114.

478

M. Henrard, Paris
Photographies Nos 230, 244, 281, 411, 448.

M. Lucien Hervé, Paris
Photographies Nos 226 et 227.

M. Houvet, Chartres
Photographies Nos 22, 46, 47, 51, 52, 59, 60, 69.

M. Hurault, Saint-Germain-en-Laye
Photographies Nos 14, 17, 34, 36, 175, 191, 246, 247, 248, 268, 272.

Mme Janet-Lecaisne, Paris
Photographies Nos 55, 56.

M. Jauzac, Perpignan
Photographies Nos 441, 444.

M. Lorgnier, Amiens
Photographies Nos 61, 62, 63, 72, 73, 78, 79, 201, 204, 206, 207, 212.

M. Mas, Paris
Photographies Nos 7, 24, 173, 174, 395 à 400, 451 à 453.

Œuvre Notre-Dame, Strasbourg
Photographies Nos 263, 264-265.

M. R. G. Phelipeaux, Troyes
Cliché Zodiaque
Photographie No 245.

M. Porret, Reims
Photographie No 193.

M. René-Jacques, Paris
Photographies Nos 224, 225.

M. Rifaux, Grenoble
Photographies Nos 256, 436.

M. Sire de Vilar, Ille-sur-Têt
(Pyrénées-Orientales)
Photographie No 447.

M. Sougez, Paris
Photographies du frontispice et Nos 8, 70, 101, 102, 103, 115, 198.

Studio Noël, Noyon
Exclusivité Mazda
Photographie No 92.

M. A. Trincano, Lyon
Photographies Nos 5, 6, 12, 13, 18, 29, 32, 37, 39, 40, 42, 45, 50, 105, 106, 108, 112, 117 à 126, 129 à 132, 135 à 144, 146, 152 à 164, 167, 169 à 171, 176, 179 à 184, 186, 187, 194, 195, 196, 200, 202, 203, 216, 229, 231 à 243, 249, 253, 254, 255, 258, 259, 261, 262, 266, 267, 273 à 275, 278, 279, 282 à 287, 289 à 293, 294, 330, 350 à 373, 375, 376, 377, 412 à 414, 416 à 418, 421 à 424, 426, 428, 430, 433, 442, 443, 445, 446.

M. Vigneau, Paris
Photographies Nos 16, 82, 83, 188 et 189, 197, 199.

M. Yan, Toulouse
Photographies Nos 3, 295, 296, 297, 298-299, 305-306, 307, 308, 309, 420, 425, 427, 429, 431, 432, 434, 435.

*Les photographies M. Audrain, Bertault-Foussemagne, Bretocq, Crommelynck, Dortes, Hébert-Stevens, Janet-Lecaisne, Mas (sauf les Nos 395 à 400), René-Jacques, Sire de Vilar, Sougez, Trincano, Vigneau et Yan à l'exception des Nos 307 à 309, 420, 425, 427, 429, 431, 432, 434, 435, sont des exclusivités Arthaud.*

# TABLE DES MATIÈRES

*Achevé d'imprimer le 10 Juillet 1958*
sur les presses des Etablissements Braun & Cie
a Mulhouse
Héliogravures sur papier hélio des Papeteries Zuber Rieder
Texte sur papier hélio des Papeteries Arjomari

Les notices concernant les illustrations ont été tirées par
l'Imprimerie Sadag
de Bellegarde
sur papier des Papeteries Arjomari

La liseuse deux couleurs et les pages de garde de Roger Excoffon
ont été tirées par l'Imprimerie Wallon
a Vichy

d'après clichés des Etablissements Guezelle & Renouard
a Paris

Les clichés de la carte, des plans et des coupes ont été exécutés par la
Société Moderne de Photogravure
de Grenoble

Exemplaires reliés par
l'Atelier du Livre
a Chatillon-sous-Bagneux